漢文字와 陰曆은

우리의 문화

姜舞鶴 著

明文堂

漢文字와 陰曆은 우리의 文化

차 례

머 리 말

　무릇, 우리민족은 고조선이래 단일 민족이요. 아울러 유구한
세월을 통하여 같은 문화와 언어 그리고 동질성의 세시행사
(歲時行事)로 삶을 영위해 왔다.
　따라서 같은 한자 문화권의 풍속을 지닌 동시에 같은 핏줄
의 민족이다.
　즉 우리민족은 고조선 이래 향을 피우고 조상을 받드는 숭조
(崇祖)의 습성을 지닌 민족이다.
　원래 통치에는 이유치란(理有治亂)과 흥망성쇠(興亡盛衰)는
어쩔 수 없었던 것이다.
　찬란했던 농경문화로 부국강병(富國强兵)을 이룩했던 고조
선도 다스림을 잃고 혼란에 이르렀고 흥망성쇠의 무상한 궤도
를 벗어날 수가 없었다.
　더욱기 군웅의 활기로 나라의 민심이 분열되여 드디어 고조
선은 스스로 멸했던 것이다.
　이에 따라서 군웅이 활거하는 사회가 형성이 되었다. 그러
나 고구려, 신라, 백제, 3국이 정립(鼎立)되었다.
　물론 이 3국은 다 같이 고조선의 홍범구주의 문화를 바탕으
로 하여 나라를 세웠던 것이다.
　3국의 건국초에는 형제지국 임을 자처했던 것도 세월이 흐

름에 따라서 형제지간도 또는 같은 풍속 내지 문화권인 것마저
도 잊었던지 3국은 서로 지경(地境)의 적으로 영토를 가지고 시
비하고 싸우는 사태가 일어나서 골육상쟁의 시샘과 싸움은 끝칠
줄을 모르고 계속 되었다.

　바로 이 무렵에 신라의 김유신(金庾信)장군은 3국통일론을
제창했고, 김춘추(金春秋＝武列王)는 김유신의 통일론을 흔쾌
히 받아들여 드디어 3국통일의 대업을 이룩했다.

　물론 백제와 고구려는 망했지만 고구려의 압수(鴨水) 이북
의 넓은 땅을 잃고 말았다.

　그러나 신라는 건국분기에 이른바 고조선의 유민(遺民)이라
는 것을 망각하지 않았다.

　그러므로 당나라가 청병을 간청하여 발해를 치라고 했으나
신라는 오히려 당나라 이권행(李權行)장군이 이끄는 10만 군을
격멸하여 발해의 의병을 치지 않았다.

　그러므로 발해는 고강복구(故疆複舊)를 이룩하여 남북조(南
北朝)시대를 형성했다.

　까닭에 초록은 동색이라 발해와 신라는 같은 핏줄의 형제지
국이었음을 여실히 증명하였던 것이다.

　이상과 같이 3국이 형제지국으로 고구려, 백제, 신라의 역
사(本紀)를 세시행사로 상고하면 같은 홍범문화 즉 고조선의
문화를 답습한 것이다.

　더욱이 갸륵한 것은 4, 5세기 이후 유불선(儒佛仙)의 3교가
홍수처럼 밀려왔으나 3국의 통치 세시행사(歲時行事)에서는 우
리 선조들이 피땀을 흘려 이룩한 홍범의 미풍양속을 그대로
받들고 이를 되풀이 실천했다.

　뿐만이 아니라 백성들의 농경생활에 이르기까지 홍범 5기(五
紀)의 문화를 숭상하여 왔던 것이다.

　그러나 신라 말엽에 이르러 불도의 선사상과 아울러 풍수지
리설과, 5행을 중화문화(中和文化)를 모방하여 음양오행설(陰陽

五行說)로 변질케 하여 드디어는 고조선의 홍범문화도 그 빛을 잃게 된 것이다.

그러나 우리가 중국의 문자로 알고 있는 漢文 글자는 분명히 고조선에서 만들어졌다. 그리고 우리 역사 교과서에 陰曆은 은나라 역세라고 되어 있으나 그것도 잘못된 것이다.

필자는 고조선의 홍범구주(洪範九疇)와 오기(五紀)를 연구하는 과정에서 이러한 엄청난 새로운 사실을 발견했다.

이것은 실로 크게 놀라지 않을 수 없는 사실이다.

이런 벅찬 감격을 안고, 그 감격을 온겨레와 같이 나누고자 여기에 밝힌다.

끝으로 현재 출판계 사정이 지극히 부진한 때에 명문당 김동구 사장께서 본 책자를 출판하여 주신 데 감사를 드리는 바이다.

1989. 1. 3
저자 강무학 근식

1. 고조선의 존립문제

　고조선이 존재했다는 사실은 죽서기년(竹書紀年＝周史)과 서
경(書經)에도 공자는 고조선의 존립을 기록하고 있다. 따라서
고조선의 존립은 이미 주나라가 성립되기 이전에 엄연히 존재
하고 있었던 것이다.

　그러므로 당나라의 대신인 안사고(顔師古)의 주장대로 진
(秦)나라와 고조선의 지경을 공지로서 상하에 울타리의 장벽
운운(秦故空地上下障云)이라 한것은 크게 잘못이다.

　그리고 연인(燕人)위만(魏滿)이 천여명의 무리를 이끌고 이
곳에 이르러 위만조선을 세웠다고 했다.

　그러나 이 지방은 요서 땅으로 주나라가 세워지기 이전에도
공지(空地)가 아닌 비옥(肥沃)한 농경지였다.

　더우기 그 땅에는 고조선의 고죽땅(孤竹地)으로 고조선의 제
후국이였다. 이 지방에는 고조선의 정전제(井田制)의 문화를
시행하는 농경문화가 꽃을 피우고 있었다.

　따라서 은나라의 황숙 기자가 홍범 구주를 전수받아 이것을
주무왕(周武王)에 바쳤고 또 강설을 했던 것이다.

　이렇듯 존주사상(尊周思想)을 위주로서 중화문화(中華文化)
가 이루어진 비조((鼻祖)였다.

　유성(儒聖) 공부자(孔夫子)도 주나라 2대의 무왕(武王) 13년

에 은나라 왕숙(王叔) 기자(箕子)가 주나라의 병화를 피하여 우리 고조선땅 고죽에 망명해 있다가 고조선의 농경문화인 홍범구주를 갖고 갔다는 것이다.

그리고 이 사실은 죽서기년(竹書紀年)인 주사(周史)와 서경(書經)에도 기록이 되고 있다.

따라서 고조선은 이미 이 무렵에 존재하여 홍범구주의 근본이 되는 농경문화를 발전시켰던 것이다.

이러한 실정으로 미루어 고조선의 홍범구주의 문화는 만민에 이익을 베풀수 있는 홍익인간(弘益人間)의 문화로서 발전하는 실정에 있었던 것이다.

이상과 같이 고조선은 건국된지도 유구했고 아울러 문화에 있어서도 홍범구주라는 높은 발전을 했었다.

그럼에도 불구하고 송나라의 왕보는 우리 고려의 김부식이 송나라에 들어가서 지난날 당나라에서 고구려, 백제를 멸했을 때 기져간 사서(史書)의 사료를 요청했었다.

바로 이때는 정화년간(政和年間)으로 북송(北宋)의 휘종(徽宗)이 황제위에 있고 황제의 총애를 받는 채경의 아들 채유(蔡攸)와 왕보가 정권을 전횡(專橫)하다가 북송이 망하는 선화(宣和) 년간의 바로 전대였다.

물론 채경도 남해도(南海島)로 망명을 했으나 죽었고, 또 채유와 왕보도 조작과 거짓으로 정치를 하여 나라를 망친 그 죄로 그들은 망명도중에 모두 백성들에 죽음을 당했던 것이다.

더우기 왕보란 자는 대신의 지위에 있는 자가 고려의 김부식이 이자겸(李資謙)의 서장관(書掌官)으로서 송나라에 사신으로 갔을때 수행하여 우리의 고구려, 백제, 그리고 고조선의 역사 사료를 얻으려 했었던 것이다.

이러한 기회를 좋은 계기로 삼아서 왕보는 대신의 직위를 속이고 자신은 우신관(祐神舘＝圖書舘) 관반(舘伴)이라고 김부식에게 사칭하였다.

이에 김부식의 삼국사기 전 12, 신라본기경순왕(敬順王) 말미의 기록을 참고로 전재한다.

原 文

政和中 我朝遺尙書 李資謙入宋朝貢 臣富軾以 文翰之任輔行 詣
佑神舘 見一堂設女仙像 舘伴學士王黼曰 此貴國之神 公等知元年
逐言曰 右有帝室之女 不夫而孕爲人所疑 乃淫海抵之辰韓生子 爲海
東始主 帝女爲地仙 長在仙桃山 此其像也
臣又見大宋國臣使王襄祭東臣聖母文 有振賢肇邦之句 乃知東神則
仙桃山 神聖者也 默而不知其子王於何時

원문 주석

송나라 정화(政和) 년간에 우리나라 김부식이 송나라 사신
으로 보내져 조공할 때 신(臣) 김부식 문서의 보필책임으로
수행하여 송나라에 들어갔을 때 일이었다.
이자겸이 송나라 정부에 요청해서 우리 역사의 사료를 청했
던바 우리는 우신관에 안내되었다.
이때 여자의 신선상을 모신 한 방에 이르러 이를 보았다.
우리를 우신관까지 안내한 학자 왕보라는 자가 우리들에게 이
르기를, 이 상은 그대들 나라의 신인데 공들은 이를 아시오?
하고, 말을 다시 이어 "옛날 어떤 황실의 여인이 그 부군이 없
이 아이를 배어 사람들의 의심을 받게 되자 이에 배를 타고
진한에 이르러서 아기를 낳았다.
이 아기가 자라서 해동의 시조가 되었고, 그 여인은 땅의 신
선이 되어 오래도록 선도산에 살았다고 한다. 이 상이 곧 그
여인의 상이오"라고 했다.
또 신(臣=김부식 자신)은 대송국사신(高宋國臣使) 왕양(王
襄)이 지은 동신성모문(東臣聖母文)의 제문(祭文)에 이르기를,

어진 아기를 낳아서 그 아이가 나라를 창시했다는 구절을 보았다. 이로서 동신이란 곧 선도산의 신성(神聖)함을 알 수가 있다.

이에 대하여 김부식은 분명히 글에 이르기를 여신선이 낳은 아이가 어느 때의 왕인지 알 수가 없다고 말했다.

왕보의 조작과 흉계

이상의 내용을 갖고도 당·송시대에 우리 고대사를 격하시키는데 주력을 했던 것을 역력히 알 수가 있다.

원래 그 무렵의 국가들은 전쟁에 이기면 이긴 나라는 그 참패한 나라를 멸하여 병합을 하거나 아니면 종속국을 만드는 예가 상례이다.

그러므로 고구려·백제를 멸한 당나라가 고구려와 백제에서 왕을 비롯하여 중신 장정 및 관헌 등 무려 이십여만명에 이르는 많은 중요한 인물을 생포하여 피납했다는 사실을 당서에 소상히 기록하고 있다.

물론 패장무언(敗將無言)이란 속담말은 전쟁에 패한 나라를 가리키는 것이다. 그러나 그 당시의 사정으로 상고할 때 고구려와 백제가 망한 것은 신라가 삼국통일을 명분으로 내세워 나당(羅唐) 연합군에 의하여 멸한 것이다. 따라서 신라의 정권을 인수받은 고려 정부의 김부식은 당연히 당나라를 인수받은 송나라에 대하여 백제와 고구려, 그리고 고조선의 사료를 요구할 수 있었던 것이다.

이렇게하여 송나라가 우리의 고대사와 삼국사를 가져다가 그들에 맞게 역사를 꾸미며 조작을 해 놓고 답변에 궁하니 결국 여신상을 김부식에 보이고 그 여인이 낳은 아이가 진한의 시조, 즉 신라의 박혁거세라고 변명을 했던 것이 김부식과 대화에서 충분히 알 수가 있는 것이다.

대저 왕보란 자는 북송때 채유(蔡攸)와 같이 휘종황제(徽宗

皇帝)의 총애를 받던 중신이였다.

더우기 채유와 왕보는 북송을 망하게 했고 그 임금 휘종황제를 금(金)에 생포케 했던 자이다.

그러나 김부식은 왕보가 말한 사실을 자신의 소론(所論)으로 삼국사기 신라편에 소상히 기록을 했다.

그리고 그 여신상이 낳은 아이가 어느 때 어느 나라의 왕인지를 모르겠다고 기록하고 있다.

왕보는 분명히 남편없이 아이를 밴 여인은 분명 진한(辰韓)으로 갔다고 했던 것이다.

그렇다면 그 여인이 낳은 아이는 신라왕 박혁거세를 가리키는 것을 김부식은 몰랐던 것이라 하겠다.

김부식의 삼국사기를 보고 삼국유사를 저술한 송인원은 삼국유사 잠통제칠의 선도성모(仙桃聖母) 편에서 왕보의 말을 대변해 주는 결과를 가져왔다.

즉 선도성모편에 이르기를 성도는 본디 중국제실(中國帝室)의 딸이었는데 이름은 사소(娑蘇)였다. 일찌기 신선의 술법을 배워서 신라에 와서 머물러 오래동안 돌아가지 않았다.

또 성모는 신라땅 선도산(仙桃山=西鳶山)의 지선(地仙)이되었다.

原 文

〈上略, 神母本中國帝室之女 名娑蘇 甲得神仙之術 歸止海東 久而不還……〈中略〉 透來宅爲 地仙 故 西鳶山 神母久據玆山 下略〉

이상 유사의 글은 마치 왕보의 계략이 무엇인지 모르고 그 왕보의 흉계를 대변해 주는 듯한 내용이다.

이상과 같은 국치(國恥)의 글을 부끄러운 줄 모르고 당당히 우리의 역사서에 기사로 전재했음은 실로 천추에 부끄러운 일이다.

만일에 왕보의 말이 사실이라면 우리 진한의 시조 박혁거세가 중국 한나라의 제실의 여인이요, 또 남편없이 밴 아이는 결국 한나라의 혈통을 주장한 것이라 할 수가 있다.

실로 엄청난 흉계가 깃들어져 있으며 이와같은 사실이 기록된 삼국사기와 삼국유사를 번역한 학자도 수없이 많았고 또 우리의 학자로서 삼국사기와 삼국유사를 읽어보지 않은 자 없을 것이다.

그럼에도 불구하고 치욕적인 이 기사를 밝히려들지 않았다.

옛날 북송대의 송나라 사람들도 왕보와 채유가 휘종황제를 현혹케 하여 나라를 망친 것을 탄하고 미워하여 왕보와 채유를 살해했다.

그런데 그런 위인 왕보가 조작하여 꾸며진 한사군(漢四郡)과 위만조선(衛滿朝鮮)을 정당화하기 위하여 꾸며진 여신상을 도선산이니 또 서연산하여 신라의 시조 혁거세와 그 왕후 알영과 관련을 시킨 것은 통탄할 사실이다.

춘추때 유성(儒聖) 공자(孔子)도 고조선을 찬양하였다.

즉, 공자는 열국을 방문하여 도를 설복했지만 뜻대로 이루어 지지 않을 때 탄식하여 이르기를 뗏목을 타고 바다 건너 동이의 나라(고조선)에 가서 살겠다고 했다(故孔子悼道不行 欲浮桴於海以居之).

원래 성현의 글은 진실한 것이다. 그런데 왕보와 채유가 일시 휘종황제의 총명을 가리우고 신하가 되었다.

그는 나라를 망치고 그 임금을 금에 생포되어 죽게 할 뿐 아니라 자신도 백성들에 의해 살육을 당했다.

그러한 왕보가 아무리 연극으로 꾸며서 김부식을 속였으나 음폐된 사실은 반드시 백일하에 밝혀질 것이다.

김부식은 왕보의 말을 듣고 그 신선이 낳은 아이가 어느 때 임금인지 알 수 없다고 했지만 결국 왕보의 계략대로 신라의 건국 년대를 비롯하여 고구려, 백제의 건국 년대를 왕보의 계략대로 꾸며진 것이다.

즉, 신라의 건국 년대를 한(漢)나라 효선제(孝宣帝) 오봉원년(五鳳元年) 갑자(甲子)년 서기전 57년이라 했다.

그리고 고구려의 건국은 한효원제 건소 2년(漢孝元帝建昭二年)이요, 박혁거세 재위(在位) 21년 기원전 37년이라 했다. 또 백제는 한성제홍가 삼년(漢城帝鴻嘉三年)에 건국했는데 박혁거세 재위 40년 서기전 18년에 건국했다고 기록을 했다.

건국 년대를 효선제의 연호로 한 것은 한무제 때의 위만조선과 한사군을 꾸며서 명실상부하게 만들기 위하여 왕보는 능숙한 연극 배우와 같이 우신관의 여인상을 김부식에게 제시했던 것이다.

건국 연대는 홍범 구주의 오기(五紀)로 형성된다.

대저 우리 삼국, 즉 고구려, 신라, 백제의 역사를 구성함에는 오기(五紀), 즉 세일월성진 역법(歲日月星辰曆法) 등에 의하여 편성되였던 것이다.

따라서 삼국의 편년(編年) 구성을 오기(五紀)와 관계 없이 적당한 일자에 건국했다고 해도 그것은 사실과 완전히 다른 것이다.

더우기 당・송시대의 그들 학자들도 이르기를 주나라 무왕 때 기자(箕子)에 의하여 전수된 홍범구주는 원문 65자 뿐이며 홍범을 운영했던 율역과 천문지 등은 전달되지 않았다고 주장하고 있는 것이다.

율역지(律曆誌)와 홍범의 천문지 등은 전달되지 않았음을 율역지를 주석(註釋)한 안사고(顏師古) 맹강(孟康) 등도 말하고 있다.

더우기 안사고는 진(秦)나라는 물론이요, 한나라에서도 홍범의 율역지는 적용되지 않았음을 역설하고 있다(筆者의 著 "弘

益人間論"參照).

그러므로 율역지등 홍범의 천문도와 그 밖의 모든 문헌은 결국 고구려가 망한 후 탈취하여 간 문화로 볼 수가 있다.

이로 미루어 상고할 때 주나라 초기에 고조선에서 통용된 홍범구주의 65자의 한문자가 전달되었다는 것은 고조선에서 삼천년대에 이미 한자(漢字)의 문화가 발달되었음을 증명하여 주는 것이다.

현재까지 발굴된 중국문화의 실태를 상고할 때 은(殷)나라는 각골문자(角骨文字)였다.

그런데 고조선에는 이미 홍범구주의 문화가 한문자로 쓰여져 있다.

더우기 오행(五行) 오사(五事) 등 간략한 문자로서 전체의 뜻을 표출한 것은 출판학 내지 편집상의 미화(美化)로 승화시켰다고 할 수가 있다.

출판문화가 발전된 근래에 이르러도 기사의 내용을 간략한 제목(題目)으로 표시함에는 지극히 어려운 작업이다.

그런데 출판문화가 발전되지 못한 삼천년 이전에 홍범구주의 제목(題目)은 실로 놀라울 정도로 표출된 것이다.

그러므로 한자(漢字)의 창작도 역시 고조선에 개발되어 농경문화로서 발전된 것으로 확신한다.

원래 홍범구주의 문화는 농경생활에서 정전제(井田制)의 핵(核)이 되는 문화이다. 특히 홍범의 오기(五紀)에 이르면 농경을 함에 있어서 절대적으로 필요한 존재이다.

만약에 이 홍범의 5기의 문화가 없으면 동서남북을 분간할 수 없음은 물론이요, 춘하추동 세월이 흐르고 한서(寒暑)와 풍우(風雨) 등을 가릴 수가 없어서 농경생활은 불가능한 것이다.

그러므로 수렵(狩獵) 시대에서 식물을 채취하는 농경생활에 있어서는 세월의 흐름을 가리는 5기의 문화가 성립없이는 불가능한 것이다.

상대(上代)의 생활에서 해(日)·달(月)·성진(星辰)·세(歲)·역법(曆法) 등의 오기(五紀)는 홍범구주에서 핵심을 형성하는 문화이다.

더우기 오기의 문화는 천체와 지구, 그리고 인간의 생활과 밀접한 관계를 갖고 있는 실증적이요, 나아가서 과학적인 학문이다.

원래 오기의 문화는 오랜 세월에 걸쳐서 인간이 그 생활의 향상과 발전을 위하여 체험으로 체득하여 얻어진 것이 5기의 문화인 것이다.

그러므로 5기의 문화는 현대문화로 해석해도 과학이다. 마치 현대에 있어서 새로운 약을 연구할 때 과학자가 동물의 실험으로 해롭지 않을 때 그 주사약이나 또는 약을 인체에 투약하는 방법과 같다.

이와같은 실험법도는 이미 아득한 옛날부터 우리 조상들이 농경문화를 발전시키기 위하여 해와 달의 흐름을 거듭 거듭 되풀이하여 연구하여 법도를 체험으로 체득하여 이룩한 것이 5기의 문화인 것이다.

이와 같이 홍범의 아홉가지의 학문은 추상적인 학문도 아니요, 오직 선험적(先驗的)인 실제의 체험에 따라서 형성된 학문인 것이다.

그러므로 홍범구주를 통치로 인용했던 고조선에서 우리 삼국시대의 세시행사를 검토하면 미신에 속하는 행사는 없었던 것이다.

그러나 신라의 삼국통일 이후 불교와 선도 등이 왕성하여 호국종교의 풍조는 사라지고 말았다.

아울러 고려조의 건국때는 승려 도선(道詵)이 왕사가 되고 음양오행설(陰陽五行說)을 주장했고, 또 시조 왕건(王建)이 풍수지리설(風水地理說)을 장려하기에 이르렀다.

또한 신라 하대(下代)에서 부터 구산의 선종(九山의 禪宗)의 풍조와 도선의 선근공덕의 불교철학과 화합이 되므로 당시 귀족사회(貴族社會)를 풍미했던 까닭에 미신적인 음양설은 결국 고려사회를 중국의 정치풍조와 같이 미신풍조가 성행하기에 이른 것이다.

원래 주나라 때 홍범구주의 26자가 전달되었으나 율역지와 천문지가 전달이 되어지지 않았다.

까닭에 중국의 주역(周易) 문화는 오직 거북점을 쳐서 운세(運勢)를 결정했던 까닭에 음양오행설(陰陽五行說)이 사회 각분야에서 팽배했음을 증명해 주고있다.

더우기 고려 초기에는 중국인쌍분(雙冀) 등 수명의 중국인은 건국초부터 정치를 도와 주었고 또 광종(光宗)때 과거제도(科擧制度)에 있어서도 많은 건의를 해서 왕권의 강화를 도모했다.

이렇게 중국인이 고려초 부터 정사에 관계 했으므로 고려사는 결국 중국 송나라의 천하관의 학자들의 뜻대로 이루어진 것이 분명한 것이다.

그러므로 왕보와 채유도 신라의 역사를 어떠한 수단으로라도 이미 입수하여 소상하게 알고 있었던 것이다.

까닭에 신라의 본기를 한나라[前漢] 효선제(孝宣帝) 오봉원년(五鳳元年)에 건국한 것으로 만드는데 전력을 기울인 조작극이었다.

물론 고구려 백제에서 탈취하여 간 역사를 모두 변조하여 위만조선과 한사군(漢四郡)에 이루어 질 수 있는 편년체를 구성하여 놓았던 것이다.

따라서 왕보는 어떠한 계략을 해서라도 신라의 본기만을 한무제의 이후에 건국한 양 편년을 이루는데 총력을 기울였던 것이 이른바 왕보와 채유의 중대한 책임이었을 것이다.

대저 역사의 편찬에 있어서 당나라 즉천무후(則天武后) 이래

자국의 불명예스러운 것과 또 나라의 체면에 관계된 기사를
엄금하는 이른바 역사의 편찬에는 정부에서 주관하는 제도가
처음 발생했다.

마침 이때 즉천무후의 일가로서 무호가 홍노사(鴻臚寺)에 출
입할때 시종하던 종초용(宗楚客)은 역사의 편찬을 주관하여 나
라의 대소관직은 물론이요, 역사 편찬에 있어서는 간섭을 했
다. 당나라는 안록산(安祿山)의 반란 이후 통일 국가는 이미
아니었다.

그러나 고려의 건국을 전후한 시대는 당말이요 5대시대인
때도 천하관(天下觀)의 국수론(國粹論)은 더욱 왕성해서 많은
학자들의 민족투쟁의 사상은 자못 높았다.

더우기 5대 후주(後周)의 뒤를 계승한 송의 태조 조광윤(趙
匡胤)은 재위 7년만에 남쪽에서 나라를 세우고 혼란을 일으켰
던 촉, 남당(南唐) 등 무려 육국을 평정하고 양자강 주변에
있는 북한(北漢) 오월(吳越) 등을 멸하여 분열되고 있었던 중
원을 통일하기에 이른 것이다.

이러한 형세에서도 송나라는 계단(契丹)이 발해(渤海)의 승
세(勝勢)를 틈타서 연운(燕雲 16주(州)를 할양하라고 핍박함에
따라서 송나라의 민족투쟁의 의식은 높아졌고 고려와의 친선
을 맺고 고립을 피하려는 송나라가 우리 고려에 대하여 역사
를 빼앗으려는 왕보와 채유의 얄미운 악의는 결국 북송을 멸
케 했고 자신의 죽음을 재촉했던 것이다.

물론 한족 동이의 역사를 표절하여 자신의 것으로 만들려는
것은 당나라때 안사고(顏師古)의 계략이었고 그 범행을 동이
의 나라 김부식에 직접 대화를 꾸며서 강요한 것은 왕보일 뿐
이라 하겠다.

원래 전쟁에 이긴 나라는 전승국으로 패전한 나라를 병합도
또는 속국을 만들 수 있는 재량권을 갖고 있는 것이다.

그러나 당나라가 고구려와 백제를 멸할 수 있었던 것은 신

라의 삼국통일을 이룩하는 그 힘에 의하여 두나라를 멸했던
것이다.

그러므로 당나라는 태초 김춘추(金春秋)와 약속대로 백제,
고구려의 땅은 모두 신라에 돌려 주어야 국제적 신의로서 옳
은 것이다.

그럼에도 당나라는 백제를 점령한 후에는 신라까지 점령하
려다가 김유신(金庾信)의 정예군이 이근행(李謹行)이 이끄는
10만군을 격멸하자 그 뜻을 이루지 못했던 것이다.

그러므로 당나라가 연고(緣故)를 구실삼아 압수 이북의 넓
은 땅을 탈취하려는 것은 동서 고금의 전쟁사에도 없는 것이
라 하겠다.

洪範九疇의 創作發展의
兩立은 天子도 國威를 傷損.

중국의 고대사를 상고하면 우리와 같이 농경문화의 체제였
다. 더우기 농경문화 중에도 정전제(井田制)의 형식에서 발전
된 두 나라는 우리의 농경문화와 흡사함이 있는 것이다.

이와 같은 풍조를 학자들은 흔히 말하기를 우리는 고대 중
국에 전해온 농경문화, 즉 기마문화(騎馬文化)라고 한다.

이와 같은 문화의 형태는 중국뿐이 아니라 일본에서 발굴되
는 5,6세기의 묘총에서 발굴되는 문화를 일본의 학자들 뿐이
아니라, 많은학자들이 획일적인 실증주의의 법측성(法則性)
을 탈피하지 못하는 학자들의 소론이다.

물론 한국, 일본, 중국을 5기의 문화권으로 볼때는 동방문화
의 창작과 발전이 동방, 즉 한반도 내에서 형성된 것이 홍범구
주의 5기의 문화인 것이다.

이상과 같이 고대의 농경의 근원에서 세일월성진 역법(歲日
月星辰曆法)과 또 전천후(全天候)로 농경생활의 기본이 되는 우
물(井)은 홍범문화를 발전시켰던 것이다.

까닭에 주나라의 무왕(武王)은 기자(箕子)가 가져간 홍범구주를 통치의 이륜(彝倫)으로 채택함에 이른 것이다.

물론 65자의 홍범구주의 제목(題目)과 그 내용을 강의로서 설명했다는 서경(書經)과 주사(周史 : 行書)의 기사로 볼 때 소상한 문헌은 없었던 것으로 믿어진다.

그러나 주나라는 은나라를 통일한 후 처음으로 고조선에서 기자가 전수한 홍범구주의 65자 문화였다.

울역지와 천문지등 그밖에 많은 운영할 수 있는 문헌은 없었다.

오직 추상적이고 비과학적인 문화에 지나지 않았다. 그럼에도 주나라는 홍범구주를 통치의 이륜(彝倫)으로 알고 소중하게 여겼던 것이다(筆者의 著 弘益人間論 參照).

이와 같이 주나라 이래, 당나라에 이르기 까지 중국의 문화는 물론 생활에서도 이른바 기마문화(騎馬文化)의 영욕을 누리고 고락을 해왔다.

그러나 막상 동이족의 후예인 고구려, 백제를 멸하고 얻은 것은 홍범구주의 문화로서 수속법(手續法)의 성격을 띄운 문헌을 얻은 것이다.

통치의 대법이요 만민을 복되게 다스릴 수 있는 수속법, 즉 울역지 등 많은 진기(珍奇)한 문헌을 얻으므로 홍범구주의 간략한 65자도 결국은 실체법(實體法)의 성격을 띄우는 것이다.

따라서 실체법을 운영할 수 있는 수속법의 성격을 갖는 율역지 등은 홍법의 만전운영을 이룩할 수 있게 되었다.

더우기 이 무렵의 당나라는 오랜 세월 침략에 시달렸던 돌궐을 평정했다. 따라서 태원(太原) 등 북녘의 천묘망을 평정했다.

그로부터 다시 고구려, 백제를 멸한후 당나라는 천자지국(天子之國)으로 하늘에서 선택을 받은 천자, 즉 황제는 하늘에서 선택받은 중화문화를 전수받은 하늘의 아들이 된 것이다.

　이로부터 홍범구주의 문화를 오직 중화문화, 즉 천자의 나라에서 선택을 받은 것이여야 한다는 것이 안사고, 왕보 등의 욕심이였다.

　까닭에 홍범구주의 농경문화를 은나라의 왕숙인 기자가 창작했고 또 고조선의 왕이 되어 홍범문화를 다스렸다고 했다.

　또 고조선은 한나라때 한나라의 4군(四郡)을 두고 다스렸다고 했다. 그러므로 고조선의 농경문화가 모두 말살되면 결국 고조선의 문화는 결국 중국 한족의 문화로 속하게 되는 것이다.

　여기서 우리는 동방천지에서 한국, 중국, 일본, 삼국의 원조(原祖)를 연구해 볼 필요가 있다.

　사실상 상고때의 수렵시대에는 민족의 이동기로서 막강하고 강대했던 부족의 집단은 동방일대를 종횡무진으로 달려서 생활의 터전을 이룩했던 것으로 사료된다.

　구석기 시대를 50만년, 신석기 시대를 수만년이란 유구한 세월을 두고 산하를 종횡으로 달려서 사냥으로 생활을 하는 것이 수렵시대이다.

　이와 같은 시대를 거쳐서 형성된 까닭에 활을 잘쏘아 사냥의 명수를 시조로 갖고 있는 우수했던 동이의 원조는 이미 동방천지 어느 곳에서나 살 수 있는 터전을 장만했을 것이다.

　더우기 향기로운 향불을 피워 조상의 제사를 지냈던 동이족, 아니 고조선 부족의 문화를 답습한 것이 이른바 동방천하에서는 거의가 다같은 형태인 것이다.

　그것은 홍범구주의 농경문화로서 전천후(全天候)의 농경방법으로 이것을 정전제(井田制)라고 일컫는 것이다.

　이러한 농경생활을 현대의 실증적 학자들은 이름하여 기마문화(騎馬文化)라고 하는 것이다.

　한족의 문화를 중화문화로 형성하는 과정에서 결국 고조선 문화는 중화의 것이되고 우수한 문화를 갖고 있던 못난 우리 민족은 안사고, 왕보등에 의하여 위만조선과 같은 허수아비를 섬겨야 했던 것이다.

하기야 당사와 우리 삼국사기에 따르면 고구려 백제가 망할 무렵 왕은 물론이요 장상(將相) 등 관원이 무려 이십만명이나 생포되어 갔고 그들은 영영 돌아오지 못했던 것이다.

그 뿐이랴. 임진왜란때 왜군이 생포하여 갔던 수만명의 우리 동포도 영영 돌아오지 못했고, 오직 망향의 아리랑에 향취를 달래고 돌아오지 못했다.

까닭에 나라는 망했고 사랑하는 남편, 아버지 오빠와 동생들을 그리는 나머지 유족들은 먼 하늘을 향하여 "강강 수월래 (빨리빨리 물을 건너 오시오.)라는 노래로 그리움을 달랬던 것이다.

그러나 세월이 흐름은 망각의 약이라고 했듯이 타의(他意)애던 또는 자의였던 우리는 우리의 우수했던 역사를 모두 빼앗기고 또는 망각하고 있다.

그러므로 우리는 잃었던 우리 선조들이 피땀을 흘려 갈고 닦아서 이룩한 우수한 문화를 발전하여 이겨레의 올바른 역사의 뿌리를 찾아야 한다.

그것이 선진 조국을 창건함에 급선무인 것이다.

돌이켜 상고하면 홍범구주의 농경문화는 괴이한 매력을 갖는 것이다.

한국이 홍범문화를 차지한후 명실상부하게 천하관의 실현을 이룩했다.

즉 돌궐등 북위 그리고 동방의 고구려, 백제, 남방의 여러 나라를 모두 속국으로 해서 동아의 패권(覇權)을 가졌다.

또 일본은 홍범문화의 원산지 한국을 강제 점령한후 대동아 공영권 운운으로 한때는 동방천하를 침략할 야욕을 갖다가 망했다.

그러므로 홍범구주의 문화는 우리 선조들이 가르치신바 만

민을 이롭게 하는 것, 즉 온 세계의 인류를 이롭게하는 홍익
인간의 올바른 마음을 가질때 비로서 우리의 선진 조국은 이
겨레를 영구히 번성하게 할 것이다.

　김부식이 우리의 연표(年表)를 편성함에 있어서 한서(漢書)
를 위시한 중국의 사서를 인용하여 꾸몄다는 것은 연표를 편
성하는 첫머리의 문헌에 명백히 하였다.

　더우기 그는 연표 발문에서 말한 바와 같이, 해동에 나라가
있음을 유구(悠久)라 하고 또 기자가 주왕실(周王室)에서 작위
를 받았다는 것을 지적하였지만, 그 시대에 왕조의 존립이나
혹은 이를 뒷받침할 수 있는 고증이 뚜렷하지 못하여 할수 없
이 한나라 이후 중국에 존립하였던 위·촉·오 등 이른바 남
북조 시대에 명멸한 제국이며 또 수나라, 당나라와 송나라에
이르는 연간의 제국들의 역사에서 그들이 말하는 열전 중에,
동이전(東夷傳)을 발췌하고 또 그 본기에 수록된 문헌을 참고
로 하여 우리의 연표를 일목정연하게 만든 것이다.

　이와 같은 연표의 산출 방법은 우리의 건국사를 편찬하기보
다는 오히려 중국의 사서를 정당화하는 구실을 만드는 결과를
가져온 것밖에 안된다.

　물론 율역지(律曆誌)는 모를지라도 신라의 건국기와 고구려
의 건국기 등에는 그 문헌의 해석상 고조선의 건국을 뒷받침
할 수 있는 문사가 많은데, 어찌하여 주옥 같은 그 문사(文思)
를 탐구하여 참고하지 않고 중국의 사서에서 우리의 역사를
구하려 하였는지 아쉬운 느낌을 금할 수 없다.

　김부식이 왕명을 받고 우리의 역사를 편찬하기 위하여 당시
중신인 이자겸의 문한(文翰)책으로 수행되어 송나라에 들어가
서 우신관의 학자들과 교류하였고, 그 후에도 전후 세 차례나
송나라를 왕래하며 우리의 사료를 수집하기 위해 힘썼음을 김
부식은 말하고 있다.

　또한 중국의 문헌에서는 우리의 건국을 고증할 수 있는 문

헌을 얻지 못하고 오직 중국 사서의 기록을 토대로 편찬하였음을 명백히 말하고 있다. 더우기 당시의 고려조가 유학을 도입하려는 사대적인 풍조라 그 영향을 많이 받은 것으로 사료된다.

　김부식이 고구려 본기의 본문에서, 총관 이세적(李世勣)이 남생(男生)을 앞장 세우고 부여 천변의 40여 성을 점령하였을 때, 고종의 중신인 시어사(侍御史) 고언충(賈言忠)이 고종의 칙명을 받고 그 실정을 알기 위하여 갔다가 돌아와서 고종의 물음에, 그가 고구려의 실정을 상주할 때 고구려의 비기(秘記)를 들어 9백 년이 된 고구려가 80세 난 대장에게 망한다는 것을 말하면서, 당시 대총관 이세적의 나이가 80인 까닭에 그 대장을 이세적에게 비유하여 9백년 된 고구려는 망한다 라고 상주하였던 것이다. 이러한 것을 상고할 때 시어사 고언충은 고종의 중신이요, 더우기 그가 이세적·남생 등과 수개월을 진중(陣中)에서 같이 지낸 것으로 볼 수 있고, 또 고종의 뜻을 받들어 적국인 고구려를 평정하여 자국의 땅으로 만들려는 고언충이 어찌 고구려의 건국 연대쯤을 모를 수 있을 것인가? 더우기 고언충은 당시 고종의 군신 중에서도 고구려를 잘 아는 위인으로 알려져 있었다니 말이다.

　그런데 연표의 문사에서 의혹을 자아내게 하는 것은 고언충의 고구려 9백 년 설을 부인하는 것을 끝말에 소주(小註)로 만든 것이다.

　만일 고언충이 고구려의 9백 년을 처음으로 불신하였다면, 신라의 건국조에 조선의 유민이란 귀절과 또 진나라 말엽에 피난민들이 신라와 마한 사이에 와서 살았다는 것을 애써 건재하지 않았을 것이며, 또 고구려의 건국조에서도 부여국에는 상국(上國)인 황제국이 있었다는 귀절을 전재하지 않았을 것이다. 더우기 고언충의 9백 년을 내세우지도 않았을 것이다.

　그런데 연표를 꾸미는 서문에서는 그에 대한 문사가 일언반

구도 없다가, 뜻밖에 소주에서 고언충의 설을 부인한 것은 괴이하게 여겨지는 것으로 혹시나 후대에 이르러 어떤 유학자의 소견으로 소주를 달아서 삼국의 연표를 고치려는 소행이 아닌가 하는 생각이 든다.

또 연표의 첫머리에 해동에 나라가 존재함이 오래다는 것과 기자(箕子)의 조선설을 주장하였지만, 위만이 조선의 국호를 참호한 것으로 지적하면서도 조선의 건국설을 내세우지 않은 문장상의 모순이 있다. 물론 기자는 요서변의 고죽 땅이 있는 곳에서 당시 조선국의 제후가 되었던 것으로 볼 수 있다. 따라서 그가 홍범구주를 무왕 13년에 전한 그 공으로 주나라 왕실의 후왕이란 직위를 받은 것으로 사료되는 것이다.

만일 기자가 조선제국의 변번인 제후가 되었던 것을 고증할 수 있으면 금상첨화격이라 하겠지만, 만일에 고증이 없다고 할지라도 중국의 역사에 의존하여 편년체를 구성하는 데 있어서 중국 죽서가 조선국의 성립을 인정하는 이상, 으례 고조선의 상세한 연대나 또 왕의 연대는 못가릴망정 고조선의 유래를 밝히지 못함이 유감이다. 더우기 신라 건국 때 고조선의 유민이 신라를 건국하였다는 것을 분명히 언급하면서도 말이다.

혹자는 말한다. 우리에게는 문헌이 없고 중국에는 수천 년 이래의 사서가 있으니 그들을 못 믿고 무엇을 어떻게 하란 말인가?라고. 그러나 중국의 역사는 분명히 한민족(漢民族)을 위하여 꾸며진 것이지 우리를 위하여 만든 것은 아니다. 더우기 한국은 한나라 이래 천하를 통일하려는 풍조가 풍미하여 통치가들은 광세(曠世)의 사료를 수집하여 역사를 편찬하는 풍조가 성행하였다.

그 예를 보면, 사마광(司馬光)은 자치통감(資治通鑑) 80편을 저술하였을 뿐인데 후대에 이르러 무려 6백여 권의 사서로 둔갑하였다. 그리고도 무엇이 미흡했던지 유써의 자치통감의

기며 또 주자의 자치통감강목 등을 계속 편찬하여 존주의 중
화사상인 경전을 완성하였던 것이다.

 이와 같은 것을 상고하여 볼 때, 자기 나라의 권위와 이익
을 위하여 역사를 과장하고 보충하고, 손상되는 사실은 제거
하는 것이 그들의 국고(國故)를 정리하는 방법임을 우리는 그
들의 사서에서 명백히 볼 수 있는 것이다. 까닭에 그들의 사
서를 인용하기에 앞서 깊이 연구하고, 또 취사 선택에 있어서
는 논리적 근거가 필요하다고 본다.

 더우기 당나라 태종과 고종 때 동방을 침략하여 제땅을 만
들려고 암중 모색하던 시대였는데 어찌 그 시대에 있어서 그
들의 어용사관들이 꾸민 역사를 고지식하게 믿을 수 있으랴?

 신라 본기에 이른바, 처음에는 신라를 위하여 백제와 고구려
를 친다고 맹약을 하고는, 끝내 두 나라를 평정한 후에는 그
맹약을 헌신짝같이 저버리고 신라를 미워하며 제멋대로 문무
왕의 왕위까지 찬탈하려 하였던 사실을 볼 때, 정치적 책략으
로 꾸며진 그들의 역사가 우리에게 참고는 될 수 있을망정 그
대로 믿고 삼국의 연표를 꾸미기에는 너무도 허술함을 금할
수 없다.

 더우기 당나라가 백제와 고구려를 멸하고 모든 문물을 탈취
하여 갔으며, 그 후 당나라에서 송나라에 이르는 동안에 많은
학자들이 동원되어 한나라에서 3국, 그리고 혼란하였던 5호
16국의 역사를 말끔히 정리한 그들의 역사를 기준하여 꾸며진
연표는 역시 우리에게 막대한 손실을 가져온 것으로 믿는다.
따라서 연표 편성에도 앞으로 많은 연구가 있어야 하리라고
믿는다.

 연표(年表)의 구성(構成)
 삼국사기의 연표 구성을 보면 상·중·하 세 권으로 되어 있
다.

물론 삼국사기의 연표는 중국의 역사서를 기준하여 왕역(王曆) 순으로 구성하고 있다.

따라서 기전체(紀傳體)의 형식을 취하고 있다.

원래 우리의 삼국사기에는 완전한 기전체로 되어 있던 것을 사기에는 중국의 사서(史書)에 준하여 열전(列傳)까지를 본기(本紀)에서 발췌하여 기록하고 있다.

그러나 우리 삼국의 본기에는 세시기(歲時紀)를 중심으로 한 나라의 행사였다. 따라서 왕역 열전 등의 차별없이 오직 나라의 행사를 중심으로한 기록 방법이다.

무릇, 동방의 문화는 중국을 비롯하여 한국·일본 등이 모두 같은 농경 문화권에 속한다.

같은 문화권이라는 것은 생활풍속 등이 같은 형태를 이루고 있음을 말하는 것이다.

결국 생활문화가 동질성(同質性)을 갖는다는 것은 같은 통치의 행사에서 살아왔음을 뜻하는 것이다.

즉, 동방의 우리 민족을 비롯하여 중국·일본은 물론이요, 그 밖의 나라들도 농경을 경영하는 연중행사(年中行事)가 홍범 구주의 5 기(五紀) 문화에 속했기 때문이다.

그것은 홍범구주의 5 기인 일월성세진역법(日月星辰曆法) 등을 중심하여 형성된 농경생활을 이르는 말이다.

어떤 사람들은 중국의 기마문화(騎馬文化)가 한국을 통하여 일본에 전해졌다고 한다.

이와 같은 주장을 하는 학자들은 동방의 문화는 홍범의 5기가 핵심을 이루고 있음을 모르기 때문이다.

연표의 구성은 형식적인 것도 아니요 또 추상적인 것이 아니다.

결국 한 국가의 연중행사를 토대로 하여 농경생활을 완수할 수 있는 경험적인 바탕이라 하겠다.

특히 5 기를 중심으로한 연표는 무속(巫俗)이 아닌 철저한 수

리적(數理的)인 국가의 경영 법도에 속했음을 입증하는 것이다.

원래 홍범의 5기는 천문학의 일부여서 그것을 체득하기가 매우 곤란하다.

그러나 천체학에서 제정된 5기는 농경생활(農耕生活)에서 이것을 규범으로 하지 않고는 삶을 누릴 수가 없는 것이다.

그 예를 들면 농경에서는 음력(陰曆)을 모르고는 농사를 지을 수가 없다. 따라서 동양의 농경생활에서 여러 나라들은 연중행사를 음력에 따라서 제정했고, 또 시행했다.

그러므로 중국의 연표는 물론이요, 우리나라 상고 때의 연표도 모두 홍범의 5기의 규범을 벗어나지 못했던 것이다.

그런데 이 5기는 주나라 무왕 13년 때 기자(箕子)가 조선 땅에서 가져간 문화로서 주나라가 통치의 이륜(彝倫)으로 삼았던 홍범구주이다.

이와 같이 귀중한 5기의 문화가 고대 동방인 고조선에서 창안되고 그 문화가 중국으로 전해진 것이다.

그 소중한 문화인 5기는 오리무중으로 둔갑했고 오직 중국 황하의 농경문화로 변했다.

따라서 5천 년의 역사를 자랑하는 우리의 학자들도 상고때의 우리 문화는 거의가 중국에서 전해졌다고 한다. 또 2천 6백여 년을 주장하는 일본의 학자들도 중국의 농경문화가 전해졌다고 한다.

그러나 율력법의 5기는 천통법, 지통법, 인지법(天統法, 地統法, 人地法) 등을 역법(曆法)으로 제정하고 연중행사를 비롯하여 인간의 역사를 10간 12지(十干十二支)로 정확히 기록하는 기전체(紀傳體)를 형성하기에 이른 것이다.

만일에 중국의 문물이 아무리 발전되었다고 하더라도 5기의 문화가 없었다면 연표로 작성할 수 없었을 것이다.

이와 같은 전후의 역사적 사실에서 상고할 때, 당나라가 고구려·백제를 멸한 후 모두 엄격한 기전체(紀傳體)로 되어 있는 고구려 본기와 백제 본기를 표본으로 자신의 역사를 기전체로 구성함에 도움을 받지 않았을까? 하는 생각이 든다.

왜냐하면 당나라 이전은 역사의 편찬 작업이 자유로웠으나 당대에 이르러 비로소 역사의 편찬을 정부주관하의 관전으로 했기 때문이다.

그리하여 자국의 불미스러운 역사를 제거하는 작업이 전개되었다.

즉, 이러한 풍토는 송나라에 이르러서도 관료학자들에 의하여 역사의 편찬 과정을 수정했고 또 홍문관학자(弘文舘學者)들에 의하여 교열(校閱)을 했다.

그러므로 율력법을 연구하지 못한 김부식이 연표에서 전한 선제(宣帝) 오봉연호에 우리 박혁거세왕이 즉위했다고 했으나 과연 그것이 옳고 그른가는 10간 12지(十干十二支)의 산법을 율력법에 따라서 정확한 통계를 하지 않고는 알 수가 없는 것이다.

대체로 당·송때의 학자 중 소동파(蘇東波) 등 많은 학자들 사이에서 홍범의 5기중 율력법(律曆法)은 전해지지 않았던 것이라는 학설이 유력하다.

사실상 진나라·한나라 때에는 율력법이 통치자들의 운영에 있어서 객관화되지 못했던 것이다.

만일에 당나라가 고구려를 멸하고 탈취하여 간 것이 시초라면 중국의 역사가 율력법에 따르는 기전체로 세시 행사가 형성될 수가 없는 것이다.

우리의 삼국 본기는 물론이요, 많은 금석비문(金石碑文) 등의 기사(紀事)가 엄격한 기전체를 갖추고 있다.

그러나 중국의 춘추자전을 위시하여 사마천 사기 등도 역시 우리의 역사 기록에 미치지 못했던 것을 볼 수가 있다.

따라서 우리 상고사의 연대의 정확을 탐구하기 위해서는 앞으로 연표를 중심으로한 사건을 연구하지 않으면 안 될 것이다. (筆者의 著, 三國史記年表 (上) p. 17 參照)

2. 三國史記를 歲時紀(五紀)로
解剖評價한 文化의 實體

무릇, 우리의 삼국사기(三國史記)는 이천년 시대에 고구려, 백제, 신라 등 삼국의 국가사회를 경영했던 역사적인 기록들이다.

이와 같이 삼국의 경영했던 그 문화가 어떤 기원에 연유했고 또 그 본질 자체를 규명하여 아는 것은 곧 그 시대에 우리 조상들이 삶을 영위했던 문화의 실체를 세시행사로 표출하여 보기로 한다.

원래 세시기(歲時紀)는 과학이므로 현대의 학자들이 특정한 사건을 그 기원(起源)과 본질을 연구함에 있어서 발생학적 방법(發生學的方法)에 의존하여 규명함과 같다.

더우기 삼국의 기록은 그 시대의 인류의 삶 중에서도 최선의 삶이었던 연중행사(年中行事)로 볼 수가 있다.

해마다 되풀이 되는 중에서 하나의 습성(習性) 내지 풍속이 형성될 수가 있는 것이다.

그러므로 삼국사기의 역사적인 기록을 세시기의 일월성신세 역법(日, 月, 星辰, 歲, 曆法) 등으로 정확히 구분할 수 있는 것이다.

이러한 현상은 인류의 발생의 기원이나 본질을 획일적으로 발생학적 방법에 의하여 연구하여 철학성이 내재(內在)하지 않은 것과는 다르다.

그 이유는 장구한 세월에 인간이 삶을 영위하기 위하여 계속 되풀이 되었던 것이다.

아울러 그것이 풍속으로 형성되어 결국 방물놀이까지 이루어진 것이다.

물론, 고구려, 백제, 신라 등 삼국의 연중행사가 세시기에 의하여 기록된 것은 삼국의 정치체제가 홍범구주(洪範九疇)에 의한 것임을 증명해 주는 것으로 평가할 수가 있다.

그러나 삼국사기의 문헌에는 추호도 홍범구주의 문헌에 의했다는 문사는 없는 것이다.

까닭에 홍범구주의 문화와 삼국사기의 행사가 동질성을 갖고 있을 때는 결국 삼국의 문화는 홍범의 문화라고 단정할 수가 있는 것이다.

홍범구주와 삼국사기의 관계,

첫째로 홍범구주의 제일조의 오행이다. 고구려, 백제, 신라 등의 정치에서 어떤 영향을 주었던 가를 해부해 보기로 한다.

홍범구주(洪範九疇)의 원문,

초일왈오행(初一曰五行)

홍범의 첫째 강목의 5행이란 말이 문헌상으로 전해진 것은 중국의 주나라 초기에서 춘추때 까지로 볼 수 있다. 그러나 우리들이 오행하면 점괘나 무축(巫祝)의 수단으로 쓰여졌던 음양오행이나 또는 철학적인것과 같은 관련성을 생각하게 되는 것이다.

이와 같은 풍속은 고구려, 백제가, 당나라에 의해서 망한후 당송의 문물이 도입되면서 부터 형성된 것이다.

또 이와 아울러 당송 문화의 영향을 받은 고려조가 건국할때

부터 풍수지리설(風水地理說)을 왕건이 건국의 이념으로 주장했다.

그밖에 승려 도선(道詵)이 음향오행(陰陽五行)설을 주장함으로 결국 우리 삼국때 쓰여졌던 오행과는 딴판이라 할 수 있는 음양설로 규정되고 말았다.

그러나 홍범구주의 근본의 입법정신은 방위(方圍)를 말한 것이 정답(正答)이라 하겠다.

즉 나라를 세울때는 중앙의 궁성이나 모든 관공서를 세워야 한다.

그 다음에는 동서남북 사방의 방향을 정하지 않고는 나라의 국토를 측정할 수가 없는 것이다.

국토를 주관하는 문제는 홍범 제삼강에서 농용팔정(農用八政)에서 사공(司空)에 해당하는 것으로 상세한 것은 그때 설명하기로 한다.

이와 같이 오행은 나라를 세우는데 온 국토를 동서남북 중앙 오방으로 정하는 것, 즉 방위를 이르는 것이다.

더우기 그때에는 땅을 개간하여 농경은 생활의 최선의 수단이었다.

그러므로 나라의 국토를 주관하는 사공(司空)은 전 국토를 측정하여 이웃 나라와의 지경(地境 : 境界線)을 이룩해야 한다.

또 왕성을 중심으로 하여 지방 방백들의 영토의 경계선을 획정해서 각자의 관활을 이룩해야 하는 것이다.

까닭에 오행은 국가의 이정원표(里程原標)를 형성함에 있어서도 필수불가결의 존재인 것이다.

오행은 점술이나 미신으로 이용할 수 있는 성질의 것이 아니다.

오직 천지(天地)를 사람이 이용하는데, 중심을 정하며 아울러 그 나라의 영토를 측정하는 이정원표(里程原標)를 측정하는데 기본이 되는 것이다.

그것은 국가에도 국가를 측정함에 필요하지만 우리 인간 생활에 있어서 오행은 방향의 기본이 되는 것이다.

즉 우리 생활의 터전인 가옥을 건축함에 있어서도 중앙과 동서남북의 방향을 알아야 하는 것이다.

그 까닭은 양지와 음지를 가리고 또 풍운우한설(風雲雨寒雪) 등을 가려서 세시기의 혜택을 많이 받으려는 것이다.

또 양지가 바른 곳이면 우리들의 일상생활에 많은 도움을 받을 수 있는 것이라 하겠다.

이렇듯, 오행은 과학성을 가진 천체학과 직접적 관련이 있으며 또 땅을 측량하고 세시기의 변화를 과학적으로 헤아리는 학문이다.

만약에 이렇게 소중한 오행이 없으면 삼국의 건국에 있어서 영토를 주관할 능력이 없으므로 국가의 형성을 어떻게 하며, 또 삼국은 그 지경을 분간할 수 없는 동서남북의 방향조차도 못가리는 것이리라.

이에 우리는 삼국에서 반드시 이 오행의 방위를 이용하여 이정표를 구성했다.

즉 오행은 이정표에 이용될 뿐이 아니라 동서남북 중앙 등 오부(五部)의 도성(都城)을 만들어 행정구획(行政區劃)으로 인용했다.

그밖에 백제, 신라도 역시 같은 문화로 편성된 것이 삼국사기이다.

첫째로 고구려가 오행을 인용한 실예를 들어서 고구려의 본기가 홍범의 오행에 의하여 형성된 것을 규명한다.

환도성(丸都城)은 일명 영고탑(靈古塔)이라하며 아리수 북편에 위치했다.

환도성 중앙에 자리잡은 환도궁은 백두산 천지에서 넘쳐 흘러내리는 혼하(混河)의 맑은 물줄기와 시샘하고 다투어 겨루

三國史配를 歲時紀(五紀)로 解剖評價한 文化의 實體 37

듯 남쪽의 아리수에는 방긋이 추파를 보내고 장백산맥과 더불어 환도궁을 감싸고 돌아 질펀한 평야를 달리고 있다.

이와 아울러 봉익(鳳翼)의 기상을 높게 위엄을 자랑하는 궁성은 유구릉성하여 북쪽과 서편에 있는 요동, 요서의 만민을 제도함은 물론이요, 한족의 침략을 능히 그 위용으로 다스렸다.

이러한 궁성의 축조함에는 홍범의 첫째인 오행을 방위로 하여 나라가 세워진 것이다.

따라서 환도궁의 축조는 동쪽은 청용이요, 남쪽은 주작이다. 또 북쪽은 현무하고 서방에는 백호라고 했다.

이것은 세시기의 원리에서 인용한 것으로 홍범문화를 그대로 인용한 것이라 하겠다.

이와같이 삼국때는 음양오행이나 점무(占巫)술이 통치에는 쓰여지지 않았던 것이다.

그러나 신라의 삼국통일을 이룩하는 과정에서 유불선(儒佛仙) 삼교가 도입되고 그들이 호국적인 협조는 했다고 하지만 오히려 삼국통일에 협력했다는 것을 명분 삼아 불사의 세력은 극성을 피웠다.

그러므로 이 무렵에 불가의 음양오행설과 선근공덕설(善根功德說) 등을 이유로 무축(巫祝) 등이 성행했다.

그까닭에 신라말에서 고려조에 이르는 사이에는 오행(五行)이란 학문이 과학성을 잃고 음양가들의 점술 성행에 이용되었다.

원래 이러한 관습은 중국 주나라에서 홍범구주를 기자가 전수했다고 하나 그 당시에 전해진 것은 원문 65자라는 것을 당송시대에 이르러 소동파를 비롯하여 많은 학자들이 주장한다.

더우기 율역지의 원문이 당나라 안사고(顔師古)가 처음으로 번역을 했고 또 주석(註釋)을 했다.

뿐만이 아니라 그때의 학자들도 진한(秦漢)때는 율역을 쓰지 못했다는 것을 주장하고 있다.

특히 율역지의 원문에는 도량형, 식화지(食貨誌) 가무악의 율(律) 등이 모두 복합적(複合的)으로 기록되어 있다.

안사고는 율역지가 한나라 예문지(藝文誌)에 있었다고 주장하지만 그것은 신빙성이 없다.

그 이유는 한나라 무제때 북평후(北平候)가 악율을 몰라서 전국에서 백여명의 율악가를 초빙하여 악율을 연구하려 했으나 뜻을 이루지 못했다는 한서의 기록에도 있다.

따라서 율역지는 중국에 그 원문이 전해지지 않고 있었던 것이다. 이에 주나라 이후 오행의 방위에 속하는 학문을 주역(周易)에도 그 괘상(卦象)은 홍범구주의 방위에 속한 것을 음양오행의 점괘(占卦) 풀이를 했다.

이와 같은 점술은 주문왕(周文王) 때에 전성을 이루고 있었다. 그로부터 중국에는 통치에도 거북점 등 점술이 공공연히 성행되었다.

그러한 풍속이 당송대에 까지 계속되어 우리에 전해진 것이 이른바 주역의 폐점인 것이다.

원래 주역은 중국의 주나라 때 있었던 것이라고 하지만 그것은 신빙성이 없는 것이다.

그 까닭은 주역은 율역서 중에서 천통·지통·인통(天統·地統·人統) 삼통술이 있어서 세시기의 기록조화를 형성할 수 있다. 그런데 고조선에서 율역용으로 통계학으로 만들어진 주역이 어떻게 해서 이것은 인류의 미래를 알 수 있는 점술로 등장된 것인지 알 수가 없다.

그러므로 당나라 때 고구려·백제가 멸한 후 얻어진 것으로 볼 수가 있다.

더우기 고려조는 당·송의 문화중 오행설을 음향으로 풀이하여 점술을 즐겼던 것이다.

이미 이 시기는 우리의 주체문화는 없고 오직 중화문화와 불도의 사상이 통치를 시행함이 지배적이었다.

평양천도의 왕성

고구려는 평양으로 천도한 후에도 왕성을 중심으로한 이정원표(里程原標)를 이록함에 있어서 홍범의 오행을 인용했다.

평양성의 북녘에 있는 대성산(大成山＝一名 九龍山)을 등지고 흐르는 대동강을 바라보고 있다.

평양성의 동쪽은 강동(江東)이요. 남쪽은 강을 건너서 중화이다. 그리고 북쪽은 대성산을 지나서 사인장(舍人場)으로 순천군(順川郡)에 속한다.

특히 순천땅에서 일제때 일본인 고고학자 세기노(關野)라는 자는 총독부의 고고학자와 같이 낙랑(樂浪) 시대라 하며 복의와 여화(伏義와 女禍)씨의 고총을 발굴했다.

필자가 생각하기에는 그 고총은 낙랑, 즉 고구려 때와 같거나 좀 속단인지 모르나 그것은 낙랑시대가 아니고 고조선시대의 것으로 단정되는 것이다.

이로 미루어 상고할때 복의씨와 여화씨가 고조선 왕도 북방에 묘총을 이록한 것은 홍범의 제사(祭祀)제도가 북방을 현무라하고 북두칠성이 있는 것이라 이 곳을 북망산이라 했다.

또한 평양성으로 천도한 후에도 동부·서부·남부·북부·중앙 등 오부로서 행정 구획을 했던 것이다.

백제의 왕성도

두째 백제는 남하하여 위례성에 나라를 세우고 먼저 기원전 18년 여름 5월 동명성왕의 대묘(大廟)를 세웠다.

그로부터 백제는 나라를 세웠다고 하지만 낙랑·말갈 등이 침략해 와서 나라의 체제를 갖추지 못했다.

그러나 온조왕 재위 2년(기원전 17년) 3월 족숙(族叔) 을음(乙音)에게 우상(右相)과 병마사(兵馬事＝一名 兵馬都之師)를 임명하여 나라의 체제를 갖추었다.

을음재상은 온조왕 재위 13년(기원전 6년) 가을 7월에 이르러 한산밑에 성축과 목책을 세운 후 이해 7월에 위례성의 민가를 옮겼다.

그리고는 8월에 마한에 사신을 보내어 천도한 사실을 알리었다.

이로써 백제는 드디어 영토가 확정되어 북쪽은 패하(浿河)에 이르고, 남쪽은 웅천(熊川)에 이른다.

또 서편은 큰바다(西海)에 접했고 동쪽은 주양(走壤)에 이르렀다고 했다. 아울러 9월, 도성과 궁궐을 세웠다.

이상의 문헌이 백제가 나라를 세움에 있어서 오행의 방법을 준수하여 동서남북 중앙 등 방위를 세운 것을 본기의 13년 여름 7월의 행사에서 나타내고 있는 것이다.

그리고 중앙에는 한산밑에 안전하고 견고한 궁궐을 세웠음을 기록했다.

이와 같이 나라를 세움에 오행의 방위로서 도성을 만들고 아울러 행정구획도 역시 고구려와 같이 오부의 형태로 통치를 했던 것이다.

더우기 백제가 오부의 행정구획으로 도성과 국토의 지경을 정한 후 그 해 8월에는 마한에도 통보를 했다.

이와 같은 기록은 홍범의 오행을 인용했다는 표시는 없지만 이미 오래전부터 오행을 이용하여 그 풍속이 습관화 된 것을 뜻하는 것이다.

뿐만이 아니라 주택을 건축하거나 또 농경을 함에도 동서남북 중앙 등을 분별은 할줄 알아야 방향을 정하여 분간할 수가 있다.

특히 가옥에는 양지와 음지를 분간하여 양지바른 것을 취한다.

이로 미루어 삼국때에 오행은 태양, 즉 천체와 직접 관계를 갖고 세시기의 인용을 최대한으로 인용한 것이다.

그러므로 오행을 음양이니 또는 무축(巫祝)의 행사로 쓰여진 예는 없다.

신라의 관계

세째 신라도 고구려·백제와 같은 홍범구주의 오행을 가지고 이정표를 삼았다.

더우기 신라의 유물은 경주를 비롯 그 밖에 수없이 많다. 궁궐과 나라의 방위는 물론이요, 그 밖에 묘총(墓塚)에 이르기까지 오행 형태의 문화이다.

대저 신라의 본기 서두에 그들은 고조선의 유민이라 말했다.

따라서 고조선에서 쓰여져 왔던 홍범구주의 문화가 삼국에 전해진 것이다.

대저 삼국의 사기 중에서 고조선의 유민(古朝鮮의 遺民)이란 글은 신라의 본기에만 기록되어 있다.

돌이켜 생각하면 고구려·백제의 본기의 흐름은 부여족으로서 같은 혈통임을 증명하고 있다.

그러므로 백제의 본기에는 동명성왕의 사당을 세워서 제사를 하고 있는 것이다.

그러나 고구려·백제의 역사와 문물은 두 나라가 모두 망한 까닭에 당나라에서 탈취하여 갔다.

따라서 두 나라의 문헌이 어느 정도로 삭제를 당했고 또 어떻게 변질을 당했는지 알 수가 없다.

그러나 고조선의 문화를 모두 중국의 역사 내지 문화로 형성하려는 것은 당시 당·송의 학자들의 동태에서 찾아 볼 수가 있다.

그것은 위만조선(衛滿朝鮮)과 한사군(漢四郡) 문제이다. 후편에서 상세히 설명을 하겠지만 송나라의 학자요 대신격인 왕보(王黼)란 자는 삼국사기를 편찬하기 위하여 송나라에 들어간 김부식에 여신상(女神像)을 제시했다.

왕보는 그 여신상이 진한(辰漢＝新羅)의 왕을 낳은 여신상이라 했다.

왕보의 이러한 연극은 결국 위만조선을 조작했고 그것이 한사군을 만들어서 결국 고조선을 말살하려는 계략이다.

이와 같이 한사군이 고조선을 점령해서 위만조선의 존재를 정당화 했다.

그러므로 고조선의 역사와 문물은 모두 한족의 문화로 변모한 것이다.

하기야 전쟁에 패하여 나라가 망하는 형세였다. 그러므로 고구려와 백제는 없어졌다. 그것을 기회로 당·송의 학자들은 고조선의 문화를 탈취하여 연구한 끝에 주나라때 전수하여 간 홍범구주의 65자 문화는 취상적일 뿐 고조선의 수많은 문물, 즉 홍범을 운영하는 절차법, 즉 현대법 체제에서 수속법(手續法)과 같은 율역지와 역법(曆法)이 없었던 것을 알게 되었던 것이다.

그것은 아무리 실체법(實體法)인 형법(刑法)이 훌륭하지만 수속법인 소송법(刑事訴訟法)이 내재(內在)하지 않고는 실체법을 활용할 수가 없는 것이라 하겠다.

형세가 이렇게 되면 결국 당나라는 뿌리없는 홍범문화를 갖게 된다. 따라서 당나라 대황제(大皇帝)는 고조선에서 전수받은 홍범문화를 갖게 되어 오히려 천하의 조소거리 밖에 될 것이 없다.

까닭에 고조선 문화를 말살하고 백제와 고구려의 본기도 변조하지 않을 수가 없는 것이다.

세시기와 경오사.

경오사(敬五事)는 인간이 생존하여 나가는데 있어서 첫째로 용모(容貌)를 단정하게 가지고, 둘째는 말씨를 공손하게 가지라, 또 세재에는 눈으로 보는 것은 신명하고 바로 볼 수 있고 귀가 총명해서 듣기를 잘 해야 한다.

끝으로 마음으로 생각하는 것은 정확하고 올바른 판단을 할 줄 아는 마음을 가져야 나라의 연중행사를 올바로 시행할 수 있는 것이다.

백제 본기에 따르면 온조왕 2년 3월에 온조왕은 족숙(族叔) 을음(乙音)이 지식과 담력이 있어〔有知識贍力〕우보와 병마사를 위임했다는 기록이다.

백제 본기 건국조에 따르면 나라의 재상겸 병마권을 맡기는 을음에게 지식이 있고 담력이 있다는 기록이 있다.

지식이 있다는 것은 그 시대에도 이미 홍범학문이 있었던 것을 이르는 것이다.

그 시대에 있었던 문헌으로 군국책(軍國策=三略) 및 내외경(內外經=黃帝經) 등과 아울러 홍범구주 등의 문헌은 (筆者의 著, 軍國策, 陰符經參照) 이미 널리 보급되었던 것이라 할 수가 있다.

그런데 백제 본기의 말한 을음의 담력은 강(强)하고 과단성(果斷性) 있는 것을 이르는 것이다.

군참(軍讖)에 이르기를 강유겸전(强柔兼全)을 최상이라 했다. 그러나 홍범의 육극(六極) 중에서 그첫째는 흉(凶)이다. 농사에서 오곡이 불실한 것을 흉작이라 한다. 또 인간의 심성 중에서 포악스러운 것을 악의 극이라 한다.

둘째는 질(疾)이라 한다.

세째는 우, 즉 근심스러운 것이다. 마음이 편협하여 우(憂) 즉 수심을 갖는 것.

네째는 탐(貪)욕을 이르는 것이다.

다섯째 악자는 강하여 지나친 것.

여섯째 약(弱)한 것이 지나칠 정도로 약하면 쓸모가 없는 것이다.

이상의 육극의 규정은 사람의 침성을 기르고 아울러 수업을 권장한 것이다. 무릇, 고조선 홍범구주의 문화는 정전제(井田制)의 문화라 향당(鄕黨)조직에서 글을 가르치고 또 무예와 악을 가르켰던 것이다.

이상과 같은 영향은 고구려에서는 경당과 동명대회가 성립되었다.

경당은 글방이며 동명대회는 나라에서 인재를 선발하는 과정을 말한다.

또 신라에는 화랑도(花郞道)에 해당하고 백제에는 마당놀이 (巷)를 이르는 것으로 이러한 기구는 세시행사로 형성된 것이다.

따라서 이상과 같은 제도는 모두 세시기에 따라서 행해지는 행사이다.

대저 우리 생활에 유익하고 필요했다고 생각된 행사는 한차례로 그치지 않고 이를 해마다 되풀이하여 습득했다.

농용팔정(農用八政)

홍범구주 제삼항에는, 차삼왈 농용 팔정(次三曰 農用八政)이다. 이러한 제도와 삼국의 통치와의 관계를 살펴본다.

팔정중의 첫째가 식(食)이다.

식이란 식생활을 이르는 것으로 공부자도 식은 즉 하늘이라 했다.

따라서 식이위천(食而爲天)이라고 했던 것은 정치 중에서 가장 중요한 것은 백성들의 식생활이 족함을 이르는 것이다.

식량과, 옷〔衣〕주택 등이 족한 후가 아니면 백성을 다스릴 수가 없다는 것은 이미 홍범구주가 새로히 창안되는 무렵으로 생각된다.

그러므로 삼국의 건국에서 통치제도를 어떠한 제도에 의해서 시행했다는 기록은 없다.

　그러나 고구려의 경우를 살펴보아도 주로 강하천변(江河川邊)의 농경지를 중심으로한 지역등의 농경지가 많은 지역에 오부(五部)의 핵심으로 했다는 것은 농경을 주로한 것이라 하겠다.

　원래 고조선의 홍범구주는 농경문화를 근본으로 했었다. 그러므로 통치의 구성이나 조직의 근본이 정전제(井田制)로서 이 제도는 식량을 생산해서 의식주(衣食住)가 스스로 충족해 지는 제도이다.

　그러므로 이 홍범의 제도가 이미 삼천년 이전에 창안되어 있었던 것이다.

　그러므로 홍범의 필요한 문헌을 일일이 열거하지 않아도 정전제의 농경제도에서는 이미 상식화 되고 있는 것이다. 그러므로 고구려의 건국에 있어서 주로 아리수, 흑룡강 등 강변의 농경지를 중심으로했던 것은 식량을 중심으로했던 것이다. 또 백제의 건국에서도 위례성을 중심으로했던 것은 식량의 생산을 중심으로했던 것으로 이것은 식량이 없이는 나라를 세울 수가 없었던 것이다.

　또 신라의 박혁거세는 그 왕후와 더불어 농가를 찾아가서 식량과 양잠을 권장했다는 것이다.

　이와 같이 식량을 권장한 것은 식이 첫째로 여겨왔던 고대의 통치를 말해 주는 것이다.

　춘추때 공부자가 식이위천(食而爲天)이라고 한것은 그 당시 홍범구주의 농용팔정을 열국에 권장했던 것이다.

　제 2 는 재화(財貨)이다.

　고금을 막론하고 재화가 융통되지 않으면 사회생활을 할 수 없다. 따라서 국가를 영위할 수가 없는 것이다.

　그러므로 홍범구주에는 식화(食貨)의 두개의 조목을 동일시하게 간주하여 식화지(食貨誌)를 따로이 규정했다.

　물론 고대 경제의 융통은 주로 물물교환(物物交換)의 형식이었다. 그러므로 재화의 종류로서는 주로 식량이다. 농산물로

46

서 가히 식량이 될 수 있는 모든 농산물이다.

그 밖에 베로 짠 포목, 필육, 옷, 금, 칼, 거북가죽, 나무, 보습, 모피, 장식용의 구슬 등이 재화로서 융통이 된 것으로 볼 수가 있다.

물론 농경생활이 발전됨에 따라서 소, 말 등을 위시하여 마차 등도 재산이 되어 융통이 될 수가 있다.

이로 미루어 우리의 삼국때는 재화의 발달과정에 발달을 보았다.

제 3 에는 사(祀)이라고 했다.

사(祀)란 나라의 묘자(廟祀)를 이르는 것이다.

고구려, 백제, 신라는 모두 묘사를 세워서 제사를 지내는 것이다.

즉 고구려는 왕모 유화와 시조 주몽의 묘사를 세워서 받들었다.

또 백제는 고구려의 시조 주몽의 묘사를 세우는 한편 왕모 소서노(召西奴) 왕후의 묘사를 세웠다.

신라는 박혁거세의 묘사를 세우고 사직의 묘사로서 제사를 지냈다.

건국을 한 시조의 묘사를 세우고 연중 행사의 하나로서 해마다 제사를 올리는 것은 삼국이 다같이 시행했다.

물론 이와 같은 규정은 삼국때에 처음으로 생긴 것이 아니라 고조선의 문화로 인정되는 홍범구주의 팔정에 있는 것이라 하겠다.

대저 이 제사는 통치에 있어서 만민의 마음을 하나로 귀일(歸一)시키는데 가장 중요한 항목이다.

팔정에서 백성들에, 첫째로 배부르게 양곡을 충분이 주었고 또 그 백성들의 생활에 있어서 도성(都城)과 농촌의 격차를 없애기 위하여 시장을 설치해서 재화의 융통을 원만하게 했다. 그런 후에는 민심의 전일(專一)을 위하는 한편 통치의 이륜

(彝倫)될 것을 제시하여 온 국민에 권장을 했던 것이다.

중국의 은나라를 통일한 주나라는 무왕 13년에 기자(箕子)가 조선에 망명해 있다가 가져간 홍범구주의 원문 65자를 통치의 이륜으로 했다.

이것을 후대의 사학자들은 이른바 인간사(人間事)의 정치라고 한다. 그리하여 주나라 이전 은나라에서 통치로 쓰였던 정치는 제정일치(祭政一致)의 무속정치(巫俗政治)라고 한다.

이와 같이 현대의 학자인 "토인비"와 "스펭글러" 등이 주나라의 통치를 인간사의 정치라고 찬양했다. 그것은 사마천(司馬遷)의 사기에서 주나라는 통치의 이륜으로 홍범구주가 정치의 근본이라고 쓰여졌다.

이것이 이른바 인간사의 정치라고 했다. 사실상에 있어서 홍익인간은 주로 인간사, 즉 인간의 삶을 위한 것과 국민의 권리의 신장에 대한 인간사를 주축으로 한 정치라고 할 수 있다. 그것은 통치의 첫번째로 의식주를 충족하게 하는 것을 정치의 근본이라고 했다. 그 다음에는 재화의 융통을 강조한 것이다.

그뿐이 아니라 홍범구주는 무문율(無文律) 즉 불성문율(不成文律) 시대에 일정한 성문율(成文律)에 의하여 통치자가 제한을 받았던 것이다.

이와 같이 홍범의 통치는 이미 상고 시대에 전제왕권(專制王權) 독재체제에 있어서 왕의 전제를 막고 만민에 이익이 되는 인간사의 성문율의 정치를 한 것이다.

원래 홍범구주의 문화는 정전제(井田制)의 문화로서 획일적(劃一的)인 통치의 이념으로 민본을 위주로 한 정치라 하겠다.

그러므로 고조선의 문화는 세계에서 가장 발달되고 아울러 성문율로서 인간사의 통치를 한 것으로 해석된다.

더욱 정전제(井田制)는 장마가 져도 밭고랑으로 빗물이 빠져나갈 수 있다. 밭두랑 고랑, 또 농로(農路) 등을 만들어서 물

48

에 잠기지 않게 만든다.

또 가뭄이 질때는 논과 밭에 우물을 파서 지하수를 이용한 농경제도이다. 이러한 정전제를 현대어로는 전천후(全天候) 농경방법이라 한다.

그 뿐이 아니라 정전제는 현대학의 행정구획으로서도 중요한 역할을 했던 것으로 본다.

고대의 농경일변도 사회에서 농경지(農耕地)에서 생산되는 식량의 정도를 통계적으로 산출하여 행정구역을 이룩한 것이다.

즉 부락 동(洞) 이(里) 등을 인구에 따라서 농경지를 경작하여 아울러 그 부락에는 장정을 두어서 그 부락을 보호했던 제도는 현재 우리 사회의 행정구역과 다를바가 없는 것이다.

현대 사회조직에서 이르는 반상회(班常會)를 이용하는 행정과 같은 것이다.

상고시대에는 이러한 행정조직을 전국적으로 체계화하여 그것을 농어촌에서 도시에 이르기 까지 획일적인 조직을 해서 국가를 경영했다. 물론 서구(西歐)에서는 종교를 중심하여 이른바 위원회(委員會) 조직이다. 그러나 우리의 고조선의 정전제는 결국 전국의 농경지(農耕地)를 조사해서 그 능토에 따라서 부락을 형성했다.

또 그 부락의 대소(大小)에 따라서 치안을 스스로 유지해서 도적과 위법자를 퇴치하는 형태의 행정을 했다.

이것은 현대 행정의 시각으로 상고하면 자치행정(自治行政)에 속하는 것이라 하겠다.

그러므로 우리의 상고사는 성급하게 추상적으로 결정할 문제가 아니라 앞으로 광범위한 자료를 수집하는 한편 연구끝에 최종결정을 지을 문제라고 믿는 것이다.

홍범의 남강의 팔장에서 식화사(食貨祀)를 말했다.

또 제4에는 사공(司空)으로 국가의 영토를 관장하는 기구이다.

그러므로 사공의 주관은 동서남북 중앙 등 오행에 따라서 전국토의 이정원표(里程原標)를 구성하여 국가의 전영토와 아울러 정전제(井田制)의 농경지 및 산야하천과 이웃나라의 지경을 소상히 측정하여 밝히는 것을 주관으로 한다.

제 5 항은 사도(司徒)로서 문교에 관한 행정을 주관하는 기구이다.

특히 고조선의 향당은 현재의 교육행정에 있어서 학구제(學區制)와 같은 조직으로 나라의 모든 인재를 이 향당에서 육성했던 것이다.

물론 향당 외에도 경당등의 글방은 마을마다 있었던 것으로 믿어진다.

특히 백제의 마당, 즉 항(巷)은 고구려의 동명대회와 신라의 화랑도와 같은 기구로서 발전되었던 것이다.

물론 이 무렵에는 나라에 공헌하는 관헌들의 자제를 중심하여 교육을 했었던 것이다. 그러나 정전제의 시초에는 정전을 중심한 조직에 따라서 마을마다 교육을 했고 그것이 발전되어 전국으로 확산되어 결국 향당제도가 성립되고 전국의 향당에서 인재를 선출하는 방법을 전국으로 비화시켰다.

이것이 동명대회 또는 화랑도, 마당놀이 등의 거국적 행사로 비화했던 것으로 믿는다.

따라서 나라의 중직에 등용되는 인재를 온 국민이 거국적으로 축복을 해 주므로 영웅호걸의 등장이 출현했다.

이와 같은 어느 한 지역 아닌 전국적인 축제행사가 바로 세시기와 관련을 갖고 있는 것이다.

나라의 인재 중에서 뛰어난 준재(俊才) 호탕(豪蕩)한 인재 또는 걸출(傑出)의 인물등을 선출하는 것을 축복하는 것은 나라를 위하여 훌륭한 공과를 세우라는 것을 백성들이 바라는 것이다. 즉 국가의 유익한 일꾼을 선출함에 온 나라가 축복을 보내는 것이 세시행사이다.

이와 아울러 고대의 전제국가에서는 왕실의 교육은 특별히 취급되고 있다. 그 이유는 세자로 책봉되면 앞으로 나라를 다스리는 중책을 맡게 된다.

그러므로 왕실에는 왕세자의 교육을 맡은 스승을 삼고직(三孤職)이라 한다. 또 삼고직을 소사(小師) 소전(小傳) 소보(小保)라고 부른다.

이와 같은 문헌은 신라 본기의 문헌에 보이지만 같은 형태는 고구려, 백제에도 고조선의 관례를 따라서 존재했던 것이다.

그리고 왕을 보필하고 가르키는 스승을 대전(大傳) 대사(大師) 대보(大保)라고 하며 주로 왕의 정사를 도와주는 스승으로 이들은 나라의 직책을 가진 대신이나 관헌과는 별개의 직분이다.

흔히 세상에서 이들은 왕사(王師)라고 하며 고려초에 도선(道詵) 승려가 왕사였던 것과 같은 것이다.

홍범팔장 중에서 제육항에는 사구(司寇)이다.

사구란 도적을 퇴치하는 것으로 현재의 사법에 관한 제도를 이르는 것이다. 대저 사구직은 도적을 물리치는 직책으로서 미풍양속으로 장려할 행사는 지극히 적다.

그러나 고려후에 복술(卜術)과 무축(巫祝)이 심하여 집에 따라서 나라에는 복술과(卜術科) 등이 있었던 것이다. 그러므로 장님들의 경문에는 사구를 물리치는 경문이 있다. 경문에서 사구란 고대의 사법관의 횡포를 물리친다는 것으로 이 경문은 고려 중엽에 많이 유행된 것이다.

그러나 사구의 직책을 찬양하는 세시행사는 좀처럼 볼 수가 없다. 그 이유는 사구직이 만민의 안녕질서를 위하는 것임에는 어김없으나 뭇 사람들의 거리낌을 받은 직책인 관계로 세시행사에는 없는 것이다.

더우기 우리의 고구려·백제·신라 때의 문화는 홍범구주를 중심으로한 통치방식이므로 무속(巫俗)의 풍속이 없었다. 다만 한재(旱災) 등이 발생하거나 혜성 등이 나타나면 세시기의 순탄치 않을 것을 걱정하여 왕은 근신을 했다. 따라서 옥중에 있는 죄수들을 방면하거나 또 빈민들에 양곡과 약품을 나누어 주기도 했었다.

무릇 그 민족이 번성하고 나라가 부국강병이 될때에는 주로 미풍양속 등이 번성하고, 만일 나라가 미약해지고 그 민족이 쇠약해 질 무렵에는 무속등이 번성해 지는 것이다.

이로 미루어 상고할 때 고려때는 후삼국이 통일을 했고 한반도가 통일이 되었다. 그러나 삼국때와 같이 민족이 웅비(雄飛)할 기상은 없고 오직 지나간 날의 민족의 기상은 엿볼 수가 없었다.

따라서 고려조는 삼국때의 동방에 웅비했던 기상은 아랑곳 없이 오직 한반도의 영토를 유지하므로 현상유지를 견지하려 했다. 따라서 고려는 송나라와 국교를 갖고 있어서 발해와는 명분상 친선을 도모했으나 발해를 도와서 요와 금(遼金)을 치려는 계획은 없었다.

이 무렵에 송나라는 역사를 정리하여 대송황제국(大宋皇帝國)을 이룩하는 중화문화를 형성하기에 급급했다. 그러나 아직도 남아있는 고조선의 화려했던 문화를 없이하는 것에 급급해 있었다.

이와 같은 형세에 고려는 중국인 쌍분(雙冀)이란 자가 광종(光宗) 때까지 조정의 제반사를 도와 주었고, 아울러 중국과 같은 과거제도를 설치했던 것은 굴욕적인 사실이라 하겠다.

그러므로 후대의 일이긴 하지만 인재 기용에 있어서 삼국시대의 인물인 김유신·김부식·을지문덕 등과 같은 준(俊) 호걸(豪傑)이 뛰어난 영웅들의 등장을 막았던 것이다.

그러므로 삼국때는 강대국의 침략을 능히 막을 수 있었고 또 국위를 크게 떨칠 수 있어서 부국강병을 일으킬 수가 있었

다. 고려조도 삼국의 아름다운 선조들의 세시행사를 연구하여
통치에 이용할 필요성 보다는 오직 중국문물을 도입하려고 중
국인들의 자문을 받아서 과거제도(科擧制度)의 인선을 유학
(儒學)의 제도로 시행했다.

그러나 왕건의 풍수지리설과 도선의 홍범구주의 오행을 음
양오행설로 인용함에 있어서 점무축(占巫祝)의 풍속은 성행하
기에 이른 것이다.

그러므로 사구직을 중심으로하고 홍범의 육극(六極)인 흉
(凶)·질(疾)·우(憂)·탐(貪)·오(惡)·약(弱)은 사구의 장난
이라는 것으로 무축은 더욱 심하게 성행했다.

또 홍범의 오복(五福)에 이르는 수(壽)·부(富)·강녕(康寧)
의호덕(收好德)·고종명(考終命) 등 오복을 기원하기 위하여
육극을 물리치는데 있어서 사구의 귀신을 물리치는 방법의 무
축(巫祝)이 성행하기에 이른 것이다.

이러한 영향을 받아서 무속의 풍물놀이는 성행하였고 현재
에까지 이른 것이다.

그러므로 무속의 풍물놀이를 모두 우리 선조들로부터 전해
오는 미풍양속이라 할 수가 없다.

이에 풍물에 관한 풍속을 무조건 이것을 권장하여 번잡한
풍물을 이룩하게 하는 것은 경계를 요하는 것이다.

따라서 민족학자들로 하여금 현재 풍물중에서 그 유래와 전
말을 연구하여 미풍양속이 아닌 경우 그것은 금해야 한다.

특히 홍범구주의 사구직에서는 도적의 무리를 조사하여 정
확이 아는데는 경오사(敬五事)의 규정을 이용하여 사실을 정
확히 파악하여 공정한 행사를 시행하는 것이다.

첫째는 사청(辭廳)은 범죄인이 말한 전말을 소상히 듣고 판
단하는 것으로 현대의 수사에서 조서(調書)를 일컫는 것이다.

둘째에는 색청(色廳)이란, 범행한 자의 안색은 물론 그 당시
의 형세를 소상히 살피는 수사의 과정이다.

셋째는 기청(氣聽)으로 범인의 기가 약하고 강한 것을 판별하여 범행사실에 인용하는 법.

네째는 이청(耳聽)이다.

범죄가 발생했을 때에 상황을 귀로서 그 기록을 듣는 것.

다섯째는 목청(目聽)이다.

범죄가 발생했을 때 그 내용을 소상하게 목격한 자의 증언을 기록한 문서를 일컫는 것이다.

이상의 규정은 이미 오래전부터 사구에서 수사를 하는 기준이였다.

그러나 향당(鄕黨)에서 권선징악(勸善懲惡)으로 과형(科刑)함에도 이와 유사한 방법이었다.

그 밖에 증죄로서 처형되는 범죄와 또 삼족 내지 오족이 처형되는 범죄에도 이와 같은 방법으로 수사를 했다.

제 8 정의 제 7 항은 빈(賓)이다.

빈이란 빈객(賓客)을 초비하는 것을 이르는 것이다.

물론 제후들을 초청하여 빈청에 머물게 하고 후대하는 것을 빈객을 접대하는 것이라 한다.

현재의 정치제도로 고찰하면 외무부가 국빈을 초대하여 접대하는 절차를 말하는 것이다.

영웅호걸은 빈객이다.

고구려의 직제는 물론이요, 백제·신라의 직제(職制)에서 상빈·중빈·하빈(上賓·中賓·下賓) 등의 등차로서 군사(軍師)로 초청하는 관례가 있다.

빈객과 삼국의 세시행사에서 살펴보면 군국책(軍國策)에서는 영웅호걸 등을 초빙하여 그 인재를 적재적소에 기용하는 예가 많다.

삼국사기에서 그 실례를 살펴보면 고구려의 시조 주몽은 모둔곡에서 만난 재사(再思)에는 극(克)씨를 주었고 무골대는 중실(仲室), 그리고 묵거에게는 소실(小室)씨를 주었다.

이와 아울러 이들에는 적재적소의 벼슬을 주었다. 이것은 고구려의 시조께서 이들의 비범하지 않은 인재를 알고 이들을 상빈으로 초청하여 관작을 수여한 것이다.

세시행사와 빈객

나라내서 훌륭한 인재를 초빙하여 군사 혹은 나라의 상빈으로 기용되면 으레히 엄숙한 행사로 빈객을 맞는 것이 삼국의 풍속으로 이것은 홍범의 빈에 해당되는 것이다.

그러므로 군잠(軍讖)에서 주장자(主將者)는 선능한 법도를 만들어서 무람영웅지심(務覽英雄之心)이라 했다.

까닭에 군주는 반드시 영재(英才)·호재(豪才), 그리고 걸재(傑才) 등 삼재의 영웅, 즉 소형(小兄)·중형(中兄)·대형(大兄)의 영웅호걸을 선용하는 것을 이르는 것이다.

또 이상과 같이 뛰어난 인재을 발굴하여 나라에 중용할 때는 동명대회와 같은 국가적인 경축의 세시행사가 열리게 되는 것이다.

홍범의 8정중 9에는 사(師)이다.

사란 군사를 이르는 말이다.

나라에는 잔악무도한 무리를 제거하며 아울러 우리 국토를 침략하는 무리는 이것을 퇴치해야 한다.

물론 나라에는 사구직이 있어서 치안행정의 질서를 유지한다.

그러나 국내외로 전란등 내외로 큰 환란이 있을 때는 만부득이 군사를 일으켜 그 환란을 막아야 한다.

까닭에 군사는 나라에서 반드시 있어야 하는 것이다.

무릇 홍범구주의 군사와 군국책의 삼략의 문사와는 연관성이 있다.

즉, 삼략의 강(强)자와 강(剛)자, 그리고 유자(柔者)와 약자

(弱者) 등을 조화하는데 주력을 한 책자이다.

　이것은 홍범의 오복(五福)과 6극(六極)의 흉·우·질·탐·악·약(凶·憂·疾·貪·惡·弱)을 조화시켜 부국강병의 나라를 이룩하려는 것을 강조했다.

　군참에 이르기를 유능제강(柔能制剛)·약능제강(弱能制剛)이라, 또 유자덕야(柔者德也), 강자적야(剛者賊也)라고 했다.

　이와 같은 방법의 내용은 홍범의 오복의 수·부·강녕, 유호덕·고종명(壽·富·康寧, 攸好德·考終命)과 조화의 극치를 이르는 철칙이라 하겠다.

　원래 삼국은 송나라때 무경 칠서의 하나로 강태공의 육도 다음에 편입해서 명실상부한 병과(兵科)의 교재로 채택해 놓았다.

3. 曆法과 歲時行事

고조선의 홍범구주의 오기(五紀)의 문화는 영재(英才)들의 창작품이 아니다. 천체(天體)를 탐구하는 사람들이 대대(代代)로 계승하여 일월성신(日月星辰)의 운행(運行) 상황을 기록한 학문이다.

따라서 오기의 학문은 하나의 통계학인 동시에 실증적인 경험을 쌓아서 탐구하여 얻은 것이다.

더우기 실증적으로 경험을 한다는 그 사실도 몇사람이 대를 계승하여 실증된 것이 아니라 적어도 수십대에 걸쳐서 즉 수백년을 두고 되풀이 하여 얻은 경험학이라 할 수가 있다.

원래 천체에 관한 학문은 지극히 광활하여 망망한 대해와 같다. 그러나 그 망망대회를 측정하는데 있어서는 하나 둘이라는 적은 숫자에서 계산되는 것이 천체의 학문이다. 그러므로 고조선의 문화는 추상적인 것도 아니요 흔히 말하는 철학적인 것도 아닌성 싶다. 대저 동양의 철학을 말한 노자(老子)는 유명, 무명(有名, 無名)의 구별을 하지 않았다. 그것은 유명했던 것이 무명일 수가 있다는 말이다.

물론 이와 같은 철학은 당시 유가의 팽창과 번영을 꼬집은 말이기도 하다. 또 우리의 단군의 천부경(天符經)에는 일시무시 일절삼극(一始無始一析三極以下略)이라 했다.

이상과 같은 철학은 종교학에서는 성립될 수가 있으나 천체의 학문이나 또 오기에서 말하는 율(律)에서는 해당되지 않는다. 더우기 군사학이나 통치학에서 전시효과를 높이는 자들의 자화자찬하는 수작에는 해당될지 모른다.

그러나 사실상으로 봄에 씨를 뿌리고 가을에 수확을하는 농경에 있어서는 그런 추상적이이거나 또는 막연한 호언으로는 이루어 질 수가 없는 것이다.

그러므로 율역지(律曆誌)에서는 도량형(度量衡)의 규정과 율(律) 그리고 가악(歌樂)의 섬세한 음율까지를 소상하게 기록하고 있다.

전자에서 유무가 서로 통할 수 있다는 노자의 말이나 또 천부경에서 이르는 하나를 꺾어서 셋을 이룩했다는 추상적인 학설과 달리하고 있다.

즉 하나(一)를 12등분으로 나누어지고 그 성장변화(成長變化)를 섬세하게 측정한 과학적인 학문이다.

아울러 모든 사물을 평민(平民)적으로 평가하기에 앞서 그 귀추를 정확히 측정하기 위하여 입체적(立體的)인 산출(算出)로서 사물의 변화를 측정한 학문이 이른바 10간(干) 12지(支)로서 이것을 역법이라 한다.

이러한 과정은 마치 현대과학에 있어서 미분(微分) 적분(積分) 그리고 삼각(三角) 법측과 같이 미세한 숫자를 계산해서 창출하는 학문이다.

그러므로 음양오행(陰陽五行)이란 추상적이고 미신적이며 또 형이학상(形而學上)의 학문이 아니다.

혹자는 우리의 삼국때의 역사기록과 아울러 정치를 시행한 세시행사의 기록을 말하여 중국의 문화에서 전래된 형이학상의 학문이라고 한다.

따라서 그 시대에 씌워졌던 역법(曆法 : 陰曆)을 은역(殷曆) 즉 은나라의 역법이라고 학교 교과서에까지 기록하고 있는 것은 가관이 아닐 수 없다.

그와 같은 경향은 과학성은 없고 오직 고려조 이래 음양 오행설, 또는 풍수지리설 등의 미신에 빠져서 그 늪에서 빠져나가 탈피못한 실증학자들의 오산에서 빚어진 것이다.

그런 경향은 오기의 문화를 모르는 김부식이 삼국사기 잡지(三國史記雜志)에서 현금(玄琴)에 대하여 이르기를 안금조왈(按琴操曰) 복희작금이수신이성(伏犧作琴以修身理性以下略)이라고 하였다.

복희는 중국의 시조이다. 대저 복희가 중국의 시조설도 앞으로 연구할 대상이 되는 것은 사실이다. 그러나 김부식은 가무악(歌舞樂)의 윤을 모르는 까닭에 그 시원이 오기에서 유래함을 몰랐던 것이다.

그러므로 그의 악(樂)에 대한 지식은 중국의 사대사상을 답습한 것이다. 김부식은 율역지를 모르는 까닭에 그러한 주장을 했다.

그런데 우리나라의 고대의 실증학자 들은 과학성 있는 학문을 체득했다. 그런데 우리가 쓰고 있는 음력을 은나라(殷)에서 유래했다고까지 교과서에 기록한 것은 실로 가소로운 것이라 하지 않을 수 없다.

무릇 고조선 시대에 소작된 것으로 생각되는 음부경(陰符經 : 筆者의 著參照)과 내경(內經)의 예를 보면 인체(人體)의 생성변화를 모두 과학적으로 체험을 거친 실용학문이다.

그 실예를 보면 여인은 7년만의 변성기를 계산하고 있다. 따라서 남녀 7세 부동석(男女七歲不同席)이라 했고 여자는 14세에 생식기능이 완성되여 결혼을 할 수 있는 연령이라고 규정하고 있다.

이와 같이 학문의 이론과 성장이 일치하는 것이다. 그러므로 홍범의 오기는 물론 구강의 모든 것이 실생활과 적합, 간접적으로 되는 학문이다.

그런 관계로 병사에 있어서는 허실이 명백해서 그것이 적군과 싸움에도 직결되는 것으로 이것을 묘산(廟算)이라 하며 묘산이 없는 싸움은 반드시 패하는 것을 이르는 것이다.

그것이 원인이 되어 삼국때 고구려는 군국책으로 고조선의 오기를 알고 있었으므로 오기를 모르는 수나라·당나라와 싸워서 이길 수 있었던 것이다.

원래 병사에는 요행이 있을 수 없다. 그것은 수십만 대군을 인솔하고 행군하는 장수가 천체의 변화와 지형의 형태를 모르고 어떻게 출전할 수가 있을 것인가.

군사를 동원하여 병사를 훈련하여 그 병사와 더불어 싸움터에 나가는 행사는 반드시 천체의 변화를 꼭 알아야 한다. 만일에 비가 오거나 또 풍운한서가 어떻게 되는 것도 장수는 소상히 알고 이에 대한 행사를 모두 준비해 두지 않고는 안된다.

대저 오기를 모르는 사람들은 음양오행(陰陽五行)으로 해석하여 길흉을 점치고 있다.

그러나 오기를 체득한 우리의 장수들은 하루의 12지(支)를 밤낮으로 나누어서 적군이 모르게 행군하는 것은 밤의 행군으로 활용하는 과학성을 띄운 병사를 실행한다.

그러므로 병사에 있어서 오기를 알고 그 운영의 섬세여하에 따라 승부가 결정되는 것이다.

군국책과 세시행사
무릇 우리의 삼국의 본기를 상고하면 군국책이 시행되는 과정에서 세시행사는 국력을 다하여 정중이 거행했다.

따라서 그에 따르는 연중행사는 어느 때 보다도 더욱 엄숙히 거행한다.

특히 병사에서 오기(五紀)의 문화는 정확한 과학성을 갖지 않고 추상적으로 해석해서는 안된다.

그러므로 병사의 장수들은 병사를 동원하고, 또 시정벽무

중에서 가장 중요한 것은 영웅호걸들을 적재적소에 기용하는 행사이다.

물론 이 행사는 동명대회와 같지는 않지만 세시행사로서 이루어져야 할 행사이다.

첫째로 새로운 인재가 기용되면 그 인재가 현인(賢人) 혹은 영웅호걸 등으로 그 척도에 따라서 그를 환영하는 행사가 묘사(廟祀)의 행사, 또는 향당의 행사 등으로 세시행사를 거행하기에 분망할 것이다.

대저 온 국민을 전일함에 군국지 요책과 이에 따르는 행사로서 본래의 군국책의 시행에는 반드시 농번기를 피하여 식량 증산에 피해가 있어서는 안된다.

이것이 인재를 기르고 육성함에 있어서 독서삼동 문장족용(讀書三多文章足用)도 농사를 지장없이 경영하여 식이위천(食而爲天)의 통치를 이룩함에 있는 것이다.

그 다음은 홍범제 사강의 오기이다.

이 오기는 우리 고대의 문화를 획기적으로 문명케한 핵심이라 하겠다.

돌이켜 생각하면 천체의 운행변화를 모르고 오직 자연의 환경을 극복할 수 없었던 수렵시대의 유랑생활이다.

집도 없고 먹을 것도 없어서 오직 약육강식으로 수렵에 의존했던 이동(移動) 생활의 고달픔을 면하게 한 것은 천체의 운행과 변화를 알아서 오기의 문화, 즉 세·일·월·성신·역법(歲·日·月·星辰·曆法)이 연구되어 농경문화가 형성됨으로서 이다.

이와 같이 우리가 농사를 짓고 일정한 주택에 온 가족이 안정하고 살 수 있는 정전제의 문화, 즉 홍범구주에서 이룩된 것이 문명 오기의 문화이다.

대저 오기의 문화를 모르는 우리의 학자들은 음력(陰曆)을 우리의 것이 아니라 중국의 고대 은(殷)나라의 역이라고 주장하는 자 있다.

그러나 음력은 분명 중국의 은나라의 역도 아니요 또 중국의 어떤 사람도 창조한 것이 아니라 우리 고조선에서 창안한 오기(五紀)의 문화인 것이다.

그럼에도 불구하고 음력이 홍범구주의 제4강에 있음에도 이 홍범구주를 연구하지 않고 오직 홍범의 문화를 겉치레로 암송을 하고 넘겼던 것이다.

중국 춘추때 성인이요, 공부자도 주사(周史＝竹書紀年) 중 무왕(武王＝13年條) 때에 기자가 조선에서 홍범구주 원문 65자를 전하여 갖고 와서 그 내용을 강의를 했다고 기록되어 있다.

또 공부자는 서경(書經)에도 홍범구주의 원문 65자를 수록했고 아울러 주나라는 그 홍범문화를 통치의 이륜(彝倫)으로 삼았다는 것이다.

이렇게 홍범구주의 문화가 상고문화의 핵심인줄을 안 중국의 학자들은 홍범문화를 그들의 것으로 만들기 위해서 주력을 했던 것이다.

까닭에 홍범문화 그 자체를 논하지 않고 오직 그 문화를 도입한 기자를 중국의 은나라 왕숙(王叔)을 만들었다.

그리하여 기자 자신이 조선의 왕이 되고 아울러 그 홍범의 문화와 정전제의 문화인 홍범의 문화인양 거짓으로 꾸며 나갔다.

따라서 홍범은 중국의 은나라의 기자가 이룩한 양 조작을 했다.

그러나 그것으로도 부족하여 홍범은 우왕(禹王)의 치수공사(治水工事) 때 얻은 하도낙서(河圖洛書)라 했고, 또 복의(伏義)씨의 팔괘도가 그것이라는 등 거짓 주장을 했다.

뿐만이 아니라 홍범오기의 문화중 천통·지통·인통(天統·地統·人統) 법등에서 인통법을 주(周)나라의 역(易)이라고 주장하고 있다.

이에 대하여 필자는 주나라 이래 춘추전국을 거치고, 진한 (秦漢)과 촉·오·위(蜀吳魏) 삼국을 지나서 이어지는 5호16 국과 수·당(隋唐)에 이르기 까지의 통치의 내용을 조사했다. (筆者의 著 弘益人間論 參照).

그 내용을 개략 설명하면, 당나라에 이르러 고구려·백제가 망한 후 비로서 당나라는 고구려·백제에서 탈취하여 간 역사 와 문화를 정리하기에 급급해 있었던 것이다.

그 예를 들면 측천무후(則天武后) 때 종초용(宗楚容)은 역사 편찬에 있어서 개인의 자유로운 편찬을 통제하였다.

이로서 당나라는 자국의 불미스럽거나 또 국위(國威)에 불 리(不利)한 것은 편찬을 금하는 조처가 송·원·명나라에 까지 지속되었던 것이다.

특히 당나라의 안사고(顏師古)이래 처음으로 오기(五紀)의 핵심문화인 율역지(律曆誌)의 번안 및 해설에 착수를 했다.

그러나 당나라가 망했고 송나라가 들어섰지만 역사를 정리 하는 학자들은 정치관계에는 관계치 않고 역사정리를 계속했 다.

그러나 북송 때에는 수많은 역사를 정리할 시간에 쫓겼다.

따라서 남송에 이르러 많은 학자들이 홍범의 성리학을 연구 하기에 이른 것이다.

따라서 소동파(蘇東波)도 홍범구주가 주나라 무왕에 전한 것은 주나라의 신하(臣下)가 아닌 기자(箕子)가 천도(天道)인 홍범(洪範)을 전했다. 더우기 홍범은 우왕(禹王)에서 주 무왕까 지는 분명히 쓰여지지 않았다. 또 홍범이 주 무왕에 전한 것은 원문 65자 뿐이였다고 분명히 말하고 있다.

또 이천(伊川)·소순(蘇洵)·여씨(呂氏)·주자(朱子) 등 중 국의 중화문화를 정리했던 기수들도 한결같이 홍범을 거론하 고 나섰다.

물론 이 중에는 홍범을 복희의 팔괘와 우왕(禹王)의 하도낙서(河圖洛書)로 주장하는 자도 있으나 소동파는 우왕에서 주나라의 무왕때까지 홍범은 통용되지 않았다고 명백히 강조하고 있는 것이다.

또 여씨(呂氏) 등은 현재 중국사회에서 논의되고 있는 오행(五行)은 분명 홍범에서 유래한 학문이라고 했다.

특히 남송때 중화문화와 홍범의 성리학과 관련을 시키던 학자들은 홍범을 복희의 팔괘와 관련을 시키려는 학자들도 많았다.

그러나 남송(南宋)에 이르러 고조선의 홍범구주에서 전해진 천문지·식화지·율역지와 이른바 석실문화에 관계된 문화들은 당시의 주자 등 많은 석학이 많았다.

그러나 찬란하고 우아한 그 문화를 완전히 소화할 수는 없었다. 그러므로 석실문화는 그 본체대로 석실문화로 남겨 두었고 홍범의 오사(五事)의 문화는 인간 교육의 문제라 어쩔수 없이 연구하지 않을 수 없었다.

이것이 이른바 홍범학에서 유래한 성리학(性理學)이다.

까닭에 그 성리학이 홍범의 원산지인 우리나라에 전하여져 결국 이기(理氣) 일반설로 유명한 퇴계선생(退溪先生)의 학설이다.

홍범오기와 삼국사기와의 관계

세월이 흐름을 모르는 자는 예외로 하고 지난 세월을 소상히 알아야 한다.

세(歲)란 춘하추동 네 계절이 지난 한 해를 이르는 것이다.

또 일(日)은 하루를 말하며 하루에 12지(十二支)로 나누며 달(月)은 30일을 한달이라 한다.

또 달은 차는 것을 만(滿)이라 하고 기우는 것을 매삭(晦朔)이라 한다.

음력에는 하루씩 빠지는 것을 윤삭(潤朔)이 있어서 4년만에 드는 것이 이른바 윤해이다.

성신(星辰)과 역법(曆法), 별의 자리를 이르는 것으로 동서 남북을 오행으로 나누며 청용〔東方〕·주학〔南方〕·백호(白虎＝ 西方)·현무 즉 칠성(七星＝北斗) 등 28숙의 천체의 방위를 이르는 것이다.

천체의 수와 땅의 수를 합하여 십수라 했고 이것이 이른바 십간(十干)이라 하고, 하나를 음양 12등분으로 나누는 것을 12지라 한다.

따라서 십간십지(十干十支)는 역법의 기준이 되며 황종(黃 鍾)·임종(林鍾) 등의 율을 형성할 수가 있는 것이다.

오기의 문화는 역법(曆法)을 제정할 수가 있으므로 국가는 한해의 연중행사를 할 수가 있었다.

따라서 우리 삼국은 연중행사에서 세일월·성신·역법 등을 정확하게 기록하고 있다.

물론 춘추때 공자의 춘추필법을 인용했다. 또 한나라 때 사마천의 사기에도 공자의 춘추필법을 인용했다.

그 예를 들면 ○○해봄 1월 등으로 기록하는 것이다.

마치 이와 같은 기법(記法)은 현대의 초일기(草日記)와 흡사한 것이다.

그러나 우리 삼국의 본기에 기록된 것을 보면 중요한 사건은 해·월·일·시의 형태로 기록했다.

이것은 마치 우리의 사주팔자(四柱八字)와 같은 수법으로 율을 인용한 정확성을 유지하고 있다.

역사적인 예를 들면 고구려 광개토대왕때 유주자사(幽州刺 使)로 봉사했던 진(鎭)의 묘총의 묘비명을 살펴본다.

진은 77세로 죽었고 그의 묘총은 강서군(江西郡) 덕흥리(德 興里) 무학산(舞鶴山) 기슭에서 북한이 1977년 2월에 발굴하여 일본신문에 보도된 것이다.

그 기록에 따르면 영락 18년이라 했다. 그리고 태세재무신 12월 신유삭입일 을유 이하생략(太歲在戊申 12月辛酉朔廿日 乙酉 以下 略).

이상의 묘비는 고구려의 대형으로서 유주자사를 지낸 진의 묘비명이다.

이 묘비명에는 문명 태세에는 무신(戊申)을 명백히 기록했다.

그리고 12월의 신유(辛酉)와 입일의 을유(乙酉)를 기록하여 율역의 오기(五紀)를 정확히 기록하고 있다.

이러한 기록방법은 오기의 세시행사를 삼국시대, 즉 고구려에서 존속했던 것이라 하겠다.

고구려의 광개토 대왕때는 아직 우리의 고유 풍속이 있었던 것으로 이상과 같은 풍속은 고조선의 오기의 문화가 그대로 전해져서 그 풍속이 관습화 되었던 것으로 믿는다.

물론 진(鎭)은 고구려의 대형 벼슬을 한 자로서 그의 묘비에는 죽은 해, 또 달, 또는 날자 등을 오기의 형태로 기록했다.

이는 마치 우리들의 사주(四柱)에서 태세수(太歲數) 달·날자·시간 등 네 기둥을 기록한 것은 이 세상에 태어난 날로 증명함과 같다.

그러므로 고조선의 율역에서는 정전제(井田制)를 획일적으로 시행함에 있어서 사주(四柱)의 형식으로 출생신고가 되었던 것이다.

사주(四柱)를 후대에(고려조) 이르러 음양오행설을 주장하는 자들에 의하여 무속을 촉진하는 퇴폐된 풍속으로 전략시켰다.

이러한 오기를 삼국사기에 인용한 것은 신라·백제 등은 모든 같은 풍속이다.

신라의 김유신 장군의 묘총에서 12지상(十二支像)이 발굴되고 있다.

이것은 오기의 문화가 이 땅에서 발굴되고 아울러 시행된 것을 입증하는 것이라 하겠다.

홍범구주의 오기의 문화가 아무리 복잡하고 어렵다고 하지만 결국 그 문화는 농경을 경영할 수 있는 음력을 형성하기 위한 것이다.

따라서 음력은 필연적으로 고조선에서 창안했던 것이다.

아울러 정전제에서 (井) 정자를 중심하여 1(0)은 원이고 각은(三角) 그리고 오수(五數)는 정자를 중심한 방위의 오행수로서, 1+3+5= 9수이며 황종률의 수이다.

즉 태족(太族)·고선(姑洗)·성빈(性賓)·이칙(夷則)무역(無射) 등은 황종률에 속하고 여(呂)로서 선양되는 기는 임종(林鐘)이다. 다음에는 남여(南呂) 3에는 응종(應鐘) 4에는 대여(大呂) 6에는 래종(來鐘) 6에는 중여(中呂)로 했던 것이다.

이와같이 지극히 어려운 고조선의 문화는 우리 삼국에서 세시행사로 묘총을 비롯하여 각 방면에 많은 유적을 남기고 있음을 우리 박물관에서 찾아 볼 수가 있다.

그 예를 들면 고구려·백제·신라는 모두 같은 형상으로서 10간 12지의 동물상을 벽화에서 많이 볼 수가 있다.

뿐만이 아니라 지석묘(支石墓)의 형태에서도 오행의 방위가 뚜렷한 것은 이미 신석기 시대에서 부터 오행문화는 형성이 이루어 졌던 것으로 본다.

그러므로 우리의 고대생활에서 구석기, 신석기, 그리고 청동기를 거치는 동안에 오기를 실증적으로 탐구하는 과정은 연관성이 있는 것이다.

대저 그 무렵에 있어서 체험을 했고 실증적인 경험을 거치는 과정도 현재와 같이 과학문명이 발달된 것이 아니었다. 따라서 일월성신의 운행에 있어서도 기후의 변화를 그대로 영향을 받았던 것이다.

고대의 사회에는 현대와 같이 과학문명이 발달됨이 없으므로 천체의 실험에 있어서는 더욱 어려웠을 것이다.

현대에는 과학문명으로 냉온기(冷溫機)가 있어서 겨울에도 비닐하우스 등으로 농사를 지을 수가 있다.

그러나 고대에는 일년 네 계절인 춘하추동은 물론 입춘에서 동지에 이르기까지 정확한 실험을 거쳐서 농작물이 성장하고 이것이 열매를 맺는 동안에 섬세하게 체험을 해서 그 곡식을 가을에 수확하고 창고에 거두기 까지 수없는 체험으로 거듭 되풀이 했을 것이다.

이와 같은 실험을 좌절하지 않고 계속해서 결국 일월성신의 운행과 농사를 지을 수 있는 일자 시각이 부합되었을 것이다. 이렇게 형성된 것이 이른바 농경에 필요한 정전제의 농경생활이라고 할 것이다.

그러므로 우리의 조상들이 이룩한 음력(陰曆)은 우리 땅에서 체험을 했기 때문에 오기(五紀)의 문화를 다른 지역에서 이룩한 역세(曆歲)가 아니다.

그것은 해와 달이 운행하여 돌고 또 이에 따라 정해진 농사하는 입춘에서 하지(夏至)・입추(立秋)에 이르는 계절에서 추호도 십간십이지 즉 시각이 어긋나면 오기는 형성될 수가 없는 것이다. 이에 대하여 주나라가 홍범의 65자만을 고조선에서 전수를 해서 소상한 것을 모르는 까닭에 농사를 어떻게 지었을 것인가?

그것은 농민들이 농사하는 것을 체험으로 배울 수도 있어서 농경의 문명은 생활에 필요한 것이라 곧 습득 전달 될 수가 있는 것이다. 그러므로 토인비(A Toynbee)는 그의 문명론에서 일국단위(一國單位)의 문명발전만은 인정할 수가 없다는 것이다.

이로 미루어 고조선의 홍범구주의 문화가 우리 삼국에 전승될 무렵에는 이미 농사에 익숙한 농부들은 오기의 문화를 모르나 그 경험으로 해서 농사를 경영함에 충분했던 것이다.

까닭에 홍범의 오행을 생활의 근본으로 삼고, 그 밖에 체험, 습성 또 풍속으로 남아 있는 홍범문화를 통치의 이륜(彝倫)으로 삼고 고조선때 조상들이 남겨진 홍범문화를 규범 삼아 통치를 했고, 그것이 생활의 바탕이 되었다.

전자에도 음력은 반드시 우리땅 한반도 안에서 소작된 것이다.

특히 한반도 안의 기후가 음력의 절기와 가장 적합하다.

물론 중국에도 기후에 있어서 우리 기후와 흡사한 지중문화는 있다. 그러나 입춘에서 동지에 이르는 8절기의 형성은 반드시 우리 한반도에서만이 부합되는 것이다. 만주땅은 봄이라지만 아직도 추운 계절이다. 따라서 춘래불사춘(春不來似春)이라 할 수 있다.

또 남쪽은 기후가 더워서 역시 8절기의 계절과 합치될 수 없다.

그러므로 율력은 과학에 속하는 실증적인 학문이다. 그러므로 상고때 한반도에서 오랜 세월을 두고 천체의 기후를 측정하여 만든 것이 이른바 음력이라 믿는 것이다.

더우기 정전제의 농경과 관련을 시켜 생각할 때 오기의 문화는 한반도 내에서 장구한 세월을 두고 측정하여 짜여진 것이 홍범의 8절기라고 단정하는 것이다.

더욱이 십간십이지의 문화를 기념하기 위하여 여인들의 옷에도 율력의 문화는 깃들어 있음을 알 수가 있다.

즉 저고리는 열조각으로 재단을 한다. 즉, 길·소매·대섭·소섭·깃·동정 등이다.

또 치마는 12폭으로 만들어 입는다. 그것은 저고리는 상의로서 하늘을 상징하여 십수, 즉 열 조각으로 재단한다. 그것은 십간(十干)을 상징한 것이다.

또 치마는 아랫옷이라 땅을 상징하여 12폭과 열 두달을 상징하여 재단을 해서 십간십이지를 기념하는 우리 어머니들의 슬기인 것이다.

이와 같이 의상의 문화에서 십간십이지를 상징한 문화는 오직 우리 겨레 외에는 어느 나라에도 없을 것이다.

오기의 세시기와 경제정책

홍범구주의 8장을 보면, 첫째가 식(食)이요, 둘째가 재화(財貨)라고 규정을 했다.

따라서 식화(食貨)는 통치가의 주의를 환기한 것이다. 통치가는 백성을 다스리는데 있어서 식량을 충족하게 하고 아울러 재화의 융통을 원만하게 한 연후에 비로서 정치를 하라는 것이다. 그러므로 식량과 재화의 활성화된 융통을 하는 것은 이것은 통치가의 경제정책에 속하는 것이다.

대저 고조선의 재정(財政)상의 기구는 홍범구주를 중심으로 했기 때문에 구수를 중심한 조식이었다.

그것은 정전제의 조직에 따라서 정읍순현도동(井邑旬縣都同)과 성향(成鄕) 등으로 입체적 조직, 즉 적수법(積數法)에 따르는 까닭에 모든 행정의 조직도 구수에 의한 조직이 많았다.

그 예를 들면 벼슬아치들의 작위품계(爵位品階)에 있어서도 구품위관(九品位官) 제도였다.

물론 정전제(井田制)에 있어서도 구정균전(九井均田)이라 했다.

원래 정전제의 농경생활에서는 한 부족이 집단으로 농경을 관장했다. 따라서 친족의 범위도 확대하여 구족목속(九族睦俗)이라 했고, 형사에 있어서도 구형(九刑) 운운했다.

그 밖에 재정(財政)에 관한 구부과재회(九賦科財賄) 구식절재용(九式節財用)이라 하여 재정의 절약을 뜻하는 법도로 보인다.

특히 주로 재정에 관한 법도는 구부환법(九府圜法)이다.

이 제도는 그 구성이 왕실·제후·서민·관헌 등에 이르기까지 그 직위에 따라서 활용이 다르다.

즉 태부(太府)는 나라의 모든 금융기관을 주관하는 곳이다. 옥부(玉府)는 제후들이, 내부(內府)는 왕실의 전용 기구이다. 천부(泉府)는 일반 서민들의 재정을 취급하는 기관으로 재화의 교환을 비롯하여, 시정(市井)의 제반 백화를 주관하여 재화의 융통을 촉진하는 기관이다.

이 구부환법에 대하여 중국 제나라 강태공의 기사에서 구부환법을 거론하고 있다.

그러나 그것은 홍범의 모든 문헌이 전해지기 이전인 주나라 초기에 전해졌다는 것은 거짓이다.

따라서 홍범구주의 상세한 재정기구가 주나라 때 전해 질 이유가 없다.

또 홍범의 재정기구로 직내(職內)·직페(職幣)·직금(職金) 등이 있으며 이러한 기구는 서징(庶徵), 즉 기능적으로 재화의 감정·감식을 잘 선별하여 재화의 융통을 원활하게 하는 것이다.

온 나라의 농촌은 물론 도성(都城) 등 모든 서민에 이르기까지의 재화 융통을 도모하는 천부(泉府)이다.

특히 천부는 정전제에서 우물(井)의 샘물이 생명인 것과 같이 문자 그대로 천(泉)부라고 했다.

이렇게 우리나라 고대의 재화를 융통하는 금융기구는 있었던 것이다.

그러나 홍범구주의 금융 기구가 성립된 이래 유구한 세월이 흐르는 동안에 그 형태가 변질되어 졌다.

고구려·백제·신라의 경우에는 재화의 융통을 중심하여 시장을 개설하는 등 많은 경제정책을 강구했다.

특히 저자 거리는 도시는 물론 방백들이 머무는 곳마다 성행하여 재화의 융통은 물론이요, 백화(百貨)의 거래에 추호도 불편이 없었다.

더우기 삼국때의 생활에서 귀족은 물론이요, 일반 서민에 이르는 생활에서 의식주(衣食住)는 물론이요, 많은 향상을 가져 왔다.

살수대첩과 고구려의 경제력 평가

우리는 고구려·백제·신라 등 삼국의 사기를 주마간산(走馬看山) 격으로 읽었다.

따라서 그 시대의 통치가 어떤 철학 내지 정치적 관계는 물론이요, 그 시대의 경제(經濟)형태를 상상도 못하고 있다.

그러므로 우리는 삼국시대의 전쟁 중에서 그 규모가 가장 큰 고구려와 수나라 간에 있었던 살수대첩을 평가하여 경제의 규모를 연구하여 보기로 한다.

물론 신라의 삼국통일도 그 규모는 웅대하다. 그러나 병사를 동원하고 군국책을 인용함에 있어서 고구려의 많은 재정이 단시일에 소용됨에 있어서는 살수대첩을 따를 수가 없는 것이다.

살수대첩은 영양왕(嬰陽王) 23년(서기 612년) 봄 1월부터 수나라 양제(楊帝)가 113만군을 동원하여 고구려의 국경을 넘어서 침략해 왔다.

이로서 고구려와 수 나라는 유사이래에 미증유의 전쟁이 시작되었다. 까닭에 고구려는 이 전쟁을 승리로 이끌기 위하여 어떠한 전쟁 계획을 세웠던 가를 평가하여 볼 필요가 있다.

군국책은 방위 수단이다.

얼핏 생각할 때 군국책이란 어휘는 전쟁과 관련을 시켜서 우리의 고구려·백제·신라의 역사를 호전적(好戰的)인 민족으로 착각할 수도 있다.

그러나 우리 동이의 민족은 어느 민족 보다도 평화를 사랑하고 침략의 전쟁을 꺼리는 민족이다.

그 까닭에 우리 동이의 민족은 세계에게 가장 발전되고 문명된 정전제의 농경문화를 개척했다.

그리하여 동방의 넓은 땅을 개척하여 동방민족이 고달프고 약육강식의 유랑(流浪)생활에서 의식주에 걱정없이 안정된 생활을 할 수 있는 통일 국가를 건설했다.

이렇게 우리 선조들은 동방 온누리의 민족을 위하여 농경문화의 바탕이 되는 정전제(井田制)의 개척과 아울러 홍범구주의 문화를 창조하였다.

이렇게 형성된 고조선은 무속정치(巫俗政治)와 제정일치(祭政一致)의 전제체제에서 벗어나 만민이 모두 평등한 이익을 나누어 가질 수 있었다.

이것은 이른바 홍익인간(弘益人間)의 인간사(人間事)의 정치가 처음으로 열렸던 것이다.

이렇게 온 인류에 공헌이 많았던 동이의 고조선은 같은 동이 민족들의 침략을 수없이 많이 받아왔다. 그로부터 우리의 영토는 적히우고 또 적혀서 지금은 한반도에서도 반쪽 뿐인 이남의 대한민국 만이 선조들의 숨결이 남아 있는 민족 정통의 나라라 할 수 있는 것이다.

돌이켜 상고하면 우리 민족은 한번도 다른 나라를 침탈한 역사가 없다. 그 까닭에 우리의 선조들은 먼저 다른 나라를 침략할 생각이 없으므로 침략을 방위하는 병사정책을 써왔다. 이것이 이른바 공략아닌 방위책이다. 현대에 우방인 미국에서 주로 방위를 위주하는 병사정책은 바로 우리 선조들이 이삼천년 이전에 써왔던 군국책(軍國策)바로 그것이다.

유비무환(有備無患)으로 평소 갖추어 놓으면 침략하는 무리가 있을때도 능히 쳐 물리칠 수가 있다는 것이다. 그러므로 당시 고구려가 살수대첩을 계획했던 군국책을 대략 해부평가하여 보기로 한다.

첫째로 수나라의 100만명의 적군을 요하를 거치고 요하를 지나서 살수에까지 유인을 하기 위하여는 최소한 2,30만명의 정예군(精銳軍)이 필요했을 것이다.

그러므로 정예군을 축소하여 최소한 20만은 상비군으로 있어야 했다. 물론 이 정예군은 당시 군부 대신이요 총대장인 을지문덕 장군이 지휘하고 인솔을 했다.

둘째에는 살수에서 수공으로 수군을 전멸했기 때문에 반드시 전쟁 이전에 살수 상류(上流)에 제방을 쌓고 많은 물을 저수(貯水)를 해야 했다.

세째에서는 요서, 요동등 각 성주(城主)에는 성지(城地)의 보수(補修)만 신축 또는 증축으로 성지의 방위를 견고히 하여야 했다. 그 이유는 적군에 성지를 점령 당하면 적군의 식량 및 군수물자를 자급자족 하게 하는 패단이 있는 것이다.

넷째는 전재기간이다.

특히 20만의 정병을 5천리밖 요서에까지 출동하여 적군과 싸우는 기간이 팔개월에 이른 것이 살수대첩이다.

다섯째는 병사 20만명에 소요되는 식량 및 의복등이다. 물론 이 밖에도 빈객을 초대하는 비용을 비롯하여 많은 병기등 국가의 예산이 필요하겠지만 그러한 것은 제외하고 이상의 오개항의 필요한 경제를 개략 산출하여 보기로 한다.

첫째번의 병사 20만명을 출정하는 데 필요한 경비의 개략을 산출하여 보기로 한다.

무릇, 고대에 용병법(用兵法)에 있어서 십만병사를 천리밖에 출정시키는데 있어서 하루의 전쟁 비용이 천금(千金)이 소요된다고 했다.

그런데 고구려의 경우는 평양성에서 요서에 이르기 까지는 5천여리나 되는 먼 거리다.

또 병사도 20만이요, 적군을 맞는 거리도 5천리가 되므로 몇 배의 경비가 더 소요되는 것이다.

또 출정하는 병사에는 반드시 취차(馳車)를 달려야 하므로 천여대의 취차도 필요하다.

또 말 네 필이 수레 하나를 끄는 사차(駟車)와 물을 수송하는 가죽 주머니차도 오백승은 있어야 한다. 그리고 녹각차(鹿角車)는 수레에 판자를 붙여서 돌과 화살을 막도록 만든 수레로서 사슴이 맹수를 만나면 녹각을 앞으로 대항하며 원을 이르는 것을 상징한 것이다. 이 녹각차도 수백 수레가 있어야 했다.

또 광개토대왕께서 쓰던 백여명이 탈 수 있는 광차(廣車)도 있어야 했다.

20만 병사들은 대갑(帶甲)으로 무장을 해야 하며, 화살과 돌을 막는 노(櫓)도 각기 병사들에 마련하여 주어야 하는 것이다.

또 적군이 우리성을 점령하면 이를 탈활한 분온(轒轀), 그리고 적군의 영내를 정탐할 수 있는 거인(距闉)도 소요되고 그 밖에도 수많은 병장기가 필요 했을 것이다.

이상의 군비로서 개략하고 이에 대한 개략한 계산을 하여 보기로 한다.

대개 삼국때의 기준은 십만군을 천리 밖에 출정시키는 비용이 일천금(一千金)이라 했다.

그러므로 살수대첩에서 20만 정예군을 무려 오천리 밖까지 출정하는데 비용을 하루에 2천금으로 계산하여 무려 48만금에 이르는 방대한 금액에 이르는 것이다. 까닭에 우리의 선조들은 다른 나라를 침략하는 공격(攻擊)은 안하고 오직 침략해 오는 적군을 방위할 군국책으로 유비무환의 형세를 이룩했던 것으로 믿는다.

둘째번의 살수땜 건설공사이다. 돌이켜 상고하면 수나라 문제(文帝) 때 강이식 장군이 임유관(臨渝關)에서 수나라의 한

왕양(漢王諒)이 이끄는 50만 대군을 격멸했고 또 수군을 이끌고 발해만으로 진출했던 주라후(周羅候)도 발해 연안에서 강이식 장군이 지휘하는 수군의 공격을 받고 모두 격파된 바 있었다.

이러한 앙갚음으로 수양제는 우리 고구려를 치려는 준비에 급급하고 있음을 우리 고구려의 강이식, 을지문덕 등은 너무나 잘 알고 있었던 것이다. 그러므로 고구려에서 은밀히 상수 상루 묘향산에 제방을 쌓아서 땜을 건설하는 것은 용의한 일이 아니다.

원래 군사의 작전이라 기밀을 요하는 군국책 중에서 가장 비밀에 속하는 것이 제방공사였다. 이에 대하여 지방지, 묘향 역사에 따르면 고구려가 망할 무렵 묘향산에는 대소의 암자가 산의 무려 360여채가 있어서 도인의 성시(盛市)를 이루었다고 했다. 그러나 이 기록은 잘못된 것으로 믿는다.

그 이유는 살수대첩이 있은지 불과 50년이 못되는 668년에 고구려가 망했다.

연개소문이 집권 때도 이 살수 부근에서 싸움이 있었으므로 산중에 암자를 지을 수 있는 형세가 못된다. 그러므로 묘향산에 암자를 360여채를 지었다는 것은 정부의 협조 없이는 이루어 질수가 없었던 것이다.

따라서 묘향산의 암자는 필연적으로 고구려의 군국책으로 제방을 쌓을 때 수천명의 인원을 묘향산에 주둔 시켰던 흔적으로 볼 수가 있다. 물론 고대의 공사는 현재와 같이 기계화된 것이 아니요, 오직 인력(人力)에 따르는 것이다.

그러므로 오천명 정도의 인원이 2·3년간을 그곳에 주둔해 있어야 완전무결한 수공(水攻)을 할 수 있는 땜을 쌓을 수 있는 것이다.

따라서 고구려의 군에서는 도인들을 이용하여 암자를 지었던 것으로 본다. 즉 암자, 한 채에 20명 내지 30명 정도가 묵을 수 있어도 360채에는 무려 5,6천명의 인원이 숙식할 수가 있는 것이다.

원래 묘향산은 도인들의 집합지이므로 도인들을 이용하여 군사의 기밀을 간직할 수 있었던 것이다. 대저 이 공사에 동원된 인원은 공병의 병사들이 참여했을 것이다.

이 제방공사는 우기(雨期)와 겨울에는 일을 할 수가 없다. 따라서 최소한 이년은 걸려야 제방공사를 해서 앞으로 언제든 이것을 쓸 수 있도록 만들었을 것이다.

그 이유는 앞으로 수년 후에도 쓸 수 있는 제방이라 임시변법의 제방을 축조해서는 안된다. 그러므로 오천명이 2년간의 식량으로 4만석 이상이 필요한 것이다.

살수제방 공사에 따르는 비용은 360채의 암자도 축조해야 하고 또 공사에 필요한 자재와 도구(道具) 등 막대한 비용이 소모된다. 그러나 그러한 비용은 제외하고 오직 식량 4만석이면 그 당시는 방대한 비용에 속하는 것이다.

만약에 군국책으로 살수 수공작전을 전개해서 실패를 했다면 반드시 평양성은 수나라 양제에 의해서 점령을 당하리라는 군령장을 둔 작전계획이다.

그 밖에 세째번의 요서 요동 등 성지의 보수 축조 등의 공사에도 상당한 비용이 소요된 것으로 믿는다.

끝으로 네째 조항에서 8개월의 전투 기간에는 전투를 하는 지역에서는 많은 백성들을 소개를 시켜야 하며, 따라서 농사를 지을 수 없다.

그러므로 이들 소개민에 대한 대책에도 막대한 자금이 필요하며 이들을 잘 돌보는 것이 전쟁 완수에 직접적으로 관계가 있는 것이다.

만일 그들을 그대로 방치하면 반드시 적군에 포로가 되는 것은 물론이요, 군사의 기밀이 누설되어 싸워서 이길 수 없는 것이다.

이상과 같은 군국책은 전쟁이 발생하고 그 전쟁이 승리로 끝나는 후에 대책이다. 원래 군사의 계획은 모두 경제가 소요되는 것이다.

더우기 군사의 계획에는 진실된 사실을 그대로 평가하여 계획을 세우는 것이 이른바 고대의 묘산(廟算)이다. 묘산을 거짓으로 꾸미면 그 군대는 반드시 백전백패를 하게 되고 나라는 망하는 것이 병사의 철칙이다.

따라서 그 군대가 전쟁에 이기고 지는 것은 그 묘산을 진실성 있게 사실까지를 강구하는 것이다.

이상으로서 우리는 살수대첩의 그 일부분을 검토하고 평가를 했다.

전기에서 지적한바 소요된 금으로 환산하여 48만금이요 또 살수 수공을 준비하는데 소요된 식량 4만석이다. 물론 전쟁에 소요되는 비용은 방대하여 이를 평가할 자료가 없으므로 생략했다.

군국책과 경제정책

묘산을 그대로 알아서 묘산을 세우고, 즉 적을 알고 나를 알아야 반드시 백전백승의 묘산을 세울 수가 있다.

이와 같은 계획은 모두 재정이 소요되는 것이다. 그러므로 군국책의 묘산이 세워진 그 계획은 이른바 현대의 경제정책과 다를 바 없다.

물론 현대의 경제 학자들은 서구의 국부론(國富論)을 배워 알고 계속되는 제자백가의 학설을 읽고 그것을 토대로 현대 국가의 운영이 이루어 지는 것이라 하겠다.

그러므로 현대 경제학자들은 우리의 고대사회에는 경제가 없는듯이 말한다. 물론 현대의 경제학으로 입증한 분야가 없으므로 그렇게 생각한다. 그러나 전기에서 고구려의 살수대첩을 중심해서 해부평가를 했다.

　사실상 우리 삼국때 묘산에서 세운 섬세하고 치밀한 계략은 현대의 경제정책과 흡사한 점도 있다.

　그러나 거시적(巨視的)인 입장에서 생각하면 고대의 국가를 경영하는 방법에는 통치에서 정치, 경제, 행정 등을 나누어 분업 내지 세분화하여 시행하지는 못했다. 그렇지만 통치에서 국가의 경제는 물론이요, 개인의 생활에 관한 것을 도외시 했던 것은 아니다.

　홍범구주의 8장에서 첫째가 식(食)생활이다. 이것은 국민생활을 통치의 주안으로 했던 것이다.

　그 다음이 재화의 융통이다. 물론 홍범구주의 규정에도 9개의 금융기관이 있어서 재화의 융통을 촉진했다. 서구의 통치에서 경제정책에는 분업주의와 주식(株式) 등 발전된 경제기구가 있다.

　이에 대하여 고대 우리의 재정의 융통에는 저자내지 시장의 보급발전을 촉진한 것이다.

　특히 고대 정전제에 있어서 적은 마을(井)에서도 그 지방의 마을과 합동하여 5일에 한번 내지 7일에 한번씩은 시장이 형성되어 백화의 물물교환과 거래를 형성했던 것이다.

　또 도성과 지방의 현읍에는 저자 거리를 형성해서 상시로 백성들의 재화의 교환에 기여했다.

　저자거리가 상시 개설되어 현재 "슈퍼마케팅"과 같은 역할을 했고 또 전국 지방의 시장을 개설하여 서민들 생활에 불편 없이 한것은 홍범의 팔정(八政)에서 유래한 것이다.

　이와 아울러 우리 고조선의 문화가 정전제(井田制)로서 획일적이긴 하지만 정(井) 읍(邑) 구(丘) 전(甸) 현(縣) 도(都)의 제도가 반상(班常) 문화로 형성되었기 때문으로 볼 수 있다.

　그러므로 우리나라의 속담에 이웃사촌(四寸)이란 말은 생활의 상부상조를 이르는 말이라 하겠다.

맺는 말

홍범구주는 고구려·백제·신라가 건국후 다 같은 세시행사에서 쓰여진 것임을 고증했다.

그 예로 홍범의 첫째번에 있는 오행이 삼국에서는 너무도 광범위하게 쓰여진 사실을 우리들은 궁궐의 축조에서 개인의 생활은 물론이요, 죽은 후 묘총에서 까지 흔히 사용하여 온 것이 요행이다.

이렇게 삼국에서 홍범문화가 연중행사에 쓰여졌고 이것이 삼국사기의 기록임을 필자는 전기에서 소상히 설명을 했다.

이와 아울러 중국의 대 성현인 공자도 홍범문화를 극찬했고 서경(書經)에 까지 소상히 기록했고 고조선의 홍범문화를 열국왕에 유세하고 편력을 했던 것이다.

그렇게도 고조선을 찬양했고 만일에 그 뜻이 이루어지지 않고 도가 행하여 지지 않으면 그는 뗏목을 타고 바다를 건너서 동이에 와서 살겠다고 했다.

救死列悼道不行 欲浮桴海以居之 有以也夫.

이렇듯 성현도 고조선의 문화를 청사에 남도록 서경(書經)에 기록하여 남겨 주었다.

그런데 북송 말에 나라를 망하게 한 채유(蔡攸)와 왕보(王黼) 등이 우리 고조선의 훌륭한 문화와 그 존재를 말살하기 위하여 위만조선·한사군 등을 조작해서 고조선을 제거하려는 연극을 꾸몄던 것이다.

그것이 계기가 되어 우리 고조선의 존재와 문화는 분통하게도 지하에서 울고 있었던 것이다.

끝으로 홍범구주의 문화와 아울러 한문(漢文)은 우리의 한문(韓文)임을 또한 밝혀 둔다.

그 이유는 당송대의 많은 학자들이 주장하는 바 주나라 무왕때 기자로부터 전수하여 간 홍범은 원문 65자라는 것을 명백히 알 수 있다.

　그러려면 주나라가 망한 은나라는 홍범구주의 문화가 아니요, 아울러 갑골(甲骨)문자 임이 다 아는 사실이다. 이로 미루어 생각할 때 고조선은 이미 한자를 창안해서 사용했다는 것을 생각할 수가 있다.

　특히 홍범구개 항목의 문헌은 편집학상으로도 훌륭한 작품이라 할 수 있다. 어쩌면 오행(五行) 농용팔정(農用八政) 또 오기(五紀) 등의 제목(題目)은 간략하지만 많은 뜻을 내포하고 있는 것으로 이것은 고조선의 한문이 널리 보급되어 능숙(能熟)함을 표출됨을 나타냈고 우리 민족은 물론, 세계 온 인류의 문명을 공헌한 것이다.

　끝으로 단군조선은 향을 피워서 조상들을 받드는 단군조선조라 할 수 있는 것은 홍범팔정에서 명시했다.

　그러므로 우리들은 단군조선은 신화가 아닌 실증적인 실존의 역사를 지닌 문화 민족의 후신이라 하겠다.

4. 國家의 歲時行事에는
五紀없이는 形成될 수 없다

五紀없이는 形成될 수 없다

고금을 막론하고 국가에서 적고 큰 행사를 하기 위하여 반드시 날자와 시간이 필요한 것이다.

물론 역세가 상식화 되여 어떠한 행사를 함에도 날자와 시간을 정함에 곤혹을 느끼지 않는다.

그러나 상고때 역세(曆歲)가 없고 망연한 때에는 어떤 방법으로 상대방에 알릴 수 있는가는 문제가 된다.

따라서 오기가 없었던 시대는 아득한 옛 이야기로 시간이나 날자의 약속이 불가능하다. 그러므로 미개했던 상고 시대에는 국가도 성립이 없고, 또 자연을 그대로 받아들이는 미개한 생활이다.

그러나 오기의 문화, 즉 시간이 흐르고 세월이 흐르는 것을 춘하 추동 사계절로 정하고 세일월 성신을 역법으로 산출하여 이를 10간 12지로 나누는 오기의 법도를 제도화했다.

이것이 이른바 홍범구주에 있어서 오기의 산출법에 따르는 기전체(紀傳體)의 기록이라 하겠다.

이와 같은 오기의 문화의 영향을 받은 우리 민족은 모태에서 태어나면서부터 태세(太歲) 율과 말의 율, 해, 그리고 시각등 사주팔자(四柱八字)의 수를 갖게 되는 풍속이 있다.

이러한 형태는 개인은 물론 국가에 있어서도 모든 행사에 있어서 사주팔자는 기록하는 방식에 의하여 기록를 했던 것이다.

우리의 삼국때의 건국된 방법도 중국의 사마천사기(司馬遷史記)와 같이 본기(本紀)에는 왕편(王編)을, 그리고 열전(列傳) 등에는 별도로 기록했다.

물론 이와 같은 편찬은 현대의 상업에서 부기(簿記) 형식으로 훌륭한 방법이다.

그러나 오기를 명백히 하는 기전체의 형편에서 검토하면 전혀 다른 각도에서 해석할 수가 있는 것이다.

물론 과거의 역사를 연구함에 있어서 그 당시의 중요한 국가의 행사를 알면 될 것이지 그 시대의 일자와 시간, 즉 12율까지를 알아야 될 필요성이 있을 것인가? 하는 생각과 비판을 가질 수 있다.

그러나 우리의 경우는 그런 기록 방법이 습관이 된 것이다.

즉, 그 방법은 오기의 문화를 중심으로하여 기록하는 것으로 국가의 세시행사는 온 국민과 더불어 관계를 갖고 있으며 왕이나 또는 국민 중신 등 할 것 없이 행사에 참여했던 해〔歲〕·달〔月〕·일〔日〕·성신(星辰) 등을 역법의 10간12지(支)에 의하여 기록되는 것이다.

그러므로 후대에 그 기록을 연구할 때 중국의 사마천의 기록과 일단 일장(一端一長)의 이 페는 있다.

그러나 그 때의 년월일자 및 시각롤 아는 데는 역시 우리 삼국의 역사 기록이 정확할 것이다.

이러한 역사의 기록이 어느 것이 옳고 어느 것이 그르다는 것은 아니다.

무릇 중국의 편년체는 그들의 형식대로 좋은 것이다.

왕의 본기를 중심으로한 종합기록과 그리고 열전은 열전대로 또는 그 밖에 중요한 연표(年表)가 불가 10전에 미치지 못한다.

특히 사마천사기에는 오제(五帝)에서 하본기(夏本紀) 은(殷)

본기는 물론 주나라 진본기(秦本紀), 그리고 한고조·여후본기(呂后本紀) 효문본기(孝文本紀)·효경본기(孝景本紀)·효무본기(孝武本紀) 등 모두 12권의 왕본기에 5천년에 이르는 년간에 10권이다.

이에 비하여 우리 삼국의 연표는 불가 10권이 있다.

이것은 사서를 기록하는 방법의 차이일 뿐 다른 문제는 없다.

필자는 오랜 세월을 두고 중국의 25사와 사마천사기를 읽어 보았으나 우리 삼국사기와 같이 역법대로 기록한 것은 없다.

물론 공부자의 춘추에도 문자 그대로 춘하추동 네 절기는 명백히 가졌고 고작해야 달까지는 기록했다.

예를 들면 갑자년 봄 3월(甲子年春三月) 등의 형식을 취했다.

달을 10간12지로 표시하는 것은 불변의 원칙이라 언제라도 기록할 수가 있다.

물론 이 달이 어느 10간12지에 해당하는 것도 엄밀히 따지면 그 해가 어느 해에 해당되는 것인가를 밝혀낼 수가 있다. 그러나 날자와 시각에 이르면 그것은 실제로 곤란한 것이다.

안사고(顏師古)와 당·송대의 학자들의 주장대로 율력지가 한나라에도 전해지지 않았다는 것이다.

그런데 한무제(漢武帝) 때 사마천은 오천년의 광범위한 역사서를 기록함에 있어서 홍범오기의 기전체대로 율, 즉 10간 12지의 정확을 기록할 수가 없는 것이다.

그런데 사마천 사기중 한고조본기(漢高祖本紀)와 여후본기(呂后本紀)에는 역법의 기전체를 이용하여 행사에서 기전체의 형식을 갖추어 10간 12지로 기록하고 있다.

그러나 이와 같은 것은 더욱 괴의한 사실이다.

사마천이 아무리 총명하기로 한무제 때의 인물인데 어떻게 근 백년전의 사건을 날자·시간까지 소상이 알고 기록할 수 있으랴.

더우기 사마천 사기에 따르면 안사고(顏師古)가 주석한 율력지를 수록해 있음은 해괴한 사실이다.

만일에 사마천이 예문지이 있었다는 홍범구주의 율력지 문화를 수록했을 정도로 알고 있었다면 사기의 기록은 우리 삼국의 기전체 기록과 같이 편찬을 했어야 한다.

그러므로 사마천 사기에서 한고조와 여후본기의 기록에서 홍범오기의 기전체 형식을 취했다는 것은 결국 당나라 때 이르러 수정을 했음이 아닌가 하는 생각을 갖는다.

그 까닭은 벽제본기와 고구려의 본기를 가져간 당나라는 자국의 편의대로 많은 수정을 했음을 볼 수가 있다.

고려조의 김부식은 그러한 연후를 모르는 까닭에 우리의 삼국사기의 편찬에 있어서 효선제(孝宣帝) 재위 57년으로 책정했고 아울러 고구려·백제의 본기도 모두 신라보다 후에 건국한 양 편찬을 했다.

따라서 우리의 삼국사기는 왕보가 주장한 여인상의 계략대로 편년체가 낮아진 것이다.

만일에 당나라 고언충(賈言忠)의 주장대로 고구려의 건국이 900년으로 책정된다면 결국 진(秦)나라 때로 취산되므로 무제 때의 한나라의 양복(楊撲＝樓船將軍)이란 자가 병사 오만을 이끌고 제나라 발해(從齊浮海兵 5萬)에서 출발하여 싸웠으나 양복은 이기지 못했다.

이에 천자(漢武帝)는 위산(衛山)을 보내서 싸우게 했으나 역시 패했다. 그러므로 천자는 공손수(公遜遂)를 보내서 패장 양복을 회보라고 싸움에 진 전후의 사건을 수습하고 있을 무렵, 왕협(王渠)과 노인(路人)은 조선의 우거왕(右渠王)을 살해하고 도망하여 한나라에 항복 운운.

이상의 내용이 조선을 점령하여 한사군(漢四郡)을 만들었다는 것은 거짓으로 꾸며진 사실이다.

더우기 유사(遺史)의 기사에서 이르기를 양복이 제(齊) 때 땅의 해안인 발해(勃海)에서 병사 오천명을 배에 싣고 출정을 했다고 했다.

그런데 발해라고 개명(改名)된 것은 당나라 말엽 700년대 개명(唐地誌)이며 그 이전은 벽해 또는 동해라고 했었다. 그러므로 유사의 문헌은 비록 한나라때 사마천 사기에 수록은 되었다고 하지만 후대에 이르러 조작된 것이다.

원래 낙랑(樂浪) 등 평양의 지명과 같이 지역이 요서에도 있었으므로 그 일대의 지방를 갖고 꾸며진 것으로 해석되는 것이다.

물론 그 무렵에는 이미 고구려와 백제는 멸했고, 당나라, 또는 송나라에서 어떠한 구실을 만들어도 속수무책인 형세였던 것이다.

우리 三國史記와 遺物의 年表를 五紀로 計算하면 眞否 밝혀진다

오기로 형성된 역사는 반드시 세월일성신의 역법으로 계산하면 반드시 과거의 세시행사의 년월일시각이 밝혀질 것이다.

그러므로 필차는 우리의 삼국사기는 물론이요, 중국의 역사와 대군하여 건국연대를 밝혀 보려고 했으나 재정과 시간의 제약으로 그 뜻을 이루지 못했다.

대저 건국연대에 있어서 고조선 뿐 아니라 삼국의 연대에도 의혹을 갖는 것은 비록 필자 뿐이 아니다.

그러므로 문교 당국에서는 이미 이와 같은 문제는 10간 12지의 수로서 4, 5천여에 이르는 계산을 해 두었으면 우리의 건국사의 연대도 명확할 것이다.

그 실예를 들면 삼국사기에 있는 연표를 대조 조사할 수도 있을 것이며 또는 그것이 의혹을 가질때는 유물, 즉 묘총에서 발굴된 묘비명(墓碑銘)의 기록된 연표도 조시해서 진부를 가려 보아야 할 것이다.

그러므로 신라의 건국연대가 사실상 한나라 효선제(孝宣帝)

오봉원년(五鳳元年)으로 서기전 57년 갑자년 4월 병진날 인가를 역법의 방법 즉 10간 12지로 계산해서 대조하면 정확히 알 수가 있다. 물론 현대의 유물의 연대를 과학으로 조사하는 방법이 그르다는 것은 아니다.

이와 아울러 반드시 콤퓨터 계산등을 동원해서 숫자상의 정확함을 밝혀내야 할 것이다.

오늘날은 과학적 계산에 의해서 그 연대를 서슴없이 발표를 하고 있다.

예를 들면 고구려 건국 전후 해서 출토된 유물인 와당(瓦當)에 대하여는 낙랑(樂浪)시대의 유물로 규정한다. 대저 낙랑시대의 존재는 고조선이 붕괴될 무렵에 군웅활거의 형태로 나타난 세력으로 본다.

물론 낙랑이 우리 한반도와 요서 두 지역에 존재한 것을 살펴보면 한반도에 있었던 낙랑의 유민이 요서로 이동했음을 생각할 수가 있다.

또 그와는 반대로 요서에서 세력을 떨치던 낙랑의 유민이 본국, 즉 고조선이 분열될 무렵 침투해서 세력을 갖고 고구려와 더불어 활거했을 것으로 생각된다.

고구려 본기에 따르면 대무신왕(大武神王) 재위 20년 서기 37년에 대무신왕은 왕자 호동(好童)과 낙랑공주와의 사랑으로 자명고(自鳴鼓)를 공주가 깨자 낙랑을 급습했다고 했다.

이로서 낙랑은 고구려에 망했다. 또 괴의한 것은 대무신왕 재위 27년 서기 44년 9월에 후한의 광무제(光武帝)가 낙랑을 쳐서 멸했다고 기록되어 있는 것이다.

물론 고구려의 본기는 김부식이 송나라 왕보로부터 입수한 것으로 본다. 따라서 본기의 내용이 어디서 어디까지가 정확한지 알 까닭이 없다. 그러나 낙랑이 고구려에 의해서 망한 것은 사실로 믿는다.

따라서 낙랑은 고조선이 붕괴될 무렵에서 고구려가 건국후

제 2대 대무신왕 재위 20년에 멸했다.

그러므로 낙랑은 고조선이 멸하기 전후 2, 30년의 세력을 형성하고 있었던 것으로 생각된다. 따라서 낙랑은 고조선의 부족에 속하는 것이다.

물론 낙랑이란 문자와 문양이 있는 와당도 많이 출토되고 있다. 그렇다고 낙랑의 독립된 문화가 아니요, 고조선의 낙랑지방에서 산출된 문화로 해석할 수도 있는 것이다. 따라서 고조선의 문화로 해석함이 좋을 것이다.

오히려 낙랑의 문물을 크게 확대하여 고조선을 거론하지 않는 것은 결국 고조선을 부임하려는 악의가 존재할 수도 있는 것이다.

돌이켜 상고하면 고조선의 한 부족으로 불과 4, 50년 동안에 일시 세력을 떨쳤다고 하기로 2천년의 유구한 문화를 갖는 고조선의 문명을 도외시 할 수는 없는 것이다.

그러나 우리의 현실을 상고하면 낙랑시대의 유물은 많아도 고조선의 유물이 없는 것은 괴의한 것이다.

이와 같은 유물의 시대구분도 역시 오기의 연표를 작성해 두면 과학으로 측정된 계산법과 더불어 필요한 것이라 하겠다.

무릇 삼국사기를 편찬한 김부식은 처음에 송나라 왕보를 만나서 여신상의 말을 듣고도 아무런 생각없이 신라의 건국연대를 효선제 오봉원년에 책정된 것이 잘못이다. 그는 왕보가 무슨까닭에 여신상이 있는 신당(神堂)에 자신을 안내 했을 것인가?

분명 그 여인이 한나라 제실(帝室)의 여인이라면 진한의 왕을 한나라의 서로 만들려는 책략인 것을 느꼈을 것이다.

만일 그렇다면 한무제(漢武帝)에서 효선제 까지의 연대를 백년내로 무제와 효선제 사이에 그 아기의 성장으로 왕보의 꾸며진 계략과 같은 구상을 할 수가 있을 것이다.

돌이켜 생각하면 건국되는 세시행사에 있어서 세일월시각(성신) 등을 모르면 고금을 막론하고 그것은 허구성(虛構性)이 있는 것이다.

따라서 저자 김부식 뿐이 아니라 고려 이후 무려 일천여년 간을 두고 삼국사기와 삼국유사를 읽은 학자와 학도는 수없이 많을 것이다. 그럼에도 구송(口誦)으로 외웠고 일말의 연구심을 갖고 있지 않았던 것이다.

내 나라의 귀하고 귀한 뿌리를 찾으려는 대학자가 어찌 왕보의 회괴한 주장에 아무런 의혹없이 사책(史冊)을 만들었고 아울러 읽은 학자들 까지도 그렇게 맹목적이였음은 천만유감이다. 대저 모든 나라들은 그 나라의 문화의 척도에 따라서 세시행사도 다르다. 까닭에 동방에는 중국 일본은 모두 오기의 문화, 즉 기마문화(騎馬文化)권으로 세시행사도 유사한 시기에 행하여 지는 것이다.

결국 음력의 역세에 따라서 농경생활을 했기 까닭에 정월 명절을 맞고 입춘에서 하지 동지에 이르는 농경생활은 거의가 같은 행사이다.

그러나 홍범 오기의 문화를 주축으로 세시행사를 했기 때문에 동질성의 형태를 갖는 것도 있다.

즉 궁성을 건축하고 또 개개인의 가옥을 축조하거나 묘총까지도 오행의 홍범구주의 학문을 그대로 인용함이다.

물론 그것은 태양의 운행에 따라서 양지와 음지(陽地陰地)의 이익을 인용한 좌청룡(左靑龍) 우백호(右白虎) 등의 방법은 오행과 오기의 율서(律書)에 있는 이론을 답습한 것이다. 따라서 이러한 풍속을 묘총(墓塚)과 나라의 궁궐, 그리고 각 개인 의 주택에 까지 그대로 답습을 했던 것이다.

이러한 문화의 형태는 농경문화에서 스스로 이룩된 것이 아니고 오직 고조선에서 소작된 홍범구주에서 유래한 것이며 추상적으로 기마문화가 아니라 오직 홍범구주의 문화인 것이다.

歲時紀와 農耕生活

中國 神農의 農耕은 무엇인가.

중국의 고대사회에는 신농이 중국고대 사회를 농경으로 개화했고 아울러 약초(藥草)까지도 모두 신농의 창작이라고 했다. 그런데 은나라 이전은 농경에 있어서도 크게 발전이 못되었음을 주무왕(周武王)이 기자(箕子)로부터 홍범구주를 전수 받고 이를 농경문화의 국가의 이륜(彝倫)으로 삼았다는 것이다.

그러므로 신농(神農＝姜石年)을 삼황(三皇)으로 받들고 농사와 약방문등을 개발했다고 했다.

그러므로 삼황인 신농이 은나라 이전에 농경을 개발을 했다면 어떤 것을 개발했는지 그 유래를 알 수 없다. 물론 중국땅에도 구석기에서 신석기(新石器)시대는 있었을 것이다. 그러므로 신석기에서 농경사회로 발전될 무렵 새로운 농경에 공헌을 할 수도 있을 것이다.

그러나 우리 고조선의 농경생활에 정전제, 홍범구주와 같은 농경문화를 개발하지는 못하였다. 그럼에도 중국 뿐이 아니라 동방 여러나라에서는 신농의 농경문화에 공헌한 바를 크게 찬양하고 사당을 세워놓고 제사를 지내고 있는 것이다.

이와는 대조적으로 고조선에서는 어느 성현이 나와서 홍범구주와 같이 획기적인 농경사회를 했는지 알 수 없다. 더우기 중국에는 신농과 같은 대성인(大聖人)이 나와서 농경의 공헌을 했다고 했는데 주무왕때에 이르러 홍범의 문화를 찬양하고 오히려 고조선의 농경법도를 도입하여 그 홍범을 일변도로 농경을 했다는 것은 괴이하다.

더우기 의아스러운 것은 일제시대 일본의 고고학자 세끼노(關野)박사에 의해서 발굴되었다. 이 묘총을 그 당시 세끼노 등 일본의 학자들은 그 묘총(墓塚)을 낙랑(樂浪)시대의 유물이라 했다.

그런데 그 묘총 천정(天井)에는 정(井)자 형태로 그려져 있다. 그것은 그 당시에 정전제(井田制)의 문화가 이미 발전되어

있었음을 상징한다. 대저 일본의 학자들은 그 무렵에는 무조
건 낙랑문화로 규정했다. 원래 낙랑은 고조선이 붕괴될 무렵
에 군웅할거의 형태로 존재했던 고조선의 부족에 지나지 않는
다. 그러므로 낙랑이란 문자와 같은 문양이다 하여 낙랑국 운
운 하는 것은 잘못된 해석이다.

낙랑은 고조선의 한 부족 내지 한 지방에 지나지 않는다. 그
럼에도 불구하고 애써 낙랑이라고 구태여 주장하는 것은 고조
선을 말살 내지 격하시키려는 악의에 찬 소치라 하겠다.

낙랑이란 고조선시대 부여·말갈 등과 같이 고조선의 부족
이 그곳에 오래도록 형성하고 있어서 생겨난 명칭으로 나라는
아니라고 할 수가 있다.

대저 우리의 고대사를 현혹시키려는 자들은 마한조선, 신라
또는 진한등 그리고 위만조선이라 분열을 시키고 있다.

이와 같은 형태는 우리 고대사를 정리함에 있어서 크게 잘
못된 것이다. 전자에도 거론한바 중국의 시조인 복희와 여화
의 상화(像畵)가 있는 묘총이 그것도 고조선의 왕성이었던 묘
총이 있음은 우리의 고대사회를 더욱 혼돈스럽게 만드는 것이
다. 더우기 묘총의 천정(天井)에 그려진 정자(井字)형태의 그
림은 정전제의 농경생활의 상징이라 생각할 때 그 묘총은 과
연 어느때 누구의 조작인지 의문이라 하겠다.

복희황제의 대를 계승한 황제는 신농씨(神農氏)로 중국사에
기록되고 있다. 그렇다면 그 묘총을 만든 사람은 복희의 뒤를
계승한 신농이란 설이 나올 수 있는 것이다.

그렇다면 중국의 신농황제와 복희황제는 그 당시 중국의 영
토를 통치를 하면서 우리 한반도까지를 통치를 했단 말인가?

중국의 사서에 따르면 신농은 강태공과 같이 위수(渭水=一
名天水)가 출생지로서 산서의 섬서(陝西)땅 소전부락(小典部落)
에 살았다고 했다.

상고시대는 교통이 불편한 시대라 소전부락에 살았고 중국

의 황제인 신농이 어떻게 해서 복희 여화의 묘총을 평양성 부
근에 축조했을 것인가? 라는 의문이 없을 수 있으랴!

가설로서 중국의 황제라 동이를 속국을 만들었던 당송시대
와 같으면 천자의 명령으로 능히 평양성에 묘총을 이룩할 수
도 있을 것이다.

그러나 당나라가 고구려를 멸하고 잔인무도한 약탈을 했기
때문에 중국의 시조의 묘총을 만들 필요도 없을 것이며 아울러
묘총을 축성하면 당시의 의병(義兵)들이 모두 파 해칠 것이다.
그 실예로 당나라 이세직이 평양성을 점령하고 안동도호부(安
東都護府)를 평양에 설치를 했었다. 그러나 의병들의 반란으
로 곧 만주땅 신성으로 옮겼다. 물론 여러가지의 학설이 성립
될 수도 있다.

첫째의 설.

주나라 초기에 즉, 주무왕 13년에 고조선으로 부터 농경문화
인 홍범구주를 도입하여 통치 전반의 문화로 쓰여졌다는 것이
다. 따라서 은나라 전은 각골문자의 유물로 미루어 그 이전은
농경은 물론이요. 한문자의 문화도 발전되지 못했던 것이다.

한문자도 홍범구주의 원문 65자가 고조선에서 전했다는 것
을 살펴보면 한문글자도 고조선에서 발견되여 창안된 것으로
믿어진다.

홍범구주의 문화는 정전제의 발전으로 농경생활은 물론이요
통일왕국을 건설함에 획기적인 문화라 할 수 있다.

돌이켜 상고하면 당나라가 동방의 고구려・백제를 멸하고
동방천하에 그 위세를 웅비할 때 문화적으로 발전했던 고조선
의 문물과 역사까지를 빼앗아간 것으로 사료된다.

그것은 고조선의 넓은 압수 이북의 영토를 탈취하였다는 수
법으로 볼 때 능히 그들은 그 땅을 통치했던 문화와 군왕을
자신들의 것이라고 할 수도 있는 것이다.

둘째번의 설.

둘째번의 설로서는 현재의 실정과 같은 것이다. 당나라가 고조선의 문물을 가져다가 자신의 역사를 정리하기 이전만 해도 홍범구주의 문화를 뿌리가 깊은 문화로는 생각하지 못했던 것이다.

다만 홍범의 65자에 담긴 문화는 그렇게 심오하고 어렵지 않아서 그들은 춘추이래 쓰여져 왔던 홍범 65자를 갖고도 충분히 운영될 것이라는 생각을 가졌던 것이다.

그러므로 당송의 학자들은 고조선의 문화는 말살하거나 또는 고구려·백제의 기사 중에서 자국에 해로운 것을 삭제하게 했던 것이다. 뿐만이 아니라 반드시 그들에 조공(朝貢)을 해서 종속국임을 알 수 있게 개조했던 것이다.

왕조의 역사를 그들의 것으로 만드는 것은 혈통을 달리하는 까닭에 국가의 체면을 손상하는 것이긴 하지만 그러나 중화민국의 상고사에도 5호 16국(五胡十六國) 때 변방의 나라들이 침략하여 한족아닌 혈통이 황제가 된 일도 있었다. 또 그 뿐이 아니라 몽고의 징기스칸이 원나라의 황제가 되었고 여진족의 누루하치가 청나라 황제가 된 일도 있는 것이다.

이러한 실정에서 동이의 역사를 변조했고 앞서 이북의 넓은 땅과 또 그 땅을 통치한 문화와 군왕의 역사도 찾아간 것이 현재 우리의 역사인 것이다.

셋째번의 설.

중국 25사의 기사대로 평가할 때 신농(神農) 황제는 명칭대로 농사에서 만민에 이익을 나누어 주었다고 했다.

그러나 신농황제의 농사법이 어떤 것인지 문헌이나 유적이 없다.

또 고조선에서는 홍범구주, 정전제등의 문화가 있었으나 이를 창작한 사람이 누구인지 알 수가 없는 것이다.

더욱 의혹을 짙게 하는 것은 복희・여화씨의 묘총이 어떻게 평양 부근에 있었던가는 의아함을 나타내는 징조이다.

신농씨가 정전제(井田制)를 만들고 또 홍범구주를 소장했다는 것이면 동방에 있어서 두 개의 영농방법이 대립할 수는 없었을 것이다.

사실상에 있어서 동방 뿐 아니라 세계 역사에 있어서도 정전제의 농경방법과 홍범구주의 문화와 같은 발전된 문화는 고금을 통해서 없었을 것이다.

중국사에서 신농을 칭송하는 글에서 이르기를 황제는 뢰사(耒耜)보습을 발명했다고 칭송했고 이 밭가는 것은 백성들에 가르켜 대대로 전하게 했다.

원문(發明耒耜, 教民耕嫁, 世代祖傳)

물론 보습은 농경생활에서 귀중한 농쟁기이다.

홍범구주(洪範九疇)

홍익인간(弘益人間)은 고려 때 승 일연이 서기 1280년경에 지은 삼국사기에서 유래했다.

특히 삼국유사는 삼국사기와 더불어 쌍벽을 이루는 역사서이다.

아울러 우리 나라의 고대사를 연구함에 기본사료(基本思料)라 하겠다.

그런데 일연은 고조선의 역사를 정리하는 과정에서 단군고기(檀君古記)의 삼위태백 가이 홍익인간내수(三危太白可以弘益人間乃授)라는 구절에 유래했다고 지적했다.

그러나 이 무렵에 이승휴(李承休)는 홍범구주를 들어서 제왕운기(帝王韻記)에 인간사를 노래하고 있다(弘益人間論 參照).

이에 대하여 필자는 주나라 이래 홍범구주의 문화가 당・송에 이르는 운영과 통치의 관계를 조사 수록했다(筆者의 著 弘益人間論 參照).

물론 고려조 승 일연과 전후한 시대에 저술된 제왕운기의 운기를 바탕하여 필자는 홍익인간이란 문사를 만민에 이익을 줄 수 있는 인간사로 규정하여 홍범구주의 유래를 살펴 보기로 한다.

홍범구주는 주나라 무왕(武王) 13년에 고조선에 망명해 있던 기자가 고조선에서 농경 정치에 통용했던 문화, 즉 홍범구주를 전하고 또 홍범의 내용을 소상히 설명하므로 주무왕은 그 홍범구주의 문화를 통치의 이륜(彝倫)으로 삼았던 것이다.

이때부터 중국의 역사에는 우리의 고조선이 거론 되었다.

그후 춘추때 공부자(孔夫子)는 홍범구주의 문화를 극찬하여 서경(書經)에 기록해서 이 문화의 보급에 주력했다.

그 밖에 한나라 무제(武帝)때는 사마천(司馬遷)이 집필한 사기(史記)에도 기자가 홍범구주를 무왕에 전수했음을 기록했다.

아울러 한나라 예문지(藝文誌)에도 홍범구주가 수록되어 있다.

洪範九疇 原文(藝文誌)

初一曰 五行, 次二曰 敬五事, 次三曰 農用八政, 次四曰 協用五紀, 次五曰建用皇極 次六曰 入用三德, 次七曰　明用稽疑, 次八曰 念用庶徵, 次九曰　嚮用五福。威用六極。此洪範九疇大綱也。

이상의 원문 65자가 죽서(竹書＝周史)와 서경(書經), 그리고 사마천 사기(司馬遷史記), 그리고 한나라 예문지(藝文誌)에 기록되고 있다.

그런데 필자가 주나라 무왕 13년 이후 춘추열국을 거치고 통일되었던 진(秦)나라과 한(漢)나라・오・촉・위(吳蜀魏)와 오호 16국(五胡十六國) 또 수(隨)나라・당(唐)나라・송・원・명・청(宋元明淸) 등 열국에 이르는 동안에 홍범구주가 정치에 어떤 영향을 미쳤는가를 저술했다(筆者著,　弘益人間論).

그러나 우리의 삼국에는 중국에서 시행했던 홍범과는 차이를 갖고 있다.

그 이유는 중국에는 이상의 원문 65자를 중심했고, 또 고조선에서 시행했던 것을 전해 듣고 홍범구주가 통치에 쓰여졌던 것이다.

그러나 고조선에서 홍범구주가 통치에 쓰여질 때는 율력지 (律曆誌)·식화지(食貨誌)·악율(樂律)·도량형(度量衡) 등이 이미 있었고 아울러 이들의 법도를 알고 능숙(能熟)해 졌던 것이다.

즉 홍범구주의 문화를 고조선시대, 무려 2천년이나 농경문화로 써왔기 때문에 습성이 되고 있었다.

까닭에 농경생활은 물론이요, 정전제에 있어서 밭두렁 밭고랑 농로(農路) 그리고 도량 등을 만들어 장마에도 침수하지 않고 물이 하천으로 빠져나게 만드는 기능(技能)들을 갖게 되었다.

뿐만이 아니라 양잡(養蠶)과 직조며 영농방법을 누구나 습달하여 그 기능은 대대로 계승하게 되었다.

비록 문자는 모르는 농부들이라 하지만 처음부터 학문적이고 또 과학적인 선험적 토대 위에서 농사를 배웠기 때문에 우리 선조들은 모두 습달된 것이다.

따라서 아득했던 고대에도 가가호호 마다 봄이 오면 씨를 뿌리고 여름에는 잡초를 뜯고 밭이랑을 돋우어서 물에 잠기는 것을 막는 김을 매는 일을 하기로 하였다.

뿐만이 아니라 양잠을 해서 옷을 지어 춥고 더움을 가리는 습성을 해마다 거듭 되풀이 했던 것이다.

그러나 주나라에 전해진 홍범구주는 불과 65자요, 그 밖에는 오직 전문에 의하여 전해서 아는 것이었다.

따라서 홍범구주가 중국에서 통용했던 것과는 큰 차이를 갖고 있다.

첫째로 오행(五行)의 운명에 대하여 고조선에서 우리 삼국

96

에 전해진 것은 음양설이 없었다.

오직 동서남북 중앙 오방의 방위를 표시한 것이다.

그러나 중국의 주나라 이래 당·송에 이르기까지는 오행설은 주로 음양설로 쓰여진 것이다.

까닭에 삼국때는 미신 행위가 없었고 고려조에 이르러 비로서 풍수지리설과 더불어 무축(巫祝) 등 음양설이 팽배했음을 볼 수가 있다.

周易은 律法曆의 人統術이다

주역은 사서삼경(四書三經)의 하나로서 주나라의 역서(易書)로 알고 있다.

또 주역은 중국의 건국시조 복희씨의 팔괘라, 또는 우 임금의 하도낙서(河圖洛書)이고 혹은 문왕의 팔괘점을 치는 책자라는 것이다.

고려조 이래 중화문화(中和文化)가 도입되고 유도통치(儒道統治)를 이조말 까지 시행을 했다.

따라서 주역은 문과(文科)에 필수과목에 속해 있었다.

따라서 주역을 외우고 또 외우는 선비가 많아졌다. 따라서 주역을 2, 3천독을 읽고 또 읽어 이를 외우는 자도 수없이 많다는 것이다.

하기야 춘추때 공부자도 주역을 애독하여 가죽 뚜껑이 세번식이나 떨어져 버렸다는 말이 있다.

생이지지(生而知之)한 대성현 공자같은 위대한 인물이 얼마나 주역을 통독을 했기에 가죽 떡중이 세번이나 떨어져 나갔을 것이가? (韋篇三切).

그러나 송나라에 이르러 주자(朱子)·소자(蘇子)·소강절 등 많은 성리학자(性理學者)들은 주역을 홍범의 황극편(皇極篇＝天道道의 神聖)에 비유하여 해설을 했던 것이다.

그러나 고조선에서 쓰여졌던 율역지(律曆誌)를 당나라의 안사고(顏師古＝漢四郡造作學者)와 발해 출신의 맹강(孟康) 등에 의하여 주석한 바에 따르면 주역(周易)은 율력법에서 천통(天統＝天正)·지통(地統＝地位), 그리고 인통(人統＝人正) 등 삼통(三統) 중의 하나이다.

그러므로 주역, 즉 인통은 인간의 성장하고 변화하는 과정을 숫자의 통계로써 풀이한 이른바 방정식(方程式)이라 하겠다.

천통은 일(日)·월(月)의 운행을, 그리고 별자리인 성신(星辰)은 율도(律度)를 규정한 역법이다.

또 지통(地統)은 지정(地正)을 이르는 것으로 이것은 종율(鍾律)에서 임종율(林鍾林)이라 하며 12지중 축(丑)에 해당한다.

또한 인통(人統)은 사람의 성장 생성변화를 숫자로 계산한 통계법이다.

그러므로 율력지에서는 태족(太族)을 인통(人統)으로 간주했고 사람을 인(寅)이라 하여 인달(寅月＝正月)을 사람들의 인사의 달로 규정했다.

아울러 천기(天紀), 즉 하늘의 기울을 정할 때 첫째날이 갑자일(甲子日)이라 했다.

또 지통의 첫째날은 갑진일(甲子日)이고 인통의 첫째번 날을 갑인일(甲寅日)이라 했다.

대저 율을 계산하는 법도는 상고 때는 대나무 쪽으로 계산했다. 그런데 태족(太旅)을 율로 계산할 때는 8촌(寸)의 대쪽이었다.

물론 현대에는 주산(珠算), 또 "콤퓨터"로 계산을 하나 상대(上代)에는 반드시 대나무 산가치로 계산했다.

이와 같이 팔촌(八寸)의 대나무이므로 8수는 황종율에 속하는 것이다.

이와 같은 법도는 주역(周易)에도 팔촌(寸)의 길이인 대나무를 써서 팔괘의 상(象)을 형성한 것으로 본다.

그러나 원래의 인통법은 주역으로 독립한 학문이 아니고 오직 천체의 율과 그리고 악율(樂律) 등을 형성하는 하나의 방식에 지나지 않는다. (筆者의 著 律曆誌 參照)

漢文은 古朝鮮의 所作?

무릇 한자(漢字)의 기원(起源)은 아직도 명확하지 않다. 그러나 한자는 중국어를 표기하는 중국 고유의 문자라는 것은 한자의 자전(字典)및 옥편(玉篇)과 역사에서 할 뿐이다.

대저 한자가 중국의 은(殷)나라 때 사용되고 있었다는 정확지 못한 전설도 있다.

한자가 중국의 문자로서 상형지사회의 해성(象形指事諧聲) 등 전주(轉註) 문자로 발전됨에 있어서 중국 문화사에 많은 발전을 했고 아울러 표의적음절(表意的音節) 문자와 표음문자(表音文字)도 많이 연구되었다.

뿐 아니라 대전(大篆)에서 소전(小篆)에 이르고 예서(隸書)에서 해서(楷書)로 또 행서(行書) 초서(草書)며 그 밖에 약서(略書) 또는 속자(俗字) 등 무려 5만자에 이르는 것이다.

이렇듯 한자는 명실상부하게 중국의 고유문자로서 발전되었다. 따라서 한자 문화권의 우리도 이상의 중국의 한자문를 중심으로한 문화를 갖고 있는 것이다.

그러나 우리는 한자의 문장이나 어휘(語彙) 등에 너무나 무관심 했다.

작금의 형태로는 한글을 위주로 하고 한자를 중국의 문자라 사용을 배척하는 풍조까지 일어나고 있다. 그러나 우리는 오천년 이래 한자의 문화권에서 살아온 까닭에 한자의 사용을 일조일석에 버릴 수가 없는 것이다.

그러므로 오직 운(韻)의 높고 낮은 것을 규장전운(奎章全韻)의 운고(韻考)에 바탕한 옥편의 평성상성거성입성(平聲上聲去

聲八聲) 등 사성을 가려내는 데 그쳤던 것이 오늘의 현실이다.

물론 한자의 기원이 아직도 명백하지 않는 까닭에 오랜 세월을 두고 수많은 한자를 강희자전(康熙字典) 이래 중국은 한자에서 역사성을 부여한 편찬방법이 더욱 이채로운 것이다.

그 예로 고사성어 어휘 숙어(古事成語語彙熟語)는 물론이요, 한자에 이르기까지 옥편에 까지 꾸며진 문자가 있다.

그 예를 들면 옥편에서 나뉠기(岐)자를 주문왕(周文王)의 소봉(所封)인 기산(岐山)의 명칭이라 했다.

한자가 중국의 문자로 알고 또 그들은 그 기원은 분명하지 않지만 자신들의 문자로 알고 진기와 같이 기자(岐字)를 주나라 문왕에 관련을 한 것과 같이 고사성련 숙어, 그 밖에 어휘 등에도 많은 고사(故事)를 꾸미고 있다.

이러한 한자가 중국이 아닌 고조선에서 소작(所作)된 것을 홍범구주의 문화에서 밝혀진 것이다.

홍범구주의 원문

65자가 전해졌다.

무릇 기자(箕子) 문제는 그 당시 농경문화의 이륜(彝倫)으로 삼았던 홍범구주 같은 주옥의 문화를 가져다 주문왕에 바치고 강설을 했다는 것이다.

따라서 우리로서는 우리의 문화를 주나라 무왕(武王)에 전했다는 것이 중요한 사실이다.

따라서 기자 문제는 거론할 필요성이 없는 것이다.

그러나 주나라에 전달된 홍범구주의 문화가 고조선에서 통치에 쓰여졌다는 사실은 곧 홍'범구주가 분명 고조선의 문화임을 입증한 것이다.

대저 홍범구주의 65자가 전해졌다는 사실은 전편에도 역설을 했다. 그러나 그와 아울러 한자 65를 9개항의 제목(題目)으로 편성된 것은 한자가 주나라 초기, 즉 무왕때 이미 고조선에서는 보편화하게 통용된 것을 입증하는 것이다.

홍범구주의 문화중 몇 개의 제목의 예를 들어 살펴 보기로 한다.

첫번째가 5행(五行)이다. 이 두자로 구성된 오행, 즉 동서남 북과 중앙을 판별한다는 것으로 지극히 간결하고 알기 쉬운 어 휘(語彙)이다.

이로 미루어 고조선에서 이 홍범의 문장을 대나무에 조각을 했던 또는 필백(匹帛)에 기록을 했던 발전된 수준에 있었음을 입증하고 있는 것이다.

그러므로 고조선의 한자 문화는 문장이나 또 숙어(熟語)로 평가하나 상당한 수준에 이르렀던 것이다.

따라서 출판학 상이나 또는 문장의 전문(前文) 구실을 할 수 있는 제목에서 일목요연하게 알 수 있는 편찬체제가 완성된 문사라고 할 수가 있는 것이다.

더우기 홍범의 삼강에 이르기를 농용팔정(農用八政)이란 제 목에는 농경문화의 체재(體裁)에서 통치의 여덟개의 기구를 명 확히 표출한 것은 한자의 문장이나 또는 편집상으로 상고할때 지금의 출판에서 제목이나 또는 소제목 상으로 목차를 편집한 것에 추호도 손색이 없는 것이다.

그러므로 홍범구주의 문장의 배열은 문장의 뜻으로 본 표의 적(表意的)으로나 또는 표음(表音)의 문자로도 절묘한 것이라 하겠다.

65자의 한자가 주나라 무왕(武王) 3년에 고조선에서 전하여 진것은 중국의 정사(正史)와 서경(書經) 사마천사기(司馬遷史 記)한나라 예문지(藝文誌)에 수록되어 있는 것이다. (別文周書 를 參照)

이상의 사서(史書)에서 홍범구주가 고조선에서 전하여 졌다 는 것은 주나라 이후 춘추, 전국시대를 거치고 또 진한(秦漢) 을 거치고 위, 오, 촉(魏吳蜀) 삼국을 거치고 또한 5호 16국

(五胡十六國)을 거치며 수나라 당나라는 물론이요 송원명청(宋
元明淸) 등에 이르기 까지 이상의 사실인 홍범구주가 고조선
에 망명해 있었던 기자(箕子)가 가져갔음은 아무도 이를 반대
하지 않고 오직 홍범구주의 65자 문화를 갖고 통치를 해 왔다.

그러나 한족이 서기 660년에 신라와 같이 연합하여 백제를
멸했고 또 서기 668년에는 고구려를 멸한후 그들은 홍범구주
를 통치에 이용했던 율력지(律曆誌)와 홍범의 천문지(天文誌)
등이 입수되고 이것을 주석(註釋)함에 이르러 중화문화의 판
도가 변화하지 않을 수 없었다.

특히 안사고(顏師古)가 율력지를 주석함에 이르러 고조선에
서 쓰여졌던 문화를 전반적으로 재검토 하지 않고는 중화문화
에서 홍범을 중화의 것이라고 주장할 수가 없는 실정이다.

그러므로 당나라의 사관 안사고는 아무리 위만조선(衛滿朝
鮮) 한사군(漢四郡)을 조작하여 놓았으나 신라와의 관계는 꺼
리고 있었을 것이다.

그 이유는 신라는 애당초 당나라와 연합하여 백제와 고구려
를 멸했던 것이다.

신라는 뜻밖에 삼국통일을 이룩했다. 그런데 백제와 고구려
의 압수이북 영토를 갖고 이것을 관리함에도 지극히 어려운
실정이 있었던 것이다.

더우기 당나라는 신라에 대하여 발해를 치라고 했으나 신라
는 김유신 장군의 북방정책에 따라서 당나라의 청을 받아 들이
지 않았다.

이와 같은 형세에서 당나라가 우리 동이의 역사를 가져다가
변조하려는 것은 생각에도 미치지 못했던 것이다,

안사고는 자신들의 계략대로 위만조선과 한사군을 조작하고
모든 역사의 국고정리(國故整理)를 그치려고 했을 것이다.

그러나 이 무렵의 당나라는 안록산(安祿山)의 반란이후 허
울의 당나라로서 통일국가의 형태였다.

사실상은 이미 분열되고 있었다. 따라서 역사의 정리는 자연히 송대로 넘어왔던 것이다.

까닭에 송대에 이르러 사마광(司馬光)의 자치통감을 비롯하여 강목(綱目)만 속자치통감장편(續資治通鑑長編)등 많은 역사서가 편찬된 것이다.

이러한 현상은 자신의 역사가 허술하고 또 부족한 것을 충족하려는 소행으로 해석된다.

그러므로 홍범구주의 연구를 좀처럼 이르지 못했던 그들은 드디어 당송시대에 이르러 더욱 활성화 된 것이다.

특히 소동파(蘇東坡) 이천(伊川) 소순(蘇洵) 여씨(呂氏) 주자(朱子) 등 남송의 학자들은 홍범구주를 천도(天道)라고 강조했으며 아울러 중국내에서 오랜 세월을 두고 전해 오는 음양오행의 학문도 역시 홍범과 관련있는 것이라고 강조했음을 볼 수 있다.

그 중에도 이천(伊川)은 홍범구주의 학문을 우왕(禹王)의 치수공사와 결부시키는 궤변을 했다. 또 주자는 이르기를 홍범이 주나라에 전해진 것은 65자라 했으며 홍범구주는 천하를 다스리는 몇몇한 묘기(廟器)요, 대도(大道)의 이륜(彝倫)이라 했다.

소동파는 이르기를 기자(箕子)는 주(周)나라의 신하가 아니다. 만일 기자가 홍범구주를 무왕(武王)에게 가르치지 않았으면 천도의 홍범구주는 우리나라에 알려지지 않았을 것이다, 라고 했고 또 우왕(禹王) 이후 주나라 무왕때 까지는 홍범구주가 전하여 지지 않았다고 말했다(筆者의 著 弘益人間論 參照).

이상에서 홍범구주의 65자 만이 무왕에 전해졌다는 것을 남송 때의 학자들도 입을 모아 주장하고 있다.

여기서 65자만이 전해진 것과 또 홍범문화 전부가 전해졌다는 것은 큰 차이를 갖고 있는 것이다.

첫째로 65자 만이 주나라때 전해졌다면 그당시에 율력지 천문지 그밖에 농경에 관한 문물이 고조선에는 많았음을 입증한다.

대저 홍범의 문자 형성을 상고하면 상형의 단계는 지났고 표의적(表意的)인 형상으로 볼 수 있다. 물론 고조선은 율력지에 따라서 볼 때 가무악의 율이 이미 존재 했으므로 표음의 문자도 있었던 것이다(筆者의 著 陰符經 參照).

그러나 중국은 초사(楚辭)문화이래 음문이 발전되었다. 그러나 표음의 문자가 발전된 것은 고가(古歌)이래 사부음 절율(辭賦韻, 絕律) 등의 시가(詩歌)가 당송대에 이르러 발달된 것으로 볼 수가 있다.

대저 홍범의 첫째에 있는 오행(五行)은 동서남북 중앙 오방을 표시한 뜻이다.

또 경오사(敬五事)에 이르는 묘(貌) 언(言) 시(視) 청(聽) 사(思) 등은 다섯 가지의 심성(心性)을 표시했다.

인간사(人間事)에 있어서 이 오사가 남송에 이르러 홍범성리학으로 발전된 것도 사실이다.

이상에서 전후의 역사적 사실을 상고할 때 홍범구주의 65자 문화가 주나라에 전해졌던 또는 그밖에 문물이 전해졌던 고조선에서 한자가 주나라에 전해진 것은 사실이다.

그러므로 한족도 한자를 자기의 문자라고 주장을 하지만 그 기원을 모르는 것도 어쩔 수 없었을 것이다.

한자는 홍범구주의 문화로 변신하여 주나라에 전해진 것은 어김없는 것이다.

따라서 한자(漢字)는 한족의 글이 아니라 우리 한(韓) 민족 즉 동이 족이 창조한 기원을 갖는다고 할 수가 있는 것이다.

셋째에는 강희자전(康熙字典)에 한자를 한족의 역사 의식으로 자전에 수록한 것은 유감스런 것이다.

원래 한족은 당·송·명으로 이어지는 동안 중화사상을 위주로 문화의 발전과 아울러 민족의식을 드높였음도 사실이라 하겠다.

그런데 그 한족(漢民) 문화를 우위(優位)로서 우월 감정이 높았던 것도 사실이다.

그 예를 들면 전기에서 강희자전에는 기(岐)자를 산길이 나뉘기 자로 해석치 않고 애써 주무왕의 소봉(所封)인 봉상산(鳳翔山) 운운으로 해서 중화문화를 강조한 것이 강희자전의 형태로 볼 수가 있다.

청나라 때 발간된 만주원류고(滿洲源流考)에 따르면 한족인 청태조가 만주 출신임에 불구하고 만주 출신의 관헌을 멸시하는 풍조가 심했다는 것이다.

그러나 세조(世祖)의 세째 아들이며 4대의 황제로서 이름은 거엽(去燁)이요, 이른바 성조(聖祖)라 했다.

그는 중신 장옥서(張玉書) 등 30여명의 학자를 동원하여 서기 1655에서 1722년 까지에 강희자전을 편찬했다.

이 자전에 수록된 글자 수는 무려 4만 5천여 자에 이르고 있다.

이 자전에는 고대의 지명·산명·수명 등 역사적인 관계가 있는 양, 서슴없이 중화문화를 창달하는 형태로 수록되고 있음은 실로 "아이로니칼"한 것이다.

한국에 멸시를 받고있는 만주족은 그 실체를 모르고 오히려 자기 부족을 격하하는 자전을 편찬했던 것이다.

周 書 原 文

왕 13년에 기자가 왕을 방문했다.

왕이 말하였다.

"오오 기자여, 하늘이 베푸는 은총을 오직 만백성에 베풀어 서로 협동 화합하여 살 수 있게 하는 통치의 이륜(彝倫)을 나는 모르오."

기자가 대답했다.

"내가 들으니, 옛날 곤(鯀)이 홍수의 물줄기를 막을 때 오행의 방법으로 했사오나 상제(上帝)의 노여움을 사서 '홍범구주'를 하게에 내리시지 않았소. 까닭에 통치에 영구한 근본이되는 이륜(彝倫)이 무너지고 말았소. 그리하여 곤은 죽음을 당하고 아들 우가 대를 이었소. 이에 하늘(天或上國)은 '홍범구주'를 우에게 내려서 영구한 통치의 기본으로 삼았소.

일에는 오행이요, 이에는 경 오사, 삼에는 농용 팔정, 사에는 협용 오기, 오에는 전용황극, 육에는 입용 삼덕, 칠에는 명용제의, 팔에는 염용 서징, 구에는 향용 오복, 위용 육극이옵니다."

홍범의 첫째에 있는 오행은 이르기를 일에 물, 이에는 불, 삼에는 나무, 사에는 쇠, 오에는 흙입니다.

이상에 말한 오행의 기질을 말하면, 물은 스며들며 낮은 곳으로 흐르는 것이오, 불은 타 올라가는 기질이옵고, 나무는 곧은 것과 굽은 것을 이름이요, 쇠는 불에 당구면 여러가지 모양으로 변화해 가는 기질이 있읍니다.

흙은 곡식을 심어서 여러 가지의 맛으로 나타내는 작용을 하옵니다.

밑으로 흐르는 물은 짠 것을 작용할 수 있으며 위로 타오르는 불은 쓴 맛을 낼 수 있으며 굽고 바른 것은 신 맛을 낼 수 있는 작용을 합니다.

또 쇠를 불에 달구어 작용하는 맛은 매운 것을 나타내며 땅에서 자라난 농산물은 단맛을 나타냅니다.

이에 오사에는 일에 외모, 이에는 말, 삼에는 보는 것, 사에는 듣는 것, 오에는 생각하는 것입니다.

외모는 공손한 것을 이름이요, 말에는 올바른 이치에 따름이요, 보는 것은 소상하고 밝게 하며, 생각하는 것은 지혜롭게 헤아려야 하옵니다.

공손이라는 것은 겸양하고 엄숙한 것이어야 하며, 이치가 올바르다는 것은 사리에 어긋남이 없는 것이요, 밝은 지혜란 분명하고 슬기로운 것이며, 지혜란 옛 성현들의 가르침을 알고 행하는 것입니다.

삼에는 팔정입니다. 일에는 먹는 것, 이에는 재물 등의 교역 수단, 삼에는 제사를 숭상하는 것, 사에는 농사를 관장하는 관직, 오에는 교육을 관장하는 관직, 육에는 범죄를 관할하여 다스리는 관직, 칠에는 예전(禮典) 절차로서 빈객을 접대하는 관직, 팔에는 군사를 통솔하는 군사의 관직 등을 이름입니다.

사에는 오기입니다. 첫째는 세(歲)인데, 12개월을 한 해라 이르며, 둘째는 달(月)인데 달이 차고 기우는 것을 가려서 삼십일을 한 달이라 합니다.

세째의 일(日)은 태양, 즉 해를 이르는 말이며, 해가 한번 회전하는 것을 하루로 기준하는 것입니다. 또 달과 해가 회전하는 기본이 되는 것이 하루의 수라 하겠습니다.

네째는 성신(星辰)으로, 별의 위치, 즉 별자리를 알아서 달과 해가 돌고 있는 것을 헤아릴 수 있습니다. 다섯째 역수(曆數)로써 일월의 회전하는 것을 계산하는 방법을 역수학이라 하는 것입니다.

오에는 황극입니다.

황극은 천황(天皇)을 지극히 받들어 세운다는 것이며, 천황은 오복을 거두었다가 모든 나라의 백성들이 쓸 수 있는 때에 나누어 준다는 것입니다.

이와 같이 지극한 오복을 때를 잘 가려서 나라의 백성들에 나누어 주는 것이 지극하며 황제의 지극함은 오래 보존될 것입니다.

대체로 백성들이 무리를 지어 음란한 일이 없이 하고, 사람들의 덕이 있고 없음에 따라서 당신의 시행하는 일이 오직 지극해야 합니다.

　모든 나라 백성들이 옳은 일은 이것을 잘 지키며 항상 염려하오면 협동하지 않는 자들에게도 지극한 방패가 되오며 재앙이나 허물이 있을 때도 황제는 이들을 받아 들이고 태연한 기색으로 오직 당신은 항상 덕을 즐겨 궁행하며 저들에게 복을 내려 주신다면 만민은 모두 황제의 지극함을 받들 것이요, 또 고독하고 불쌍한 자를 학대하지 말고 도와줄 것이며 천하의 그 이름을 떨치는 고명(高明)한 자를 두려워서 꺼려하지 말고 가까이 하면 되옵니다.

　무릇 사람은 유능 유위한 자가 있으며, 그들을 쓰는 데 부끄럼없이 하면 이로 인하여 그 나라는 번창해 질 것입니다.

　대체 올바른 일을 하는 사람은 부하고 응분의 녹봉을 받게 해야 합니다. 만일 당신께서 저들로 하여금 나라에 즐겨 봉사할 수 있는 기회를 만들어 주지 않는다면 그들에게 허물을 만들어 주는 것이옵니다.

　그러므로 그들의 덕을 즐길 줄 모르는 자에 녹봉을 주게 되는 까닭에 그러한 허물을 만든 것은 곧 당신에게 있습니다.

　한편에 치우치고 기울지 않는 것을 왕도의 의(義)로 삼아야 합니다.

　아무것도 하는 일 없이 즐거운 일을 지어 만드는 것을 왕도로 삼게 되면, 이는 하는 일은 없고 오직 간악한 일을 조장하는 것일 따름이요, 때문에 왕도에 준행할 길은 어느 무리에도 치우치지 않으면 이것은 탕탕한 왕도이요, 또 당이나 무리에 기울지 않고 공정한 것을 왕도 평평이라 합니다.

　또 자신의 의사에 싫은 일이라도 공정한 정치를 하는 것은 정직한 왕도입니다. 그것은 왕으로써 만민에 베푼 것이 모여서 그것이 왕도의 지극함에 귀일하는 법도입니다.

　이르기를 황극을 베푸는 것은 통치의 기본이라 하며 또 그것을 교훈 삼았었습니다. 때문에 상제도 그런 교훈을 통치의 근본으로 백성을 다스렸사옵니다.

무릇 모든 나라의 백성들을 다스리는 데 그 교훈으로 귀감 삼아 시행하면 이것을 태양과 같이 밝은 광명, 정대한 천자라 하는 것입니다. 그러므로 이르기를 천자를 백성들의 부모라 하며 따라서 천하의 왕이 되는 것입니다.

육에는 삼덕입니다.

첫째는 바르고 곧은 것, 둘째는 강(剛)한 것이 이기는 것, 세째는 유순한 것이 이기는 것입니다.

평안할 때에는 정직한 것을 위주로 하고, 완강하여 벗으로 할 수 없으면 이 편에서도 강한 것으로 대합니다. 변하기 쉬운 벗은 부드러운 것이 이길 수 있사오며 음침한 것에는 강한 것이 이기오며, 또 고명한 자에는 부드러운 것이 이기는 것입니다.

오직 임금만이 오복을 만들 수 있고, 오직 임금만이 위세를 지을 수 있으며, 오직 임금만이 옥식을 할 수 있읍니다. 신하로서 복을 만들 수 있고 위세를 제멋대로 만들 수 있소. 그렇다고 진귀한 산해 진미를 마음대로 즐기게 되면 그, 작폐는 그 가문에 번지고 결국은 온 나라에 파급되어 나라가 흥할 것이옵니다.

관리들이 제멋대로 쓰는 작풍이 있으면 그 영향을 받아 백성들까지도 관헌의 눈을 피하여 제마음대로 쓰려고 합니다.

칠에는 계의입니다.

거북점에는 길일(吉日)을 택하며 또 복서에 선능한 사람을 명하여 점을 치게 합니다.

점치는 방법에 이르기를 비가 올 것인가, 안개가 끼겠는가, 흐린 날씨인가, 가고 오는 것과 멈추는 것, 전쟁에 이길 것인가, 굽은 자를 곧게 하고 잘못한 자는 참회할 것인가 등, 대체로 일곱 가지로 나눌 수 있읍니다.

그리하옵고 복시(卜筮)는 다섯으로 점은 두 번을 칩니다.

점칠 때에는 복시를 만들고 사람을 세우며, 세 사람이 점칠 때에는 두 사람의 말에 순종해야 합니다.

당신에게 크게 의심이 있으면 먼저 내마음으로 헤아려 보고 그 다음 대신이다 사대부에 들어보고, 그 다음에 점괘에 의하는 것이옵니다.

당신의 마음이 따르며, 거북도 따르고 복시도 따르며 대신과 사대부며 뭇백성들도 따르게 되니, 이것이 소위 대동 단결이오며, 당신은 만강하며 자손들은 번영을 누리게 되는 길한 괘입니다.

당신이 따르고 거북이 따르며 복시가 따르면, 대신 사대부가 반역하고 백성들이 반역해도 길한 법입니다.

대신이나 사대부가 따르고 거북·복시가 따르면 당신이 반하고 백성이 반대해도 길합니다.

당신이 따르고 거북이 따르는데, 복시가 반대하고 대신이나 사대부가 반대하고 백성들까지 반대하면 국내로는 길하고 밖으로는 흉한 괘입니다.

거북이나 복시가 모두 그가 계획하는 일에 어그러지면 그때는 아무 일도 하지 않고 조용히 있으면 길하옵니다. 즉 이것은 무슨 계획을 하면 흉한 괘입니다.

팔에는 서징(庶徵)입니다.

서징이란, 오랜 경험을 이르는 것이며 이르기를 비오는 것, 해뜨는 곳, 따스한 것, 추운 것, 시기에 알맞게 하는 것 등 다섯 가지를 잘 알아서 갖추는 것입니다.

이 다섯 가지를 알아서 계절에 따라 순서를 잘 가리면 온갖 풀이 무성하게 자라나지만 그 중에 한 가지라도 지나치게 극성을 피우면 흉해지며, 또 한 가지가 없으면 역시 다른 것도 모두 흉하게 됩니다.

이르기를 서징이란 엄숙한 것이어서 비오는 때나, 또 별 드는 것을 경험으로 알아야 합니다.

110

이런 계절을 경험으로 밝게 알지 못하면 따스한 시기도 모르게 되니 추운 것을 가리고 도모할 수 없습니다.

성현은 이르기를 경험에 허물이 없어야 때에 바람 부는 것을 보고 비가 내리며, 돌개바람이 일어나는 것, 비가 오래 오는 것, 어지러운 것을 미리 알아서 항상 따스한 곳을 가릴 수가 있습니다.

뿐만이 아니라, 때의 급한 것을 알아서 항상 추운 것, 흐린 날씨, 항상 바람이 일어나는 것을 피하여 막을 수 있습니다.

까닭에 왕은 항상 지난 해를 살피며 대신이나 사대부는 달을 살피며 또 일반 관헌들은 날을 잘 살펴서 해와 달·날의 순서를 소상하게 알고 순서를 뒤바꾸지 않게 하면 백곡이 풍성해지오며, 이것을 왕의 명철한 다스림이라 할 수 있습니다. 따라서 뛰어난 인재도 배출할 수 있으며 온 집안이 화합하여 편안해집니다.

만약에 해·달·날의 관리가 졸렬하여 세월의 흐름을 분간하지 못하고, 따라서 제때에 할 일을 못하면 곡식은 제대로 여물지 못하고 정치도 혼란되면 자연 뛰어난 인재가 희미해지며 그 집안은 편안할 수 없습니다. 백성들은 오직 별을 보고 헤아릴 것이므로 그 별에서 오는 좋은 바람이나 또 좋은 비도 있습니다.

해와 달의 운행은 황도와 적도가 있어서 겨울과 여름이 있는 즉, 달은 별의 자리를 따른다 하여 바람과 비도 이에서 유래합니다.

구에는 오복입니다.

첫째는 수를 누리는 것, 둘째는 부자가 되는 것, 세째는 편안하게 지내는 것, 네째는 덕을 베푸는 것, 다섯째는 죽을 때까지 질병이나 횡사 등이 없이 자신이 가진 수명을 끝까지 누리는 것을 고종명(考終命)이라 합니다.

육극(極)은 첫째, 그 목숨이 짧게 요절하는 것, 둘째, 몸에

질병이 있어서 신음하는 것, 세째, 그 성품에 질투와 욕심이
많아서 근심하는 것, 네째, 빈곤한 것, 다섯째, 성품이 간악
한 것, 여섯째, 몸이 허약한 것 등입니다.

〈原　文〉

惟十有三祀 王訪箕子 王乃言曰 嗚呼箕子 惟天隱騭下民 相協厥
居 我不知其 彝倫攸叙 箕子乃言曰 我聞在昔 鯀則洪水 汩陳箕五行
帝乃震怒 下界洪範九疇 彝倫攸斁 鯀則洪水 禹乃嗣典 夫乃錫禹 洪
範九疇 彝倫攸叙 初一曰 五行 次二曰 敬五事 次三曰 農用八政 次
四曰 協用五紀 次五曰 建用皇極 次六曰 明用三德 次七曰 明用稽
疑 次八曰 念用庶徵 次九曰 嚮用五福 威用六極

一. 五行 一曰水 二曰火 三曰木 四曰金 五曰土

水曰潤下 火曰炎上 木曰曲直 金曰從革 土曰受稼穡 潤下作鹹 炎
上作苦 曲直作酸 從革辛 稼穡作甘。

二. 五事 一曰貌 二曰言 三曰視 四曰聽 五曰思 貌曰恭 言曰從
視曰明 聽曰聽 思曰睿 恭作肅 從作乂 明作哲 聰作謀 睿作聖。

三. 八政 一曰食 二曰貨 三曰祀 四曰司空 五曰司徒 六曰司寇
七曰賓 八曰師。

四. 五紀 一曰歲 二曰月 四曰星辰 五曰曆數。

五. 皇極 皇建其有極 斂時五福 用敷錫厥庶民 惟時厥庶民 于汝
極錫汝保極。

凡厥庶民 無有淫朋 人無有比德 惟皇作極。凡厥庶民 有猷爲有
守 汝則念之 不協于極 不罹于咎 皇則受之 血康而色 曰予攸好德
汝則錫之福 時人斯其 惟皇之極 無虐? 煢 而畏高明。

人之有能有爲 使羞其行 而邦其昌 凡厥正人 旣富方穀 汝弗能使
有好于家 時人斯其亨 于其無好德 汝雖錫之福 其作汝用咎 無偏無
陂 遵王之義 無有作好 遵王之道 無有作惡 遵王之路 無偏無黨 王
道蕩蕩 無黨無偏 于道平平 無黨無側 王道正直 會其有極 歸其有極

曰 皇極之敷言 是彝是訓 于帝其訓 凡厥庶民 極之敷言 是訓是行 以近天子之光 曰 天子存民 父母以爲 天下王也。

六．入用三德 一曰正直 二曰剛克 三曰柔克 平康正直 ？弗友 剛克變友 柔克 沈潛 剛克高明柔克。

惟辟作福 惟辟作威 惟辟玉食 臣無有作福 作威玉食 其害于 而家 凶于 而國人用 側頗？民家僭？。

七．稽疑 擇建立卜筮 人乃命十筮 曰雨 曰霽 曰蒙 曰克 曰貞 曰悔 凡七 卜五 占用二 ？。

立時人 作卜筮 三人占 則從二人之言 汝則有大疑 謀及乃心 謀及卿士 謀及卜筮 汝則從龜從 筮從 卿士逆 庶民從 是之謂大同 身其康彊 子孫其逢 吉汝則從 龜從筮從 卿士逆 庶民逆 吉卿士從 龜從筮從 汝則逆 庶民逆 吉庶民從 龜從筮從 汝則逆 卿士逆 吉汝則從 從龜筮從 卿士逆 庶民逆 作內吉 作外凶 龜筮共違于人 用靜吉 用作凶。

八．庶徵 曰雨 曰暘 曰燠 曰寒 曰風 曰時 五者來備 各以其敍 庶草蕃廡 一極 備凶 一無凶。

曰 庶徵 曰霽 時雨若乂 時暘若 曰哲 時燠若 曰謀 時寒若 曰聖 時風若 曰咎徵 曰狂 恒雨若 曰僭 恒暘若 曰豫 恒燠若 曰急 恒寒若 曰蒙 恒風若 曰 王省惟歲 卿士惟曰 師尹惟曰 歲月曰 時無易 百穀用成 乂用明 俊民用章 家用平康 日月歲 時既易 百穀用不成 乂用昏不明 俊民用微 家用不寧 庶民惟星 星有好風 星有好雨 日月之行 則有冬有夏 月之從星 則以風雨。

九．五福 一曰壽 二曰富 三曰康寧 四曰攸好德 五曰考終命 六極 一曰凶 短折 二曰疾 三曰憂 四曰貧 五曰惡 六曰弱。

5. 석실문화(石室文化)

석실문화는 석굴에서 발굴된 저자 미상의 책자를
일컫는 것으로, 이 주옥 같은 책자들의 대부분이
우리 선조들의 작품일진대 응당 우리는 이 문화의
뿌리를 명백히 규명해야 하지 않겠는가.

송나라 때 석굴에서 발굴된 서책이 많았기 때문에 그때 발
굴된 서책 중에서 저자 미상의 책자가 이른바 석실문화라는
것이다.

대저 중국의 서적은 한나라 예문지(藝文誌), 수나라 경적지
(經籍誌) 등에 수록되어 있다. 그러므로 책자의 적(籍)을 알
수가 있다. 그러나 저자 미상의 책자는 이와 같이 도서관을
통하지 않고 송나라 때 석실에서 발굴된 것이다. 이와 같은
서적은 반드시 송나라 정부에서 고증과 감정을 거쳐서 발간했
던 것이 실정이었다.

특히 송나라는 당나라의 국고정리사업(國故整理事業)을 계승
해서 모든 사서(史書)의 간행(刊行)을 당나라와 같이 정부차원
에서 일일이 검열을 했다. 그것은 자국의 이익에 해로운 기사
(記事)를 제한했던 까닭에, 석실에서 발굴된 서책도 그들의 국
사를 정리하는 사업과 밀접한 관련성을 가졌던 것이다.

특히 아 무렵에는 송나라가 거란의 침략을 받고 북송(北宋)
땅을 잃고 남쪽으로 광성을 옮기는 시대였다. 따라서 고구려,
백제 등에서 탈취해 간 귀중한 문물도 모두 피난시키지 않을
수 없었다. 아울러서 책을 소장했던 석굴에서 꺼내어 남쪽으

로 옮기는 형세였다.

따라서 석굴문화라고는 하지만 그 한계를 가릴 수가 없다. 물론 남송 땅에서 발굴된 것도 있을 것이며, 또 당나라 지역에 발굴된 것도 있을 것이다.

대저 발굴된 책자에 저자의 성명이 있었다고 해도 그것을 그대로 남겨둘 수는 없을 것이다. 따라서 그 많은 책자 중에서 동이(東夷)의 것으로 인정되는 몇 권의 책자를 소개하여 앞으로 우리 문화의 뿌리를 찾을 수 있는 계기를 조성하려는 것이다.

첫째로 음부경과 내경(陰符經, 內經)이다.

음부경(陰符經)

송나라 때 이전(李筌)이 석실(石室)에서 발굴했다는 음부경 삼백언(言)은 중국 고대의 황제(黃帝)의 소작이라 하지만, 본 작품의 문사(文辭)의 내용에 있어서 중국 고대의 문헌이 아니라는 점에서 송나라 때 여러 학자들이 많은 이론을 제시했던 것이다.

먼저 학자(學者)들의 소론(小論)을 살펴 보기로 한다.

음부경은 상, 중, 하, 세 편으로 되어 있으며, 삼백 단어로 되었고, 문사의 내용이 은어로 된 것이 많다.

이 음부경은 당나라 때에 이르러서 이전이 석실에서 발굴해 내었는데 그 작품이 상고시대 때 황제의 소작이라는 데에 큰 문제가 있는 것이다.

이 음부경에 대하여 송나라 주자는 노릉황서절부록(盧陵黃瑞節附錄)에서 음부경고이(陰符經考異)에 이르기를 이전(李筌)이 석실에서 발견했다는 음부경은 상고(上古) 시대의 문헌이 아니고, 또한 은나라 말엽도 아닌 주나라 말엽 전국시대의 것으로 추산하고 있는 것이다. 그 이유는 문장의 내용이나 방법이 전국 때 노장(老壯)학파들의 화려했던 문사체와 흡사하고 또 그 내용에 있어서도 무위순화(無爲醇化)를 위주로 논했으며 얼핏 보기에는 노장학파로 보았던 까닭에 시대별로 구분하면 육국에서 한나라 초기의 작품으로 간주된 것으로 볼 수 있다.

더우기 음부경 중에는 중국에서는 좀처럼 쓰여지지 않던 은어가 있으며 그 내용이 중화사상을 바탕으로 하는 통치술이나 법도가 다른 까닭에 주자는 음부경의 문장이나 뜻이 아무리 심오할지라도 음부경은 상고시대의 작품이 아니라고 했던 것이다.

물론, 음부경 삼백 단어가 이를 해설한 본래의 문장인지, 주자의 추산대로 이전이 본문에 자신의 주해를 부연한 것인지 간에 이전의 소위로 볼 수 있다. 주자가 지적한 대로 이전은 원래 높은 경지의 도가(道家)도 아니며, 문사의 형태로 보아서 이전의 것은 아니라고 했다.

그래서 하남(河南) 소씨(邵氏) 정자(程子)의 말을 인용하여 전국말의 작품이라고 했던 것이다.

이전은 음부경을 부연한 문사 중에서 음부경은 그 이론을 능숙히 알면 도가로서 신선이 될 수가 있으며, 또 음부경의 법도로서 능히 부국을 이루고 만민을 편안하게 할 수 있다고 했을 뿐만 아니라, 음부경의 오묘한 술을 터득하면 강대한 병사를 형성하여 능히 전승할 수 있다고 했던 것이다.

이런 점에 대해 주자는 이르기를, 도가나 통치가, 전술가 등은 각기 그 뜻하고 행하는 것이 같지 않으며 만일 음부경의 간략한 그 방법과 미숙한 문헌으로 손쉽게 천하사가 뜻한 바대로 얻어진다면 이것은 행패의 극치라 지적한 것이다.

주자는 또 음부경의 문장을 이르기를 무위(無爲)를 대종(大宗)으로 말한 책자의 문사는 노장(老壯)이나 묵가(墨家)로 인정했던 것으로 판단했다.

사실상 이 음부경이 공자 이래 중화사상이 정리되기 이전에 존재했었다면 음부경은 홍범문화를 중화사상의 바탕으로 하는

데 큰 도움이 되었을 것이다

그러나 당나라 이후 고구려는 멸했고 중국은 명실상부한 홍범구주의 운영 방법이 통치술로 인용되었으며 또 이것을 바탕으로 중화사상이 형성되었으니, 음부경의 내용이 아무리 홍범의 문사를 권장하고 찬양하는 내용이라 할지라도 중화사상이 크게 발전된 송나라에서 음부경은 거추장스러운 존재는 될지 몰라도 도움은 가져올 수 없을 것이라 하겠다.

그 이유는 당나라가 고구려를 멸하여 홍범에 관한 문헌을 모두 소멸시켜 홍범은 오직 주나라 이래 도입된 까닭에 육국 때 공자 등 많은 학자들이 오랜 세월을 두고 형성한 한민족의 문화에서 추호라도 의심을 받으면 오히려 의혹을 가져오는 때문이라 하겠다.

이상의 내용이 음부경을 주자가 평가하는 유일한 이유의 하나이다. 그러나 음부경의 은어적인 문사나 또 그 내용은 노장의 도경도 아니요, 또 법가들의 통치술도 아니다. 음부경을 이전은 성신학이라고 부연했지만 음부경 문장 중에 오적(五賊)이라 한 것은 홍범구주의 제1강에 오행(五行)을 이루는 말이며 음부경 제1조에 오적은 하늘의 길을 알고 오행의 근원을 받아서 잘 운영해야 한다(觀天之道 執天之行盡)는 구절이 있다.

음부경(陰符經)의 사상(思想)

본절에서 이전이나 주자는 모두 신성학으로 인정했지만, 관천(觀天)이란 어휘는 중국에서 상용되나 집천이란 말은 흔히 쓰이지 않는 말이다. 중화사상에서 하늘은 곧 군왕을 이르는 말이며, 군왕은 하늘을 대신하여 만민을 다스린다고 했다. 하늘에 대하여 앙천이라는 문사는 사용할 수 없는 것이다.

이러한 사상의 흐름에서 집천은 하나의 은어라 할 수 있다. 그러나 홍범구주의 근원으로 볼 때는 제1장에 오행이 있으며 사람은 누구나 균등하게 하늘의 오행을 운영하여 이익을 가져

올 수 있다는 구절이 있다.

음부경의 제 1 조에 집천이라는 구절은 하늘의 변화로 형성되는 오행은 누구나 잡을 수 있는 것이며, 또 적절한 때에 누구나 그 오행을 가지도록 권장한 학문인 까닭에, 집천이라는 언어는 은어도 아니며, 또 신기할 것도 없다.

하늘에 오적이 있다(天有五賊) 했는데 이 오적이란 문사를 신성한 하늘에 감히 쓸 수 있겠는가. 그러나 음부경에는 하늘과 인간을 동일시한 홍범의 기강으로 볼 때, 하늘의 오행을 인간이 살펴 알고 이것을 능히 운행하는 것을 근본 원리로 했다.

사람이 하늘의 이치를 신성하다고 생각하지 않고, 적극성을 가지고 하늘의 변화하는 과정을 깨달아 제때에 잘 운영하지 못하면 안된다. 만일 가을 추수기에 이르러 인간이 만물을 거두어 저장하지 못하면 그 만물은 하늘의 조화로 모두 소멸해 버리는 것이다. 즉, 추상 같은 서리와 설한풍으로 만물은 모두 소멸되는 것이며, 이것은 오행의 조화로 볼 수 있다.

오행을 오적으로 비유한 말은, 인간의 태만성을 자극하기 위하여 오행의 운영을 권장하고 이를 자극하는 언어로 받아들일 수 있다.

홍범의 오행은 하늘에만 해당하는 것이 아니요, 인간은 물론 천지간의 삼라만상을 모두 오행의 기질로 그 성분을 구성한다는 것이 홍범 제 1 강의 근원으로 볼 때 천성(天性)은, 즉 인간의 성품이 될 수 있다.

그렇다면 인간은 그 마음에서 하늘의 이치를 잘 알고 기회를 포착하여 운영하는 것이 하늘의 본성인 동시에 그것이 인간의 뜻이기도 한 것이다. 또한 인간의 본성인 동시에 그것이 인간의 뜻이기도 한 것이다.

인간이 행동하고 그 성품을 수양하는 데는 홍범 제 2 강에 오사(五事)가 있다.

음부경(陰符經)의 내용(內容)

음부경 상편(上篇)에,

天發殺機 移星易宿 地發殺機 龍蛇起陸
人發殺氣 天地反覆 天人合發 萬化定基,

라는 말이 있다.

하늘이 어떤 기회에 살기를 뻗치면 별들이 제자리에서 머물지 못하고 이동하며 자리를 옮긴다. 그렇게 되면 땅도 편안할 수 없으니 용이나 구렁이 들까지도 모두 살기를 뻗치고 일어난다. 하늘과 땅이 어수선하면 사람들도 살기를 뻗치며 이에 호응하게 된다는 뜻이다.

이와 같은 형세가 반복되는 동안 천하에 호걸들이 궐기하여 하늘과 땅의 지세를 잘 이용하면 세상 만물은 이에 화하여 안정이 되는 것이다.

음부경의 구절은 대체로 이상과 같은 내용이지만 문사의 내용으로 보아서 자극적이고 과격한 문사라 할 수 있다. 이상의 문사 중에서 천발살기(天發殺氣), 지발살기(地發殺氣), 용사기륙(龍蛇起陸), 천인합발(天人合發) 등의 문장은 은어와 같은 형태로서 공자의 존경사상(尊經思想 : 四書三經) 이래 경서를 해석하고 또 이를 부연하는 규범에 있어서 승천 사상과 존황(尊皇) 사상은 극치를 이루어 그 언어나 이를 표시하는 사상도 일정한 규범 아래 산문이 발달되었고, 또 운문(韻文)의 발표에도 규제가 있었던 것이다.

더우기 한 나라 이래 부(賦)에 있어서도 엄격한 체제를 가져왔던 터이다. 그런데 음부경에는 하늘, 땅 그리고 왕의 위치에 대하여 존엄성은 없으며 살기(殺氣), 용사(龍蛇)등의 문사는 유가(儒家)에서는 받아들이기 곤란한 문사라 할 수 있다.

음부경(陰符經)의 해의(解義)

이전은 음부경을 발굴한 후 그 문사의 내용을 검토해 보았

다. 문사의 지나친 것에 대해 신자(臣子)나 범인이 그 책자를
소작이라 가탁(假託)한 것도 중화사상이 팽창했던 당나라 체
제에서는 어쩔 수 없었던 것으로 생각된다.

물론 노장이나 묵가에 있어서도 유가들의 번문욕례(繁文縟
禮)를 비방하고 과격한 문자를 쓰지만, 근왕에 대하여는 항상
옛 성황이란 구절로 왕도에 대한 언어는 유가와 같은 형태였
다.

그러나 음부경에 하늘이 살기를 뻗쳤다. 또 용과 구렁이가
같이 땅에서 일어난다는 등의 말은 자극적인 언사라 할 수 있
는 것이다.

하늘의 살기라면 군왕의 살기라는 말이며, 또 용은 군왕을
상징하는데, 용을 구렁이나 뱀과 같이 일어난다 했으니 군왕
의 존칭어는 없는 것이라고 보겠다. 따라서 음부경을 백성들
의 소작이 아니라 황제의 소작으로 본다면 불경이란 있을 수
없다고 생각했던 것으로 본다.

음부경을 황제의 소작으로 했지만 송나라 이래의 많은 문헌
들을 정리해서 고문헌의 정리도 발견되었던 까닭에, 음부경,
내경(內經)이 황제의 소작이라 한다면, 이상의 경서에 담긴 문
헌의 내용이나 그 당시의 문화에 반영이 된 흔적이라도 있어
야 할 것이다.

그러나 음부경의 내용이나 또 내경의 철학적 근원이 고대
중국의 통치는 물론 경제, 군사, 농사 등 각 분야에 있어서
추호도 동질성을 가져오는 실례나 문헌을 발견해 낼 수 없는
것이다. 주자는 주나라 이래 도입된 홍범의 7강에 있는 팔괘
와 삼동계에 해당시켜서 설명했다.

또 그는 주역삼동계고(周易參同契考)에서 한나라 예문지(藝
文誌)에 있는 오대팽요해의(五代彭曉解義) 서문에서 용호경을
인용했으며, 그 외에도 노자(老者)의 도덕경 81장의 예를 들
었던 것이다.

120

　이상의 문헌의 예를 들어도 모두 주나라 중엽 이후에서 전국시대까지의 연대를 추산할 수는 있지만 주나라 이전으로 소급할 수는 없다.

　음부경의 구절에 천발살기(天發殺氣)가 되면 별자리가 옮겨진다는 문자는 철학에 관한 것으로 홍범구주의 4강의 4기에 관한 학문이라 볼 수 있다. 세(歲), 일(日), 월(月), 성신(星辰)에 속하는 것이며, 해와 달이 변동이 있으면 자연 철학의 변동으로 별자리가 변동하게 되며 또 이에 따라서 땅에까지 그 여파를 가져오게 되는 것이다. 이것을 음부경에서 지발살기(地發殺氣)라고 이른 것으로 판단된다.

　이와 같이 하늘과 땅에 변동을 모르고 인간이 태만해지면 인간은 농사를 제때에 지을 수가 없으니, 기근이 닥쳐오고 민생은 곤란해져 사회는 혼란에 빠지게 되어, 자연 질서는 무너지고 국가는 자연히 혼란을 거듭하게 된다는 것이다.

　결국 음부경의 문장 구절은 홍범구주의 4기와, 세, 일, 월, 성신을 모르고 있으면 큰 화근을 가져 온다는 과격한 권장문에 지나지 않는 것이라 할 수 있다. 많은 학자들이 음부경에 있어서 복장을 가장 긴요한 문사라 하지만, 홍범구주의 원리가 원래 인간이 우주만물을 이용하고 이를 가지며 저장하는 것을 권장한 것이다.

　그러므로 복장, 즉 하늘과 땅이 크게 변동할 것을 사전에 알고 그때를 피하여 곤궁할 때 쓰기 위해 자연물이나 또 농사지은 오곡을 저장해 두는 것은 미래를 대비하기 위한 중요한 인간의 행사라 할 수 있다.

　육국 때 공자의 시경을 해석하여 통치자들이 상용하도록 한 그 관례에 따라서 오랜 세월을 두고 해석하기 힘든 문헌을 해설하기 시작한 이래, 그 언어, 문사, 부(賦) 등이 모두 공식화 되었던 것이다. 이러한 문헌에 비하면 음부경은 형식이나 문사에 구애를 받지 않은 작품이며 심오하고 어려운 사물을 간명한 방법으로 해설했다.

즉, 오행을 오적이라 했고 삶은 죽음의 근원이며 죽음은 삶의 근원이라 하고, 은혜는 해를 발생하는 근원이라고(生者死之根恩生於害) 표현한 문사는 실로 격조도 높지만 그 뜻은 심오한 철학적 근원이라 할 수 있다.

이와 같이 삶과 죽음에 대하여 동일시하는 사상은 종교적인 근원이 아니며, 하늘과 땅의 무궁한 원리와 이에 따라 생존하는 삼라만상의 영고성쇠(榮枯盛衰)가 끊임없이 계속되는 것에 비하여 해설한 것이며, 인간이 생존했을 때 그 공로에 따라서 평가를 받을 수 있음을 뜻하는 것이다.

물론 생존시에 공로를 평가하는 기준을 홍범구주의 운영에서 어느 정도의 기준을 둔 것이 음부경의 사상이다. 주자의 사상과 음부경의 내용은 본질적으로 차이를 가져온다.

물론 노자의 사상도 왕도(王道)에 있어서 번문욕례(繁文褥禮)의 형식 위주의 도(道)가 없는 것만 못하다 해서 상도가 무도(無道)라 주장하여 자연을 높이 평가한 점은 음부경의 자연사상과 같은 형태로 볼 수 있지만, 그러나 자연을 이용하는데 있어서는 홍범구주의 통제 방식으로 경영하는 것을 권장한 점에서 노자의 무위 사상은 음부경의 정신과 다른 것이다.

朱子陰符經考異 盧陵黃瑞節附錄

〈原　　文〉

陰符經三百言 李筌得於 石室中云 冠謙之所藏 出於黃帝 河南邵氏 以爲取國時書 程子以爲 非商末則周末 世數久遠 不得而詳知 以文學氣象言之 必非古書默于道者不能作世。

大要以至 無爲宗以 天地文理爲 數天下之故 皆自無而生有人能自有以返 無則宇宙在乎。

筌之言曰 百演進 百言法 百言術 道者神仙抱一 法者富國安民　術

者强兵防勝 而不知其相離也 一句一義 三者未嘗不備

　道者得其道 法者得其法 術者其術 三之則 行悖美 或曰北書者 李
筌之所爲也。得於石室者僞也。其詞文晦 故人各傳 以其所說耳 筌
本非深于道者也。是果默歟。

　음부경의 삼백 언(言)은 이전(李筌)이 석실에서 얻은 것으
로서 관겸의 소장이며 황제 헌헌(黃帝軒轅)씨에 나온 것이다.
　하남(河南) 소씨(邵氏) 정자(程子)에 의하면, 이것은 전국
말엽의 작품이나. 이들을 상(商)나라 말엽이 아닌 주(周)나라
말기로 추산된다. 그 유래는 상세히 모르지만 오랜 세월은 아
니며, 이 문학은 기상을 말한 것으로서 반드시 옛 서(書)가
아니며, 또 글의 내용이 도자의 소작으로 볼 수도 없다.
　대요를 보면 무위(無爲)를 위주로 했으며 천지의 이치를 문
장으로 하여 이것으로 천하만사에 관련시켰고, 모든 무위한
것을 사람이 능히 생성, 변화시킬 수 있다고 설명했다. 우주
에 존재하는 만물은 스스로 무위로 돌아오지 않는 것이 없다.
　이전은 이르기를, 백 마디의 도나 백 마디의 법, 백 가지의
술이라 했다. 도가(道家)는 오직 한 가지의 신선을 원하고 법
가(法家)는 부국안민을 원할 것이다. 그러나 한 구절의 뜻으
로 이상의 삼자가 완성되는 완벽한 것으로 볼 수는 없다.
　즉, 도가는 그가 소망하는 도를 얻을 수 있고, 법가는 그가
원하는 법을 얻으며, 술가는 그 술을 가지고 이상의 삼자를
얻는다. 하지만 그것은 아름답지 못한 행패의 미라고 할 수
있다. 혼은 이 책자의 글이 이전의 소위라고도 한다.
　음부경의 문사(文詞)는 아직 그 뜻을 버릴 수 없으며, 옛
사람들이 전해오는 소견을 말한 것으로 듣고 있다. 원래 이전
이 그렇게 심오한 도인은 아니라는 점에서 과연 그러한 것일
는지 생각해 볼 여지가 있는 것이다.

내경(內經)의 방설(放說)

소위 황제내경소문(黃帝內經素問)의 책자도 음부경과 같은 내용의 작품이다. 후대 학작들은 이르기를 음부경은 외경이요, 내장경은 내이라 했다.

물론 내장경의 저자도 미상이며 소문의 내용이 황제헌헌씨와 기백(岐伯)과의 대화를 수록한 문장으로서 음부경과 황제의 소작으로 알려져 있다.

더우기 내경의 문답 내용이 황제와 기백의 문답으로 되어 있어서 내경은 황제의 소작이란 문사가 없이도 황제의 문헌으로 만들기에 노력을 경주한 흔적이 많다.

황제내경소문(黃帝內經素問)의 특색(特色)

그러나 문화의 발달 과정이란 어쩔 수 없는 것으로서 아무리 중국의 어진 군왕의 소작이라 내세우고 싶지만, 그 시대에는 문자 문화는 물론 음양오행 등의 문화가 발전되지 못했던 원시 사회라, 황제의 음부경이나 내경이 존재했다고 해 보았자 이를 뒷받침할 만한 유적이나 문헌이 없는 이상, 아무도 황제의 문화가 극치에 달했다고 신뢰할 사람은 없다.

사실상 중국의 문화는 홍범구주가 도입된 이래 시경문화(詩經文化)의 발전이라는 것은 부인 못할 사실인데, 주나라 이전 거의 일천 수백 년 전에 음부경이나 내경 같은 문화가 존재했다고 할 수 없으니, 송나라 주자는 음부경 부록에 황제 시대가 아닌 주나라 말엽의 작품이라 했던 것이다.

역사적 고증으로 볼 때, 음부경이나 내경이 당나라 시대에 석실에서 이전(李筌)이 발굴했다고 한 것을 보아도 이 작품은 그 이전에는 일반에게 공개되지 못했던 것으로 해석할 수 있는 것이다.

대체로 은(殷), 주(周) 시대에 전해졌던 문헌이나 또 구전(口傳)으로 전해왔다는 사실은 모두 사관들에 의해 수록되었던 것이다. 또 이러한 문헌은 한나라 예문지, 수나라 경적지, 당나라 초기의 예문지 등에 수록되어 있지만, 음부경이나 내경은 그들 기록에 없으니 결국 음부경이나 내경은 전적(典籍) 이 없는 책자가 되었던 것이다.

이전이 그 문헌을 석실에서 발굴했다고 한 것은 후대에 전적을 만들기 위한 행위로 밖에 볼 수 없다.

내경소문의 문사나 그 내용은 24권 81장으로 되어 있지만 1권 1편의 상고천진론(上古天眞論)에는, 황제가 신선이 되어 하늘로 등천해서 기백(岐伯)과의 대화에서 인간의 수명이 짧은 것을 한탄하여 질문한 데 대하여, 기백은 사람의 생성 변화하는 심묘한 이치를 음양오행론으로 설명한 구절이 있다.

물론 음양오행은 홍범구주의 제 1강에 있는 오행을 일컬음이며, 그 문장의 내용도 음부경과 같이 홍범구주를 권장하는 것이라 할 수 있다.

내경이 황제와 기백의 소문소답(所聞所答)으로 되었다고 하지만 문사의 내용이 중국의 주나라 말엽에 실존했던 묵가나 노장의 문장과 다소 흡사하다고 할 수는 있다. 그러나 유가의 문사와는 전연 딴판이라 그 이전에 존재했다고 할 수 없는 것이다.

내경(內經)의 내용(內容)은 홍익인간학(弘益人間學)

대체로 은대에 이어 주나라 이래의 문화는 황하의 중류에서 하류시의 유적이 많이 발굴되어 왔었다.

그러나 청조(淸朝) 말기에 이르러 금문학(金文學)을 완성한 오식분(吳式芬)의 권신록(權臣錄)에 의하면 갑골문(甲骨文), 금문(金文), 석고문(石鼓文 : 筆書), 예서(隷書) 등이 발견되었지만 은나라 이전의 황제시대에 그렇게 화려한 문화가 있었음을 뒷받침할 근거가 없으며, 또 산동역성(山東歷城)이나 대신장(大辛莊) 혹은 섬서(陝西) 북쪽의 기산(岐山)과 하북의 곡양

(曲陽)은 물론 남쪽의 안휘성(安徽省)에서 수없이 발굴되는 청동기에 새겨진 갑골문자(甲骨文字)에서도 음부경이나 내경에 부합되는 문화를 발견할 수 없다.

따라서 음부경이나 내경은 상고시대의 황제와는 전연 관계가 없다고 볼 것이다.

또한 내경소문도 음부경과 동질성을 갖고 있는 것으로 판단된다. 사실상 음부경과 같이 석실에서 발굴했는지, 아니면 당시 어떤 사람에게 소장되어 있던 작품인지 그 유래에 대한 음부경과 같은 부록이 없으므로 소상한 고증은 없다.

그러나 내경소문의 문답의 문서나 은어 등에 있어서 음부경과 동질성의 문장 형태로 볼 수 있으며, 홍범구주를 권장한 책자로 볼 수 있다.

당나라 고종 때 고구려, 백제를 멸하고 많은 문헌을 수탈해 간 시대적 배경을 고찰해 볼 때, 당나라 이래 과거 전적에 없던 문헌이라는 점에서 우리는 중요시 할 수 있다.

내경소문 문답에 주인공이 황제와 기백의 대화라 하지만, 주인공의 인명은 얼마든지 변경할 수 있으며 문답 내용이 황제나 기백의 신상에 관한 문제가 아니고 인간 관계의 생성 변화를 말한 것으로서 구성되어 있는 문사이다.

만일 중국의 중화사상적 견해로 보면 황제는 군왕이요, 기백은 신하로서 그 문답에도 군신지간의 예의를 갖춘 문답이라야 한다. 그러나 소경 제 1 장에서 8장까지의 문답 내용에 있어서 인간의 생성변화를 묻고 답하는 문사에서 군왕의 위치를 추호도 거론한 점이 없다.

이와 같은 문사는 인간과 자연을 같은 변화 과정으로 설명한 것이며, 유가의 사상과 같이 군왕우위론(君王優位論)은 추호도 발견할 수 없는 것이다.

내경의 내용은, 대자연을 중심한 천문, 지리 등을 알고 또 인간의 변화 과정을 설명한 학문이라 할 수 있는 홍익인간학인 것이다. 즉, 천지자연의 형성과 변화 과정을, 우리 인간의 인체 구성 및 생성 변화하는 것에 비유한 학문이라 할 수 있다.

홍범구주의 오행과 사기를 중심으로 하여 인간은 하늘과 땅 그리고 삼라만상의 만물의 기질과 형태에 따라서 인간은 천부적으로 이에 적응하여 생존할 수 있다는 것을 위주로 했지만, 군왕의 명령에 따라서 천부의 성품을 받지 않는다는 것을 인체의 구성과 생성으로 입증한 학문이므로 곧 황제 내경의 근본정신이라 할 수 있다.

특히 본질에서는 홍범의 오행을 잘 알고 사기(四記)를 잘 운영하는 방법을 제시하는 동시에, 남성을 양이라 하고 여성을 음이라 하여, 남녀의 생성 변화하는 모습과 방법을 설명했다. 더우기 변화하는 생리의 숫자는 율력수(律曆數)로써 계산한 것을 보아도 내경의 근본은 홍범구주의 운영 방법을 해설한 것이라 하겠다.

인간구조(人間構造)에 비유(比喩)한 학문(學問)

내경에서는 남녀의 생장 성쇠하는 연륜을 율력수(律曆數)의 소양(小陽)의 수에 기준하여 여자는 7년만에 성장한다고 했으며 남자는 소음의 수를 기준한 8년을 성장하고 쇠퇴하는 척도로 정했던 것이다.

우리 인간이 생장하고 노쇠하여 생존하는 과정을, 홍범의 오행과 산출하는 역수(曆數)와 동일한 기준으로 계산한 것은, 원래인간이 자연 중에서 오행의 기질을 천지 자연에서 천부적(天賦的)으로 타고 났으며, 또 이에 따라서 생존하고 소멸하는 것임을 옛 조상들은 오랜 세월을 두고 체험에 의한 통계학상으로 산출했던 것이다.

여자가 7세가 되면 간(肝)이나 기질이 왕성해지며 치아는 발육되고 또 모발도 성장한다. 그러므로 우리 조상들은 여자가 7세가 되면 남녀부동석(男女不同席)이라 하여 남자와 합석을 하거나 또한 동거 생활을 금하여 왔던 것이다.

이와 같은 기준으로 보아서 2·7 14인 14세에 이르면 혈맥도 왕성해지며 월경사(月經事)까지 발생하는 시기로 보았던 것이다.

우리 나라 고대의 결혼제도를 보면 여자는 14세에 이르면 혼사를 할 수 있으며 나라의 국법에도 왕후는 14세로 정했었다.

여자의 성장은 이상과 같이 21세에 이르면 신체의 모든 것이 장성하고 혈맥은 물론 근육(筋肉)도 왕성하게 성장되는 것이다. 이러한 성장 과정으로 14년 후인 35세부터는 혈맥은 물론 인체의 모든 부분이 쇠하여지기 시작한다.

그래서 6·7 42세에 이르면 점점 쇠퇴하여 지기 시작한다. 그리하여 7·7 49세에 이르면 맥은 허하여 지고 이른바 단산기(斷産期)에 접어드는 것이다.

또 남자는 8세를 기준으로 성장하고 쇠퇴한다는 것으로, 8세에 이르면 예절과 학문을 배우며 2·8 16세가 되면 청춘기라 한다.

이와 같은 성장 기준을 4·8 32세까지를 성장기로 보았고, 그 이후 5·8 40세에서 8·8 64세까지는 쇠퇴기로 보았던 것이다.

학자들은 이상의 수리(數理)가 주역(周易)에서 유래했다고 주장하지만, 태호 복희씨(太昊伏犧氏)의 팔괘는 형이상학적 이론이며 일정한 과학적 근거를 가지는 것이 아니다.

대체로 율력학(律曆學)이 중국에서 연구된 것은 춘추 때 공자 이후이지만, 사실상으로 보면 한나라 때 북평후(孝平候) 장창이 처음으로 율력학을 제정했으며 또 효무제(孝武帝) 때 악관(樂官)들이 율력학을 정정하였다.

그 후 왕망(王莽) 등이 의화(義和), 유흠(劉歆) 등 100여 명의 학자를 동원하여 종률(鍾律) 등을 편찬했다는 기록이 한(漢)나라 예문지의 율력지에 있음을 보아도 충분히 알 수 있다. 이로써 볼 때, 율력학은 주역에서 유래한 것이 아니요, 오직 홍범구주의 율력에서 유래한 것이며, 또 황제의 소작이라는 내경이나 음부경 등은 그 내용면으로 보나 또 문사로 보나 황제의 소작이 아니라 홍범구주를 알고 또 이를 권장하기 위한 문헌임을 알 수 있다.

즉, 천체와 인간의 구성을 동일시한 사상으로서 천체의 구조를 우리 인간 구조에 비유하여 설명한 학문이라 할 것이다.

현재 우리 나라에는 한의과대학이 많이 있으며 또 학생의 수도 상당한 수에 이르고 있다. 그럼에도 불구하고, 그 원천(源泉)이 명백치 않은 한의(漢醫)라는 명칭을 구태여 쓸 필요가 있을 것인가? 물론, 내경(內經)이 황제(黃帝)의 소작이 아니라는 주자(朱子)의 고증까지 있다는 사실을 모르는 자는 그럴 수도 있다.

특히 이조시대는, 사대사상(事大思想)으로 중화문화를 거론하는 것을 하나의 영광으로 알았던 시대는 아니다. 그러한 시대는 이미 지났고 자주독립 국가가 되었으며, 또 자유를 구가하는 현대에 이르러 아직까지 과거의 구각(舊殼)을 벗지 못하고 황제의 소작이요, 또 한의학(漢醫學)이라는 명칭은 실로 괴이한 것이다.

더우기 내장경의 문사(文詞)를 상고하면 분명히 홍범구주의 문화에서 유래한 것이다. 설혹 주자(朱子)의 고증대로 이 작품이 주나라 말엽에 소작되었다고는 하나, 그 내용은 홍범의 율서(律書)에 의하여 소작된 것이다.

그러나 이 무렵 홍범의 율서(律書)가 전하여지지 않았다는 것은 당송시대 많은 학자들이 말하고 있다. 만일 그 시대에 소작이 되었다고 할지라도 고조선에 살았던 어느 도인, 또는 학자가 저술한 것이라야 정당성이 있는 것이다.

이러한 사실은 주자(朱子) 자신이 고구려의 문화를 수없이 취급을 했고, 또 정리를 했기 때문에 더욱 잘 알고 있을 것이다. 그러므로 황제의 소작이 아니라는 점을 역설했던 것이다.

송나라의 장상영(張商英)은, 우주재호신 도지어차 즉, 귀신변화 개불능도오지술 이황어 형명도 수지간자여 즉, 宇宙在乎身 道至於此則鬼神變化 皆不能逃吾之術 而況於 刑名道數之間者歟 라고 했다.

즉, 우주의 만상은 손 안에 있고 귀신의 신통한 변화술은 모두 내 몸에 있어서 이것을 감히 피할 수가 없다. 그러므로 형명(刑名)의 도수에 있어서랴, 라는 뜻이다.

까닭에 이전(李筌)도 내경과 의경을 주공, 공자, 노자(周公, 孔子, 老子) 등의 문학과 같이 격찬하고 높이 평가를 했던 것이다.

전기에서도 말했지만 주자(朱子)가 주말이라 함은 춘추전국 그 시대를 말하는 것이다. 그렇다면 그 시대에 고조선의 문화는 극치에 달했던 것이다. 그러므로 우리는 그들의 소작자 미상인 문물을 그대로 방치해서는 안되는 것이다.

과학의 문명이 고도로 발전된 이 시대에 거리를 누비고 있는 한의사(漢醫師)의 명칭을 우리의 의학으로 고치는 것도 좋을 것이다.

근자에 이르러는 한의학도 과학성을 찾고 있어서 각 대학에는 한의과가 존재하는 이상 사대적인 구각(舊殼)을 벗고 국학으로 승화시키는 것도 큰 뜻이 있을 것이라 확신한다.

그러기 위하여는 사계의 권위자들이 먼저 의학의 원조인 이른바 황제내경과 외경의 원문을 연구하여 그것이 과연 한(漢)의 것인가, 또는 우리의 것인가를 밝히고 그렇지 않으면 영구히 소작의 원류를 몰라도 좋다.

다만 그것이 황제의 소작이라는 것이며, 한민족(漢民族)의 것이 아님을 명확히 알아야 할 것이다. 이것이 곧 우리 문화의 뿌리를 찾는 지름길이라 하겠다.

삼략(三略)과 소서(素書)

삼략과 소서는 송나라 장상영(張商英)이 장자방(張子房)의 무덤을 파헤쳐 옥침(玉枕) 중에서 얻은 책이다. 그 후 삼략은 무경칠서(武經七書) 중의 하나로 권장되고 소서는 비계(秘計)로서 왕실에 소장했던 것이 세월이 흐름에 따라서 공개된 것이다. 삼략은 병서보다도 수준이 높은 전략서(戰略書)로서 통치의 형태를 예리하게 평가했다.

그러나 삼략에 있는 통치기구가 역대 중국의 통치기구와 흡사한 것은 하나도 없다. 따라서 중국의 병법들과는 그 용어와 전술명에 있어서도 큰 차이를 지니고 있다.

또 소서(素書)에 있어서도 심성(心性)을 말함에 등급으로 역설되어 있다. 물론 가필된 혼적이 있어서 중국류를 이루기는 했으나 당송대에 유행된 문장의 형태는 찾아볼 수가 없다. 이와 같은 책자를 송나라 장상영이 발굴했다는 그 경위가 허구적(虛構的)인 것이다.

즉, 한나라 때 장자방(張子房)이 진시황제(秦始皇帝)의 동유(東遊) 당시 치다가 실패했다. 장자방은 관헌에 쫓겨 달아나다가 기교(杞橋)에서 신선 황석공(黃石公)을 만났다. 이때 장자방은 신선 황석공한테서 받은 책자가 이른바 삼략과 소서라고 했다.

그러나 장자방은 이 책자를 황석공으로부터 얻을 때, 불량한 자, 불신명한 자, 성현이 아닌 자 등에게 이 책자를 전하지 말라는 청을 받았다.

이에 장자방은 자기가 죽은 후 이 책자를 전할 만한 인물이 없어서 결국 자신의 아들에게 청하여 자신의 시신과 함께 옥침(玉枕)에 이 책자를 넣어라 이르고 또 이르기를, 요, 순, 우, 문, 무왕(堯舜, 禹, , 文, 武王)은 전설이며, 주공, 공자, 노자(周公, 孔子, 老子)라 도 이삼략과 소서보다 더 하지는 못할 것이라고 했다. 또 말하기를, 이는 간략하나 그 뜻은 너무나 심오하다고 했다.

이상과 같이, 삼략과 소서는 석실문화로서 발표가 된지 근 1천 년이 지난 오늘에 이르기까지 누구 한 사람도 그 유래를 찾으려고 하지 않는다.

특히 송나라 장상영은 요, 순, 우, 문, 무왕(堯, 舜, 禹, 文, 武王)의 역사를 분명히 전설(傳說)이라고 했다. 또한 그는 요, 순, 우, 문, 무왕 등을 성자(聖者)와 같이 여겼던 것이다.

그들 전설, 즉 꾸며진 역사를 우리 나라 이조시대에는 꾸며진 것이 아닌 사실상의 역사로 알았던 것이다. 선비들이 그 역사 중 한 자의 글이라도 고치면 사문족락이라는 죄명을 씌워서 처벌을 했다.

그러므로 우리는 오늘날까지 방치해 두었던 그 많은 석실문화를 정리해야 하는 것이다.

석실문화가 수없이 많이 쏟아지고 있지만 우선 그 문화중에서 삼략과 소서를 말하기로 한다.

삼략(三略)

삼략은 송나라때 국고정리 과정에서 많은 병서와 방술서를 정리하고 그 중에서 무경칠서(武經七書)로서 채택한 것이다. 그런데 삼략은 태공망의 육도(六韜) 다음에 편철(編綴)을 해놓아서 마치 육도의 저자 강태공이 저술한 느낌을 준다. 그것은 육도의 문도(文韜)편에 나오는 내용과 흡사한 까닭이다.

대저 중국의 병서 중에서 건국 이래 저술된 손자(孫子), 오자(吳子), 사마양조(司馬穰苴), 울료자(蔚繚子) 등이 병세(兵勢)를 주로 말했다. 그러나 육도는 이들 병세와 전술에 주력을 했으며, 아울러 국가대 국가 사이의 관계와 또 인제(人材)의 기용에 있어서도 설명을 했다.

그러나 춘추전국 이래에 전쟁사를 상고하면, 강태공의 육도

만을 인용한 예는 지극히 드물다. 특히 전국 매 전국책(戰國策)은 주로 일시적인 속임수로서 그 수준이 육도의 문도에도 미치지 못한다. 더우기 삼략에는 더욱 그런 것이다.

삼략은 정략(政略)에 해당되는 까닭에 병사를 하나의 방위(防衛)술로 인용함에 주력을 했다.

대저 정략과 군략(軍略)의 차이가 있을 수 있겠는가. 그러나 정략과 군략에는 큰 차이를 갖고 있는 것이다.

원래 병사(兵事)는 불상지기(不祥之器)로서 만부득한 경우에 병사를 내어 싸우는 것이다. 그러나 그 싸움은 국가의 흥망에 달려 있다. 이러한 전쟁에 쓰이는 군략은 방법 여하를 막론하고 싸움에 이겨야 살아 남을 수가 있는 것이다. 따라서 적과 싸움에 임하여 복병(伏兵) 등 기술(奇術)로 적을 쳐서 이기는 수가 있다.

이러한 속임수는 그 전투가 끝나면 자신이 속은 이유를 알 수가 있다. 이와 같은 것이 이른바 군략에 속하는 것이다. 그러나 정략은 정치에서 온 국민에게 쓰여지는 정책(政策)에 속하는 것으로 군략과 같이 국민을 속여서는 민심을 수습할 수 없는 지경에 이른다. 그 까닭은 국민은 적군이 아니므로 통치자가 속이게 되면 그 다음에는 통치자의 명령을 믿지 않기 때문이다.

따라서 병사에서는 정략(政略)과 같이 높지는 못하지만 병략보다는 다소 높은 전략(戰略)을 가르쳤다. 그리하여 전쟁의 장군들이 군정(軍政)을 시행했던 것이다.

삼략은 이상의 방법이 아니요, 통치자가 전쟁이 없더라도 앞으로 전쟁이 발생할 수 있는 것을 가상(假想)하여 전국에 방위태세(防衛態勢)를 갖추는 것이다. 이것은 현대의 군사상의 술어로는 방위술(防衛術)에 속하는 것이라 할 수가 있다.

특히 삼략에는 군국지요책(軍國之要策)이 있다. 이 요책을 중국의 전국책(戰國策)과 혼동하는 학자들도 있는데 이것은 크게 잘못이다.

전국책은 삼략의 내용과 달리 육도(六韜)에 있는 문벌(文伐) 즉, 지금의 전술 중에서 전군을 향하여 선전(宣戰)권 공세를 하는 것이다. 즉 소진, 장의(蘇秦, 張儀)가 합종책과 육국동맹 (合縱策, 六國同盟)론을 그 삼촌불란(三寸不亂)의 능숙한 유세 (遊說)로 설득하는 것 등이다.

이와 같은 것은 강태공의 병서에 말한 음부편(陰符篇)에 있는 것이다. 그러므로 이러한 전술은 아무리 심오한 계략이 내재(內在)해 있더라도 결국은 상대국들을 공격하는 전술이다.

그러나 삼략의 전술은 평상시에 어떠한 때, 어떤 나라가 공격을 해와도 능히 막을 수 있는 국방태세를 완비해 둘 수 있는 전법이다. 이러한 것을 병사상의 술어로 말하자면 유비무환(有備無患)이 되는 것이다.

그러므로 감언이설(甘言利說)로 상대방을 속이는 전국책은 이미 전쟁의 일보전이요, 또 삼략의 군국지요책(軍國之要策)은 어떤 나라를 공격할 의도(意圖)가 있음이 아니요, 오직 자체의 체질을 강하게 하는 정치인 것이다.

따라서 정치와 관련이 있는 모책(謀策)인 까닭에 이른바 정략(政略)에 속하는 것이라 하겠다.

정치란 통치자의 이념인 목적에 있어서, 이것을 정강(政綱)이라 하며, 또 그 목적을 달성하기 위하여 국민들이 큰 부담을 느끼지 않고 간소하며 쉽게 행할 수 있는 것이 정책인 것이다. 그러므로 정략은 항상 높은 수준에 있으며 국민을 이롭게 하는 것이 바탕이 되지 못하면, 그것은 한때를 속이려는 호도책(糊塗策)에 지나지 않는다.

이와 같이 삼략은 중국의 전사상(戰史上)으로 평가하더라도 중국 고대의 작품이 아닌 것이다. 그러나 삼국시대에 우리의 고구려, 신라, 백제의 통치에서는 군국책(軍國策)을 썼던 것이다.

즉, 군국책은 전쟁이 있어서가 아니요, 현재 천하의 대세로 보아 우리의 영토 중 어느 곳에 성지(城地)를 쌓고 또 둔병제(頓兵制)를 만드는 것 등 군비를 보강하는 것이다. 이와 아울러 국민에게는 병사의 훈련을 시키는 등 병사제도 등을 보충하는 것을 말한다.

삼략의 전술은 항상 온 국민의 혼연일체를 뜻하여 만들어진 책자이다. 즉, 중신들은 어떠한 인재를 기용하고 또 선능한 장수는 어떠한 인재를 기용하라는 것이다. 이와 같이 국가의 모든 시책에 있어서 군사에 관한 정책을 시행하는 것을 이르는 것이다.

이상과 같이, 삼략은 그 저서의 근본정신이 방위의 목적으로 구성되었다. 또 그 문사(文詞)의 구성에 있어서도 우리 삼국의 형태에서 느낄 수 있는 점이 많은 것이다.

그러므로 병사의 전문가는 물론이요, 사계의 권위자들은 우리 문화를 발굴하는 입장에서도 이미 연구를 했어야 옳을 것이다. 또 이와 같은 사업은 병사 관계에 있어서 국고정리사업의 하나일 수도 있다.

소서(素書)

소서의 경우도 삼략과 같이 장자방의 이름을 빌어 전해 올 뿐, 그 유래는 송나라도 정리를 못했던 것이다. 그러므로 소서의 문장(文章) 중에서 원래의 원문을 고친 장구(章句)는 있을 것으로 믿는다.

그러나 원작자의 근본정신과 그 성은 그 시대의 정치적 현실이 배경이 되는 것이다. 그러므로 그 장구는 수정(修正)을 할지라도 전체의 문장 중에서 역시 본래의 뜻을 전복할 수는 없다.

이와 같은 뜻에서 소서 제1장 원시(原始)에는 도덕인의예

(道德仁義禮) 5자가 일체라 했다. 이와 같은 문사는 당송시대에 흔히 쓰여지던 문사(文詞)로서 중화풍조(中和風潮)가 풍기는 것이다.

　그러나 제 2 장 정도(正道)편에는 준, 호, 걸(俊, 豪, 傑) 3등급의 인재를 논하여 정도 제 1 장의 뜻과는 어긋나는 것을 노출시키고 있다. 인재(人才)를 평가함에 있어서 우리 삼국의 관습은 등급으로 나누었다. 그 예를 들면 고구려는 대, 중, 소의 계급을 두고 소형(小兄)은 준재(俊才)라 했다. 또 중형(中兄)은 호재(豪才)이며, 대형(大兄)을 걸재(傑才)라 했다. 이와 같이 인재를 준, 호, 걸(俊, 豪, 傑)로서 통칭한 것이 영웅호걸(英雄豪傑)이다.

　그러므로 소서가 바로 진(秦)나라의 선인(仙人) 황석공(黃石公)이 장자방에게 전했다고 하지만 삼략이나 소서가 황석공의 소작으로는 믿어지지 않는다.

　그 이유는 불로장생을 위하여 가족과 나라를 등지고 입산수도 하는 선인이라 삼략과 소서 같은 책자는 거리가 멀다는 점이다. 이에 황석공이 그 책을 입수했으나 자신은 불필요하여 장자방에게 전했다고 생각하는 것이 타당성 있는 것이다. 황석공은 당시에 산동땅에 있었다. 따라서 그는 요서, 요동에까지 주유(周遊)를 하는 도중에 동이(고조선)에서 얻을 수도 있었을 가능성이 있다.

　만일 그 책자가 황석공이 아니라 그 지방 농민들이 그 지방에서 발굴을 했다면 애써 동이(東夷)를 끌어들여 변론할 여지가 없다.

　그러므로 소서의 저자도 미상일 뿐 아니라 문장의 줄거리 중에서 삼국의 인재 선발에 쓰이던 말이 물씬 풍기는 것이다.

　이상의 준, 호, 걸 3자를 삼략의 상략(上略) 중 첫머리에, 주장(主將 : 王)은 영웅(英雄)의 마음을 붙잡는다는 문사에서도 엿볼 수가 있다.

原　文

夫主將之法　務攬英雄之心．（以下略）

　이상의 영웅은 이른바 준, 호, 걸을 말하는 것으로 전기의
소서와는 문장이 상통되는 것을 내포하고 있다.
　이상과 같이 삼략과 소서는 석실문화로서 저자가 없다. 단
지, 장자방과 선인(仙人) 황석공에 의해 꾸며진 글로써 삼략
과 소서를 방치해 둘 수는 없다. 설혹 그 작품이 우리의 문화
가 아니라도 좋다.
　지금 우리는 막대한 예산을 투자하고 또 많은 석학들이 발
굴 작업에 전력을 기울이고 있다. 이러한 현실에 있어서 우리
상고문화와 관계가 있는 사건이라면 응당 그 문화를 연구하고
평가하는 것이 급선무가 아닐까?
　더우기 고구려의 영토가 요서땅까지 영유했다는 것과, 또
당나라에 의해서 망했다는 사실을 인식하는 자라면 당연히 그
시대의 문화를 정리하여 두는 것이 후손을 위해서도 당연하다.
　그러한 작업은 중국을 위해서도 좋을 것이다. 즉, 스스로
정리를 못한 채 아직까지 석실문화라고 한다는 것은 그 주인
이 있으면 찾아가라는 뜻이 아닐까 생각한다.
　이상과 같은 현상은 강태공의 출생지와 그의 저서 육도에서
도 의심스러운 점이 있는 것이다. 강태공의 출생지는 위수(渭
水)로 되어 있었다. 그러나 강태공이 원래 위대한 까닭에 많
은 문헌에서 태공은 동해변(東海邊) 또는 요동(遼東)출신이라
는 기록이 보였다.
　이와 같은 현상은, 송나라 때 너무나 많은 역사의 기록을
정리하다 보니 그 밖의 많은 문헌를 정리할 수가 없었기 때문
이다. 이런 까닭에 강태공의 공적과 저서가 탐이나서 이를 주
나라의 충신으로 만들고 또 제(齊)나라의 왕을 만들었다. 그

러나 제나라의 왕은 되었으나 강성은 없어졌고, 단성(單性)과
복성(復姓)을 합하여 무려 130가지의 성씨를 어지럽게 만들었
다. 그러므로 강태공이 과연 실제의 인물인지 또는, 동이 출
신인 것 같은 인상을 짙게 해 주는 것이다.

　이와 같은 현상을 꺼려서인지 명나라에 이르러는 강태공의
출생지는 위수이나, 그는 은나라의 학정을 피하여 요동땅에
30년 간이나 살았다고 고쳐 놓았던 것이다.

　그 다음에는 육도(六韜)를 보충한 문제이다.

　강태공이 문무왕(文武王)을 도와서 은나라를 친 것은 지금
으로부터 3천 년 전의 일이다. 그러므로 태공이 육도를 저술
한 것도 이 시대로 보아야 정당성이 있는 것이다. 그런데 육
도의 문사는 보충된 부분이 많음을 볼 수가 있다.

　그 보충된 부분이 자치통감(資治通鑑)의 경우와 같이 주(註)
를 달았다면 신빙성이 있을 것이다. 그러나 육도의 내용을 보
충해서 어느 것이 원문(原文)이고, 어떤 것이 가필(加筆)된
것인지 가릴 수가 없다.

　그 예를 들면, 육도 제 35, 군략(軍略)편에서 병쟁기의 기
구를 말함에 그 시대에 없는 병쟁기가 등장했다. 즉, 적국의
성벽(城壁)을 공격하는 운제(雲梯)와 비루(飛樓) 등이 그것이
다.

　대저 중국의 전사성에서 운제, 비루 등은 수나라 때 수양제
(隋陽帝)와 당대종(唐大宗)이 요동을 칠 때 처음으로 등장한
병기구들이다.

　한나라의 한신(韓信)도 그 시대에 비루, 운제 등이 없어서
인용을 못했다. 또 한신이 조(趙)나라를 치려고 강을 건널 때
는 상자(箱子)를 물에 띄우고 그 속에 병사들이 타고 건너는
작전을 써서 도강(渡江)을 했다.

　그런데 3천 년 전에 부교(浮橋)와 같은 뗏목이 있었다는 것
은 오히려 태공의 육도에 먹칠을 하는 격이다. 태공의 사적에

있어서는 그 밖에도 구부환법(九府圜法)을 제정했다고 기록하고 있다.

이 구부환법은 홍범구주 식화지(食貨誌)를 뜻하는 것으로 지금의 화폐(貨幣)를 이르는 것이다. 이 식화지(食貨誌)도 한나라 예문지(藝文誌)에는 아직 원문 그대로 있어서 그 소상한 시행은 통용되지 않았던 것으로 믿어진다.

물론, 경제 발전은 생활의 수단이므로 중국은 우리 고조선과 접경지대로서 문화의 통일체의 견해로 해석해도 응당히 화폐의 문명은 전달될 수가 있었다고 본다.

그러나 태부(太府), 옥부(玉府), 내부(內府), 외부(外府), 천부(泉府), 천부(天府), 직내(職內), 전폐(戰幣), 직금(職金) 등 구부(九府)의 화폐제도를 소상하게 신설했다고 했다. 특히 이때 우, 하, 상(虞, 夏, 商) 때는 삼품(三品)의 화폐가 있었다고 기록하고 있는 것이다. 즉, 황(黃), 백(白), 적(赤), 전(錢), 포(布), 도(刀), 구(龜), 패류(貝類) 등으로 기록하고 있다.

대체로 이와 같이 소상한 화폐의 제도는 홍범구주의 칠정(七政) 중에서 화(貨)의 법도에 따라서 제정된 것이다. 이와 같은 것도 당나라가 고구려를 멸하고 그때에 얻은 식화지(食貨誌)를 한나라 예문지에 수록을 해놓고 그 필요한 부문을 보충한 흔적이 짙다.

그러므로 송나라 장상영(張商英)도 그 시대에 주자(朱子) 등과 같이 국고정리사업에 직접, 또는 간접적으로 관여했던 사람으로 인정된다.

그런데 그는 말하기를, 순임금의 칠정(舜有七政), 우임금의 구주(禹叙九疇) 전설천도(傳說天道)라고 했다. 즉, 그 시대에 같이 참여했던 사람인 장상영이 말하기를 순임금, 우임금 등의 전설이라 한 것은 믿을 수가 없다는 뜻이다.

물론 3천 년 전에는 동이(東夷)의 문물이 발전되었고 또 중국 일대에는 아직까지 한족(漢族)이란 영역(領域)이 성립되지 않았던 것이다.

이와 같은 상황에서 문물이 개화된 동이에 살던 사람들이 그 방면으로 건너가서 살았을 것이다. 그것은 중국의 상고사에서도 말한 바와 같이 중국뿐만 아니라 동방 일대의 여러 지역이 모두 같은 형세였다.

따라서 중국의 옛말에 동서(東西)라는 말이 있었다. 즉, 물건을 동서라고 하는데 그 원인은, 모든 문화가 개화된 물건은 모두 동이(東夷)에서 왔던 까닭에 동서라는 말이 생겨났던 것이다. 이러한 실정을 상고하면 동이족(고조선)은 상고 때부터 문명이 발전되었던 것이 확실하다.

이와 같은 형세에 있었던 것을 생각하여 보면 한나라가 통일을 이룩하여 비로소 한족(漢族)의 권익을 주장했던 것이다.

사실상 한나라가 통일을 했을 때에 영토는 보잘것이 없었다. 북쪽과 서쪽에는 아직 많은 선비족(鮮卑族)들이 건재해 있어서 중원(中原) 땅을 넘겨보고 있었다. 또 남쪽에도 묘족(苗族)이 진출하여 강남(江南)을 접하고 있었다. 그리고 동쪽에는 고조선이 지금의 북평(北平) 태원(太原)까지 점령하고 있었던 것이 그 시대의 형세이다.

까닭에 한족(漢族)은 주위로부터 침공해 오는 변방의 부족으로 인하여 생존의 위협을 받았던 것은 사실이다. 그러므로 한족이 자국의 생존을 위하여 한족자결을 주장했던 것도 당연한 일이다.

그로부터 한족은 동이를 침략하기에 이르렀던 것이다. 이때부터 한족은 고조선을 치고 또 고구려를 쳐서 요서, 요동(遼西, 遼東) 땅을 자국의 영토로 만들려 했던 것이다. 그러나 싸울 때마다 고구려에 패하여 오다가 끝내는 당나라 태종(太宗)이 세운 계략에 의하여 고종(高宗)때에 고구려는 멸망했다.

당나라는 고구려의 넓은 영토뿐만 아니라 고구려가 지니고

있던 모든 문화까지 탈취해 갔던 것이다. 사실상 한반도의 20
배가 넘는 영토와 문화를 가져갔던 까닭에 그들이 우리 조상
의 문물을 자기의 것이라 주장해도 어쩔 수 없었다.

이상과 같은 형세에 있었으므로 아득했던 시절에 우리의 선
조가 그들의 선조도 될 수는 있다. 이러한 현상은 한족뿐만
아니라 일본의 경우도 같다.

그 이유는 고조선이 분열되어 망명을 한 우리의 씨족이 그
곳에서 땅을 개척하고 나라를 세웠다는 역사적 고증이 많이
있음이 아닌가！

이상의 복합적인 상황으로 생각할 때 당나라는 고구려의 영
토를 차지하기 위해서는 역사를 정리하지 않고는 그 넓고 기
름진 땅을 점령할 수가 없음을 알았던 것이다. 즉, 우리가 부
동산을 소유함에 있어서 이에 대해 등기에 필요한 서류를 갖
추어야 하는 것과 동일한 이치이다.

당나라는 필연적으로 우리의 역사를 고쳐서 자기들의 것으
로 만들거나 또 윤색(潤色) 내지 각색(脚色)을 해야 했던 것이
다. 그러나 이러한 현상을 언제까지나 방치해 둘 수는 없다.

현대는 모든 국가가 그 역사를 편찬함에 있어서 실증적이
요, 또 세계성을 띠어야 하는 시대이다. 언제까지나 상고 때
에 은폐했던 역사를 그대로 유지할 수는 없는 것이다.

그러므로 우리는 그들 역사 중에서 우리에게 관련성이 있다
고 생각되는 문물은 추려서 연구를 하지 않으면 안 될 것이다.

삼략은 고려조 이래 우리에게도 무경칠서(武經七書)의 하나
로 무과(武科)에 필수과목이었다. 그러나 이조 때에 이르러
삼략은 존문천무(尊文賤武)의 사상으로 바뀌어짐으로써 무인
들도 읽지 않았다.

다만 손무(孫武)와 이위공 문답(李衛公問答) 중에서 과시(科
試)의 출제(出題)가 많이 되었으나 삼략에서는 출제가 거의 없

었다. 이런 까닭에 손무와 이위공 문답을 읽는 선비가 많았다는 것도 우연한 일은 아닐 것이다.

물론 그 시대에는 삼략서의 원천을 밝힐 수 없는 유도치하(儒道治下)라 어쩔 수는 없었다. 그러므로 유도통치 이래 우리가 그들과 싸워서 이길 수 없는 것은 당연하다. 까닭에 병자호란(丙子胡亂)과 같은 치욕을 당했던 것이다.

그것은 삼략을 보급시켜 유비무환(有備無患)의 전략(戰略)을 하지 않고 공격(攻擊)을 주로 하는 병술만을 장려했기 때문이다.

삼국 때 신라의 전사(戰史)를 상고해 보더라도 공격보다는 방위술(防衛術)에 주력했다는 것을 알 수 있다.

문무대왕(文武大王) 때는 이미 전쟁이 끝나서 병쟁기와 성지(城地)의 보수와 신축이 필요하지 않았다. 그러나 문무왕은 김유신(金庾信)장군의 청에 따라서 서해안(西海岸) 일대에 성지를 쌓고 또 병쟁기를 만들고 있었다.

당나라는 그 사실을 알고 격노하여 문무왕의 왕위를 폐하고 당나라에 입조(入朝)해 있던 김인문(金仁問)을 자기들 마음대로 신라왕으로 봉했다. 그리고는 당장 설인귀(薛仁貴)에 20만 대군을 주어서 신라를 징벌하도록 했다.

문무왕은 그 급보를 듣고 태연하여 오히려 영묘사(靈廟寺) 사원뜰에서 설수진(薛秀眞) 장군으로 하여금 육화진(六花陣)을 치는 병사 훈련을 시행했다. 설인귀는 당장 이근행(唐將 李謹行)과 같이 병사를 덕적도(德積島) 근해에 배치하고 국서를 문무왕에 올렸다.

그러나 문무왕은 그들의 청을 거절하고 성지와 병쟁기를 만드는 군국책(軍國策)을 썼던 것이다. 고구려의 유민과 백제의 유민을 무마하여 삼략에 있는 그대로 군국책을 강화했다.

당나라는 더욱 분노하여 이근행을 총대장으로 하고 설인귀를 부총관으로 하여 신라를 공격했다. 신라의 문무왕은 병사들을 보내서 이들을 총공격하여 격멸시켰다.

당나라 즉천무후(則天武后)는 독선적으로 김인문을 신라왕에 봉했던 것을 취소하고 오히려 친선의 화평사절을 보냈던 것이다. 즉 문무왕은 평소에 군국책(軍國策)으로 충분히 방위태세를 갖추었던 것이다.

또한 고구려의 영양왕(嬰陽王)이 수나라 문제, 양제(文帝, 陽帝)의 대군을 두 차례씩이나 방위할 수가 있었던 것은 이른바 군국책이었다. 이 군국책이 삼략의 군국지요책과 같은 것이다.

군국책이란 임금이 친히 군을 통솔하며, 혹은 태자(太子)와 그 밖에 병사에 능통한 신하 중에서 선발하여 위임(委任)을 맡기는 정책이다. 이와 같은 정책은 후일 대막리지(大莫離支; 宰相)에게 병마권까지 위임했던 것이다.

그러나 중국의 한나라 이래의 통치제도를 살펴보면 개부(開府：三公職)에는 무장(武將)을 참여시키지 않았다. 그러나 당나라는 태종(太宗)이 왕위에 오른 후 무장을 삼공직에 참여시켰다. 당나라의 좌복(左僕)은 병부상서로서 삼공직에 참여하도록 했다.

태종이 처음에 고구려의 연개소문(淵蓋蘇文)을 치려고 대군을 이끌고 친정(親征)을 했다. 그러나 참패를 당하고 병권(兵權)을 강화하기 위하여 무인을 개부에 참여하도록 했던 것이다.

이와 아울러 이세적(李世勣)에게 병권의 책임을 맡겨서 고구려를 침략할 병사를 준비시켰던 것이다. 이것도 하나의 군국지요책이 될수가 있으나, 공격을 하기 위한 준비에 해당될뿐 방위를 위한 시책은 아니다.

대저 병사에서 방위 아니면 공격이라, 공격 없는 방위가 있을 수 있으랴.

물론 싸움에서 공격과 방위는 모두 떼어 놓을 수 없는 병사

의 수단이다. 이러한 공격, 방위의 병사에도 이웃을 침략하는
공격과 또 침략군을 막는 방위 등 두 가지로 나눌 수가 있다.

수나라와 당나라는 고구려를 침략하기 위하여 침략 공격을
했던 것이다. 이에 반하여 고구려는 이들이 침략해 올 것을 예
측하여 사전에 그 방비를 위하여 성지를 쌓고 또 병사를 훈련
하고 병쟁기를 만들었다. 이러한 방위를 위한 정책이 군국지
요책이라 하겠다.

고구려의 병사제도가 이와 같이 방위에 주력을 두었기 때문
에 아무리 강대한 적군이 침략해 와도 성지 하나를 좀처럼 점
령하지 못했던 것이다.

삼략은 상, 중, 하로 되어 있어서 이를 해석하는 사람에 따
라서 의견이 분분하다. 그러나 삼략 원래의 목적은 군국지요
책을 달성하기 위하여 소작된 작품이다. 삼략은 성인, 현인,
지인(聖人, 賢人, 智人) 등이 없어진 쇠약한 시대에 소작된 것
이라 한다.

이상과 같은 평은 모두 삼략의 참뜻을 모르는 소문인 것이
다. 아무리 성인, 현인, 지인들이 있더라도 또는 쇠약하지 않
을 때라도, 그 나라의 완전한 체질을 갖추는 것은 명인들의 정
치인 것이다.

삼략은 많은 병서 중에서 으뜸이 되는 유일한 정략과 군략
을 겸비한 책자로서 능히 부국강병을 이룩할 수가 있는 책자
이다. 특히 삼략은 우리 삼국 때의 병사(兵事)와 같은 형태의
내용을 지니고 있는 것이다.

이러한 병사학이 일천 년간이나 저자 미상으로 오늘에 이르
기까지 석실문화로 남겨졌다는 사실은 우리 민족에게 충격적
인 사건이 아닐 수 없다.

물론 그 밖에도 저자가 미상인 작품은 헤아릴 수 없을 정도
로 많아서 현재 우리 출판계에서는 이를 출판하여 서점에 즐
비하게 진열되어 있다.

인간에게는 영혼이 있다고 한다. 그런데 그 석실문화의 주옥 같은 작품을 지은 사람이 바로 우리의 선조일진대 자기의 선조도 모르는 우리들을 보고, 선조들은 얼마나 애통해 하며 안타까와 할 것인가!

우리는 눈으로 보고 귀로 들었던 이산가족(離散家族)의 만남을 보고 울지 않았던 사람이 있었던가?

원래 인간은 신명치 못해서 영혼을 볼 수가 없는 것이 천행일 것이다. 이미 일천 삼백 년 전에 당나라가 고구려, 백제를 멸하고 우리의 많은 선조와 문물을 탈취해 갔다.

만일 그때 탈취당한 문화가 우리 선조들의 작품이었을 경우 그 선조들의 영혼들은 구천을 한없이 맴돌며 선조를 모르는 후손을 보고 얼마나 애통해 하고 있을 것인가?

더우기 당나라의 영토 층 요서, 요동, 만주 일대에는 우리 선조들이 살았던 땅이라 많은 문물을 두고 왔을 것이다. 그런데 그 일대에서 발굴된 작품이 석실문화라면 응당 우리는 귀를 기울여야 할 것이다.

마치 이것은 어떤 사람이 집을 팔고 다른 곳으로 이사를 했는데, 그 집에 새로 이사온 사람이 그 집에서 진귀한 물건을 얻었을 경우 그 물건의 유래는 그 집에 살았던 사람을 추적함으로써 찾을 수 있는 것과 같다.

그러므로 석실문화는 이상과 같은 환경에 있는 것이다. 설혹 그 문화가 아닐지라도 우리는 그 문화에 대하여 주의를 기울이는 것이 인지상정이 아니겠는가.

더우기 삼략은 고려에서 이조에 이르는 동안에 무경칠서로 묶어져서 장수들의 선재(選材)의 필수과목이 되었다. 아울러 국방을 경영하는 지침서(指針書) 구실을 해왔다.

이와 같이 나라의 흥망성쇠에 관계된 병서가 우리 선조들의 소작이었다는 것을 알았다면 자부심과 친근감을 갖는 병사를 양성했을 것이다. 또한, 그 병서가 우리 삼국 때에 선조들이

아끼고 이것을 인용해서 부국강병을 이룩했다는 역사적 사실
을 거울삼아 선용했었다면 좋았을 것이다.

그러나 고려조와 이조 때의 선비들은 삼략을 중국의 정치체
제로 거울삼아 깊이 생각했을 것이다.

원래 병사학은 실증학에 속한다. 적과의 싸움에 있어서 변
론만으로 성립될 수가 없는 것이다.

그러므로 그 시대의 정치체제와 모든 정치적 구성에 따라서
그 병서를 운영하는 까닭에 삼략의 구성(構成)은 우리 삼국시
대의 병사 운영과 같다는 것이다.

만약 고려조와 이조에서 유도일변도(儒道一邊倒)가 아니고,
병사에서 삼략을 선용했다면 몽고, 거란, 인조반정, 임진왜란
등의 침략은 능히 막을 수도 있었으리라. 그 이유는 삼략의
운영을 우리 삼국시대에 있었던 부국강병을 목표로 했으므로
당연히 그들의 속국 노릇은 안했을 것이라 믿기 때문이다.

물론 시대는 많이 변했다. 현대에 있어서 상고시대의 따분
한 삼략이 얼마나 큰 가치가 있을는지는 모른다.

그러나 삼략의 뚜렷한 주인 의식은 변화하는 사회일수록 소
중한 것이다. 더우기 삼략의 문장이나 구성이 우리 삼국의
형태와 같음에 있어서는 더욱 그렇다.

6. 세시풍속의 본질

　세시풍속(歲時風俗)과 세시기(歲時紀)는 각기 독립성을 가진 별개의 학문이요 사건이다. 세시풍속이란 일년 중 철을 따라서 행하여지는 자연(自然) 및 인간사(人間事)에 관한 행사를 말하는 것이며 세시기란 이른바 세(歲), 일(日), 월(月), 성신(星辰), 역수(曆數) 등 다섯 가지의 기강(紀綱)을 다스리는 방법 및 그에 관한 학문을 말하는 것이다. 이것을 좀더 설명한다면 우리들이 흔히 쓰고 있는 십간(十干) 십이지(十二支)를 갑자(甲子) 등으로 나누고, 또 이를 율력수(律曆數)로 통계한 천체(天體)의 학문에 속한다.

　인간이 한 가정, 사회, 국가를 영위하며 살아가려면 의식주(衣食住)에 따른 정치, 사회, 경제, 문화 등 제반 행사를 하지 않을 수 없다. 예를 들면 의식주를 해결하기 위하여 계절의 변화에 따라 봄이 오면 논과 밭에 씨를 뿌리고 가꿔 가을이 되면 그 곡식을 거두어 들여야 한다. 이와 같은 행사를 반복하는 가운데 풍속이나 관습은 필연적으로 생기게 되는 것이다.

　그러므로 세시풍속은 천체의 학문인 세시기를 기준하여 형성된 것이라 하겠다. 더우기 우리 선조들은 농경(農耕)을 중심으로 한 생활이 주였기 때문에 고대 태음력(太陰曆)을 모체로

한 세시기의 기강에 따라서 모든 연중행사가 이루어졌던 것이
다.

　세시기가 천체의 학문이요 현상임에 비하여 세시풍속은 땅
위에 살고 있는 인간의 삶을 위한 **연중**행사로 형성된 풍속이
다. 하늘과 땅은 아득한 거리에 떨어져 있지만 땅 위에 존재
하는 삼라만상의 생성변화(生成變化)가 천체와 불가분의 관계
를 가지고 있음을 간파한 우리 선조들은 세시풍속의 기강을
세시기에 기준하였다. 따라서 양자는 별개의 것이지만 결국
포리(表裏)와 같은 존재라고 할 수 있는 것이다.

　이것을 곡해하여 후대의 학자들은 세시풍속과 세시기를 혼
동하는 경향이 있는 것 같은데 이에 대해서는 뒤에 상술(詳述)
하기로 한다.

　하여튼 한 나라의 세시풍속은 그 나라의 정신의 소산이요,
문화의 소산이다. 그러므로 아름답고 선량한 세시풍속을 가진
나라는 흥하였고, 퇴폐하고 타락한 세시풍속을 가진 나라는
망하였던 것이다.

　여기에 세시풍속의 중요성이 있는 것이다. 그렇기 때문에
다른 민족이 한 민족을 침략하여 국토를 앗으면 제일 먼저 행
한 정책이 그 민족이 갖고 있는 고유의 미풍양속(美風良俗)을
말살하려 했던 것이다.

　우리나라의 가까운 역사를 돌이켜 보아도 일제침략하의 조
선총독은 우리 민족의 근간이 되는 세시풍속을 변질적하(變質
低下)시키려고 얼마나 애를 썼던가? 우리 민족을 무마시킬
흉계로서 저속한 무속(巫俗)을 권장하여 정월 명절을 위시하여
4대 명절에는 반드시 무당의 굿을 허가했던 사실을 보아도 입
증할 수 있는 것이다.

　더우기 일본인 총독은 어용하자 아오야나기(靑木) 등을 내세
워 고대 태음력에 따르는 우리 민족의 세시풍속을 연구하려고
재료를 수집한다는 미명하에 우리 학자들까지 동원시켜 우리

의 세시풍속을 조사하였다. 그런 후 미신(迷信) 행위요, 낭비
성이 많은 세시풍속이라 하여 일정한 통제하에 방임해 두었던
것이다.

또 그들은 정월 명절행사는 물론, 단오(端午) 등 각종 세시
행사에도 반드시 무당의 굿을 허락하였으며, 특히 무당을 단
군의 건국과 결부시키기 위하여 신라 때 저술된 소박한 김 대
문(金大問)의 설을 정설인양 주장하기까지 하였다.

그러면 우리 선조들이 남겨 놓은 세시풍속에는 어떤 것들이
있으며 그 내용은 어떠한가?

그런데 우리나라는 중국의 문화적 지배와 앞에서 잠깐 언급
한 일본의 통치를 받아 너무 오랜 세월을 두고 옛 선조들의
유산을 정리하지 못하였고 외래문물의 무분별한 도입으로 선조
들의 연중행사가 사라져 가는 실정에 있는 것 또한 사실이다.

대저 우리나라의 옛 세시에 따르는 연중행사 등이 기록된
문헌은 대개 삼국사기, 고려사, 이조실기 등에 총체적으로 나
와 있지만 그외에 별도로 세시풍속을 소상하게 기록한 문헌은
극히 적다.

다만 이조 말 홍 석모(洪錫謨)의 동국세시기(東國歲時記), 유
득공(柳得恭)의 경도잡지(京都雜志), 김 매순(金邁淳)의 열양세
시기(列陽歲時記) 등 몇 편이 있을 뿐이다.

그러나 이 저서 내용을 탐구하여 보면 당시의 통치체제가
중화사상(中華思想)에 젖어 조야의 선비들까지도 존경사상(尊
經思想＝四書三經)의 사조가 풍비했던 까닭에 직접 간접으로
중화적인 통치의 영향을 받아 그 이전의 고유한 우리 세시풍
속 만을 밝히지 못하고 있음이 애석한 일이라 하지 않을 수
없다.

동국세시기의 저자 홍 석모도 이 자유(李子有)에게 서문을
청탁하면서 말하기를 「중국에도 한(漢)나라 때까지는 세서풍
속을 기록한 문헌이 없었으나 남북조(南北朝) 때 양(梁)나

나라의 이부상서(吏部尙書)를 지낸 북주(北周) 사람 종늠(宗懍)
이 지은 『형초세시기(荊楚歲時記)』가 있다. 그후 중국에는 세
시기를 저술한 사람이 많다」고 한 것을 상고할 때 홍 석모도
중국 문헌을 참고한 것을 알 수 있다.

물론 중화사상에 물들었다 하더라도 고려조나 이조 때 쓰여
지던 연중행사가 모두 변질된 것을 뜻하는 것은 아니다. 그
가운데는 새로 도입된 풍조와 고유의 풍속이 혼합된 것도 있
으며 때에 따라서는 고유의 풍속을 남겨 둘 수도 있다.

이럴 경우 통치자들은 조정에서 대정대법(大正大法)으로 쓰
던 고유의 풍속을 폐지하지만 지방에는 곡법(曲法)이란 명목하
에 남겨두고 민심을 무마하는데 쓴 예가 많다.

그 실례를 들면 이조 때 조정에서는 중국의 세시행사와 똑
같은 유도(儒道)와 존경적(尊經的)인 세시행사를 지냈지만 지
방의 향교에서는 그 지방민이 즐겨 행하는 고유의 행사를 시
행하였던 것이다.

세시풍속은 시대 변천에 따라 변할 수 있는 것이다. 그리고
세시풍속은 통치자의 지도에 따라 변질될 수도 있는 것이다.
이것이 세시풍속 연구에 큰 문제가 되는 것이다.

우리나라 역사를 통하여 세시풍속을 상고하여 볼 때 앞에서
도 잠깐 언급하였지만 이조시대에는 시경(詩經), 서경(書經)
등을 위시한 존경(尊經)을 중심으로 요(堯), 순(舜), 우(禹),
무왕(武玉) 등의 대무악(大武樂)이 유행하였고 고유한 우리 민
속은 저속한 민속이라 하여 곡제(曲制)에 따라 지방 향교(鄕
校) 등에서 행사할 때에만 거행되었을 뿐이다.

이와 같은 것은 통치체제가 중화사상을 위주로 하던 시대에
그 사상의 본 고장인 중국에서 간행된 후한서(後漢書), 당서
(唐書), 북사(北史), 양서(梁書) 등에 한결같이 고구려와 백제
의 풍속을 음사(淫祠)스럽다고 기록된 것에 연유한 것일지도
모른다. 다시 말해서 이 사서(史書)들은 사당(祠堂)을 세우고

영성(靈星), 대혈(大穴) 등의 수신제(襚神祭)를 지내는 세시풍속을 음사스럽다고 하였던 것이다.

더욱 해괴한 것은 일본이 朝鮮을 침략하여 식민통치를 강행하는 과정에서 빚어진 여러가지 행사라 하겠다. 조선침략을 일으키기 전 일본은 명치유신(明治維新)이란 미명하에 서양의 태양력(太陽曆)과 문물(文物)을 받아들여 이것을 기준하여 세시행사를 개혁하였다.

이처럼 명치유신은 세계문물을 총체적으로 도입하는 좋은 계기는 되었지만 방대한 서양문물이 일본 본래의 세시행사에 어떤 영향을 끼칠 것인가는 분석 평가하지 않았다.

그러므로 결국 서양문물로 교육받은 독선적인 군인들이 통치를 장악하여 선량한 통치와 참된 세시행사가 오직 침략에 의한 영토확장(領土擴張)에 있다고 변질시켰던 것이다. 그 결과로 우리는 36년이라는 긴 세월을 일제통치하에서 쓰라린 고초를 겪으며 견뎌야 했던 것이다.

물론 우리는 당 나라가 고구려를 멸한 이래 많은 세시풍속이 변질하지 않았다고는 장담할 수가 없다. 그러나 차원높은 고유의 문화가 깃들인 우리 민족은 어떤 외래의 문물, 세시풍속이 풍비하여도 선량한 우리 고유의 행사를 일조에 말살할 수는 없었다.

이상에서 보는 바와 같이 세시풍속은 통치체제의 영향을 필연적으로 받고 있음을 우리 역사를 보거나 그밖의 외국의 역사를 보아 능히 알 수 있다.

돌이켜 보면 우리 세시행사인 가무기(歌舞技)의 형성을 상고할 때 신라의 3대왕 유리니사금(儒理尼師今)의 통치가 선정이었기 때문에 왕의 재위 5년인 서기 28년에 백성들이 스스로 왕을 위하여 도솔가(兜率歌)를 지어서 불렀으며, 또 재위 9년에는 길쌈하는 행사를 왕이 6부의 여인들을 모아 거행하였는데 이 행사 후 노래를 가배(嘉俳)의 회소(會蘇) 노래라고 하였다.

이와 같이 형성된 도솔가와 회소노래는 단순한 노래가 아니라 연중행사 중에서 이루어졌다는 점에서 고조선의 향당(鄕黨) 행사와 흡사한 것이라 할 수 있는 것이다.

또 신라의 통치 중에서는 이런 제도를 버려지 않고 계속하였으며 제 42대인 진흥왕(眞興王) 때에는 국력을 기울여 악척(樂尺) 우륵(于勒)으로 하여금 12율(十二律)의 가락을 지어 세시행사에 사용하였던 것이다.

그러므로 우리 고유의 세시풍속은 모두 진정한 의미에서 만민의 이익과 권익을 위하여 통치권자가 친히 힘을 기울여 이룩한 미풍이요 양속의 결정임을 알 수 있다.

이상과 같은 내용을 살펴 볼 때 우리 고유의 진정한 세시기와 세시행사를 알기 위해서는 상고시대(上古時代), 삼국시대(三國時代), 고려·이조시대 등 3단계로 분류하여 수집, 정리하지 않고는 가려낼 수가 없을 것이다. 만에 하나라도 우리 민속과 외래민속이 혼합된 것을 동화된 것이라고 받아 들이거나, 또는 외래민속을 우리 것이라고 오판한다면 큰 일이라고 하겠다.

물론 이조이래 오늘에 이르기까지 국고정리사업(國古整理事業)이나 고유의 민속 정리사업이 없는 이 시점에서 이런 문제를 거론하기란 지극히 어려운 일이라 하겠으나 작금에 이르러 여러 학자들이 자발적으로 세시풍속이나 민속, 민요 등을 수집하고 있어 앞날이 밝다고 하겠다.

특히 정부 및 여론이 오랜 세월동안 버려 두었던 세시풍속 내지는 문화를 보존하고 전승하려는 움직임이 근래에 이르러 대두되어 문화재 등의 유물을 보존하는데 주력하는 한편 고전문물의 국역사업(國譯事業)을 서두르는 것을 볼 때 만시지탄은 있으나 고무적인 일이라 아니 할 수 없다.

7. 세시기의 기원

세시기와 세시풍속과의 차이는 앞에서 잠깐 언급하였지만 이곳에서는 세시기의 기원에 대해서 좀더 확실히 알아 보고자이다.

세시기(歲時紀)의 기원을 보면 분명히 기(記)가 아닌 기(紀)로 되어 있다. 그러나 세시기는 천체를 연구한 전문적인 고서적(古書籍)이라 당시에도 그 책자를 설명부연하는 데 오랜 세월을 두고 많은 학자들이 동원된 것을 보면 널리 보급되지 않았던 책자라는 것을 가히 알 수 있다.

그러면 세시기(歲時紀)는 어디에서 유래된 것일까? 한마디로 말하면 세시기의 기원은 홍범구주(洪範九疇)에서 유래한 것이다. 중국 역사서의 하나인 죽서(竹書), 즉 주(周) 나라의 기록에 의하면 무왕(武王) 13년에 조선(鮮朝)에서 기자(箕子)가 가져온 홍범구주를 주 나라의 이륜(彝倫)으로 삼았다고 하였다.

그후 춘추(春秋) 때 공부자(孔夫子)가 많은 시서(詩書)를 정리 편찬하는 과정에서 이상의 사실을 그대로 서경(書經)에 수록하므로서 홍범구주는 결국 고조선의 문화임을 재확인하였던 것이다.

그러면 세시기(歲時紀》와 홍범구주와는 어떤 관계가 있는가?

홍범구주 제 4 강(第四綱)에 보면 협용 5 기(協用五紀)라는 구절이 있다. 이 5기(五紀)가, 즉 세(歲), 일(日), 월(月), 성신(星辰), 역수(曆數) 등 다섯가지를 다스리는 기강이며 이것을 고대에는 세시기(歲時紀)라는 낱말을 붙여서 사용했던 것이다.

다시 말해서 시(時)가 흘러서 날이 되고, 또 달이 되며, 나아가서는 한 해의 세월이 된다는 것을 세시(歲時)로 표현하였고 이 법도를 기강(紀綱)으로 삼았던 까닭에 세시기(歲時紀)라고 하였던 것이다.

세시를 가리는 것은 이른바 천문(天文)에 관한 천문적인 학문이므로 당시의 일반인은 범접할 수 없는 분야이었음은 말할 나위도 없다. 소위 고대의 세시기란 일(日), 월(月), 오성(五星) 등이 운행하는 위도(緯度)와 척도(尺度)를 가려서 계산하는 역수(曆數)에 의하여 세워진 것을 말한다.

따라서 세시기는 절대적(絶對的)인 성격을 가지고 있어 군왕(君王)이라도 5기(五紀), 즉 세시기의 기강만은 움직일 수 없는 것이다. 왜냐하면 세시기는 사람의 힘으로 어떻게 변경시킬 수 없는 천체에 속하는 것이기 때문이다.

이에 비하여 세시풍속은 사람의 힘으로 이루어지는 것이기 때문에 통치자의 형세에 따라 변할 수 있는 것이다.

그러면 왜 세시기(歲時紀)가 세시기(歲時記)로 표기되었던 것일까?

그것은 앞에서도 말한 바와 같이 우리의 홍 석모, 김 매순 등의 동국, 열양세시기 등은 중국 남북조 때의 종늠의 형초세시기(荊楚歲時記)를 참고로 하였기 때문이다.

그리고 중국에서 세시기가 수록되어 있는 문헌은 『예문지(藝書誌)』였다. 그런데 예문지가 기록된 연대를 살펴 보면 왕망(王莽)이 유신체제(維新體制)를 확립할 때 천하에서 수많은 율력학자(律曆學者)와 악척(樂尺＝樂工) 등을 모아서 새로운 체제로 개편하여 한(漢) 왕조를 찬탈하려던 무렵이었던 것 같다. 이런 실정이라 세시기(歲時紀)를 알 수 있는 율력서(律曆書)를 활용할 수 있는 시간적 여유가 없었다고 볼 수 있는 것이다. 더우기 율력서를 주석하고 부연한 학자들을 살펴 보면 후한(後漢)에서 당(唐), 송(宋)에 이르는 어간에 있었던 학자들의 이름이 있는 것으로 보아서 후한의 왕조는 세시기를 충분히 활용하지 못하였던 것으로 사료된다.

때문에 당시 중국 학자들도 세시기(歲前紀)를 더 이상 발전시키지 못하고 다만 세시풍속과 함께 취급하여, 그리고 역사의 기록과 같은 취급을 하여 기(記)나 지(志)자의 명칭을 사용한 것으로 볼 수도 있다.

8. 태양신 아닌 세시기숭호

이상에서 살펴 본 바와 같이 우리 민족은 그 당시부터 홍범 문화의 통치체제를 실시하여 왔으며, 또 세시기를 숭상하던 민족임을 중국 사서(史書)들은 밝히고 있다.

그러므로 우리 선조들은 태양신이나 다신적(多神的)인 세시 풍속을 숭앙하지 않았다는 역설(逆說)도 성립한다.

왜냐 하면 세시기는 과학적인 통계숫자를 바탕으로 하여 성립되어 있기 때문이다.

우리 선조들은 이미 4, 5천년 전에 통계숫자를 통하여 천체의 변화를 해득하여 태음력(太陰曆)을 사용하였고, 또 춘하추동 4계절과 24절기를 정하였다. 물론 우리 민족은 농경민족이라 농경행사부터 태동한 것이긴 하지만 근대 기업경영책과 다를 바 없는 행사 계획표를 이미 전해에 세시기를 중심하여 세워서 실시했던 것이다.

그렇다고 해서 세시기가 처음부터 보편화되었다는 이야기는 아니다. 고대의 천체학은 해득하기가 곤란하여 보편적으로 보급될 수가 없었던 것이다. 다만 천관(天官)들에 의하여 이것이 연구되고, 또 관장되고 있었으며 그들이 해득한 천체의 세시기에 따라 그해는 물론 앞날의 행사계획이 수립되었다.

이렇게 수립된 행사계획을 통치자는 온 국민에게 권장하여 이런 행사가 되풀이되고 반복되는 가운데 세시풍속으로 되어 풍속내지 관속으로 보급하게 되었던 것이다.

그러나 천관들에 의하여 세워진 행사계획이라 하여 무조건 받아들여진 것은 아니다. 백성들이 즐겨하고 잘 살 수 있는 풍속은 미풍양속(美風良俗)으로 남아서 권장을 받게 되지만 백성들에게 괴로움을 주는 행사에서 얻어진 풍속은 악풍이라 하여 배제시켰던 것이다.

이상에서 보는 바와 같이 세시기는 통치자가 만민을 다스리는 근본이었으므로 통치자도 자기 마음대로 통치하지 못하고 세시기라는 엄격한 법도에 따라 통치해야만 했다.

만약에 슬기 있는 선조들이 아니었더라면 어떻게 1년을 춘하추동으로 나누고, 또 비와 바람이 부는 때를 알며, 해가 적도와 황도를 운행하는 시간을 알며, 씨를 뿌릴 시기와 수확할 시기를 알 수 있었으랴?

특히 5기 중 율력(律曆)에 따라 1년 365일을 하루, 아니 일각도 빼지 않고 10간 12지(十干十二支)로 표기하여 행사계획을 세운 것을 보면 선조들의 슬기를 높이 자랑하고 싶은 것이다.

그런데 어찌 우리 선조들이 미신을 숭상하였으리오!

우리 선조들이 세워놓은 경영정책은 오히려 과학적인 정책이요 나아가서는 거시적인 경영방법이라 하지 않을 수 없다.

그러나 우리 조상들이 만들어 놓은 세시풍속이 후대에 이르러 음사(淫祠)하다느니, 또는 무속(巫俗)이니 하여 지탄을 받게 된 것은 결국 후손들이 선조들의 세시풍속을 지키지 못하고 외래침략을 받으면서부터 나온 말이라고 할 수 있다.

세시기에 보면 역사는 무궁하고 유구하며 인간의 생명은 짧다고 하였다. 까닭에 한정된 수명과 지혜를 가진 인간의 행사가 어찌 무궁무진한 변화를 가진 세시 경영에서 만전을 기할 수 있단 말인가?

옛글에도 이(理)는 난을 다스리는데 있고 세(勢)는 곧 성쇠

(盛衰)라고 하였다(理有治亂 勢有盛衰). 즉 미풍양속을 아껴서 부강하였던 이 겨레가 외적의 침략으로 백성은 농기구를 버리고 병기구를 들게 되니 농토는 황폐화되고 따라서 그동안 즐겨 거행하던 세시풍속을 잊어 버리게 되는 것은 어쩔 수 없는 형세이라! 더우기 싸움에 패하여 나라가 망하고 의세의 탄압을 받게 되면 모든 세시의 풍속이 타의적으로 변질됨은 동서 고금의 역사가 증명하는 바와 같다.

이와 같은 것을 상고할 때 우리의 세시풍속은 이조와 고려 세시의 풍속이 성립되기 이전, 즉 삼국시대의 세시풍속의 체계를 갖추어 그 근원을 밝히는 정리작업이 시급한 과제라고 생각할 수 있다.

만일 우리의 옛 세시기와 풍속을 밝히지 않고 그대로 방치하면 엉뚱한 방향으로 변질될 우려가 있다.

그 예를 들면 우리 민속 중 강강수월래는 그 기원이 명백하지 않아서 혹자는 임진왜란 중에 충무공의 위병술(僞兵術)로 이루어졌다는 등 근원이 애매하고 또 민속인 서도잡가(西道雜歌)에서는 우리의 율(律)에다 적벽가의 가사(歌詞)를 붙여서 부르는 괴이한 노래이다.

예술에 어찌 국경이 있으랴마는 그러나 우리 민속이라고 보존할 가치가 있을는지는 의문이라 할 수 있다.

삼국시대의 가무기(歌舞技)는 반드시 세시행사와 깊은 관계를 가지고 있는 것이 상례로 되어 있다. 그렇다면 신라의 많은 향가(鄕歌)도 모두 세시행사와 깊은 관계를 가지고 있음은 앞에서도 잠깐 언급한 바와 같다.

따라서 삼국시대의 세시기를 잠깐 생각해 보고자 한다.

9. 삼국세시고(三國歲時考)

　　고구려, 백제, 신라 등 삼국의 역사를 상고 할 때 편년체 (編年體) 구성에 있어서 세시기(歲時紀)를 인용한 흔적이 있음을 볼 수 있다. 삼국사기(三國史記)를 편찬한 김 부식(金富式)의 소론(所論)에 의하면 신라 본기(本記)는 고려조에 보존되어 있었으나 고구려와 백제의 본기는 모두 당나라에 탈취되어서 그는 송(宋) 나라에 세 차례나 들어가 옛 사료(史料)를 수집하는데 주력하였다고 한다.

　　이런 것을 생각할 때 신라 본기가 고구려와 백제의 본기보다 좀더 정확할 것이라고 판단된다. 〈물론 삼국 본기는 원래 현재의 삼국사기처럼 편년체로 쓰여졌던 것은 아니지만 김 부식 등이 중국의 사서(史書)와 대조하여 연대를 구성한 것이라고 할 수 있다. 그와 같은 편년체의 산출은 중국 사서에서는 흔히 사용했던 것이다. 일례를 들면 사마광(司馬光)의 자치통감(資治通鑑) 60권이 후대의 사가들에 의하여 무려 6백여 권으로 팽창되어 편찬되는 동시에 편년체의 구성도 역시 후대에 이르러 구성되었다〉때문에 우리나라 삼국의 건국연대는 물론 사료(史料) 등도 모두 중국의 사서와 대사(對査)하여 편찬된 것임을 김부식님도 명백하게 시사하였다.

　　그러나 앞에서 언급한대로 신라는 건국이래 사관들이 천체

(天體)의 변화와 통치권자와 직접적인 관계를 가지고 기록하고 있다는 것을 생각할 때 신라는 분명히 세시기의 기강(紀綱)을 가지고 있었다는 고증이 될 수 있다.

즉 일식(日蝕)이나 월식(月蝕), 혹은 성좌(星座＝二十八宿) 등의 변화가 있을 때는 임금은 겸허하게 두려운 마음을 가지고 모든 죄수들을 방면하는 등의 행사를 거행하였다. 이것은 세시기를 통치의 이륜(彝倫)으로 삼았던 징조라고 볼 수 있다.

이와 같이 삼국의 건국초에 세시기가 있었다면 이와 더불어 도량형(度量衡) 제도와 가무기(歌舞技)의 황종(黃鐘), 임종(林鐘)율이 있었을 것이다.

그 까닭은 세시기란 5기(五紀)의 법도를 말하는 것으로 이 5기 중에 있는 역법(曆法)을 알면 종률(鐘律)까지 알게 되는 것이 율서의 내용이다.

원래 율력서가 한 나라 예문지에 수록되게 된 경위를 보면 율력서의 서두에도 있는 것처럼 한나라 효무제(孝武帝) 북평후(北平候) 장창수(張倉袖)를 위시하여 희화 유흠(羲和劉歆) 등 종률학자 백여명을 모아서 문헌을 수집하고 이를 주석 정리할 때 얻어진 것이다. 그러므로 한 나라 초기는 물론 진 나라 때도 홍범의 경서를 가지지 못함은 사실이었다.

이에 대하여 맹강(孟康) 등은 율력서에 주석하기를 율력의 세시기는 기자가 무왕에게 말한 대법 9장으로 이것이 즉 역법의 5기라고 밝혔다(周武王訪箕子言大法九章而歲時五紀明曆法).

또 한 나라 태사 사마천(司馬遷)은 역기괴폐(曆紀懷廢)하여 절기(節氣)를 바로 잡아야 한다고 주장하였다.

뿐만 아니라 진(秦) 나라 때는 역법이 정확하지 못하여 편년체는 물론, 매삭(晦朔)의 정확한 법도를 몰랐다고 율력서에 언급하고 있다. 그러므로 도량형의 제도가 없어서 백성들은 큰 곤란을 겪었다고 하였던 것이다.

그러나 우리의 삼국 때는 중국과는 달리 천체의 일월성신

(日月星辰)을 계산하는 역법(曆法), 즉 율력서가 있었기에 나라에서 일정한 도량형 제도를 사용하여 백성들의 고통을 없게할 수가 있었고, 또 유리왕 때에는 길쌈을 하여 이것을 척수(尺數)로서 승패를 가렸던 것이다.

더우기 이 길쌈의 가위에는 회소곡의 가무기가 펼쳐졌다는 것을 보더라도 세, 일, 월, 성신(歲日月星辰)을 계산하는 5기의 하나인 율력법이 없었다고는 말할 수 없는 것이다.

물론 중국의 옛 사서에서 천체의 변화를 사관들이 기록하지 않은 것은 아니다. 다만 그들은 천체의 변화가 있으면 땅에도 이변이 있다는 것을 점치는 간접적인 해석일 뿐, 우리의 삼국 때와 같이 절대적인 기강으로 알고 왕이 이에 대하여 대책을 세우는 통치방식과는 근본적인 차이가 있는 것이다.

더우기 중국의 통치는 중화사상을 바탕으로 한 까닭에 천황(天皇), 즉 황제(皇帝)는 어떤 제도에도 구속을 받지 않는 하늘과 같은 존재로 섬겨졌던 것이다. 이와 같은 절대적인 군왕이 어찌 세시기의 기강 따위에 제약을 받을 수 있으리요. 그러므로 사관들의 기록에 천체의 변화형태가 있음은 하나의 참고 자료에 지나지 않았던 것이다.

그러나 우리나라의 통치형식은 세시기가 기강이 되었던 것이다. 이것은 고조선의 8조(八條)의 문화를 삼국이 모두 답습하여 통치에 인용한 것을 보아도 알 수 있기 때문이다.

따라서 삼국 때 형성된 세시풍속은 유도(儒道) 통치를 하던 이조 때의 세시풍속과는 근본적인 차이가 있음을 밝혀 두고자 한다.

10. 십이지(十二支)란 무엇인가?

그러면 세시기란 도대체 어떤 것이기에 역대의 군왕, 아니 천자나 학자들이 정확한 개념을 모르고 제멋대로 해석하여 백성들을 괴롭혀 왔단 말인가? 우선 그 내용을 알아보자.

한 나라 예문지를 보면 세시기, 즉 5기를 아는 기준은 누구나 지레 짐작으로 하는 것이 아니라 일정한 기강이 있다고 하였다. 물론 이에 대한 전문적인 분야는 천문학을 전공하는 이른바 군왕의 천관(天官) 등이 관장하게 되어 있어서 그 분야의 지식을 설명하기는 어려우나 다만 세시기를 형성하는 개념만을 설명하기로 한다.

첫째, 세(歲)라는 것은 세월의 흐름을 뜻하며 첫번째 간지(干支)의 갑자일을 세수(歲數)의 천통(天統), 세수가 갑진 날을 지통(地統)이라고 한다. 이런 역수(曆數)의 법도(法度)를 세시법에서 기(紀)라 부른다.

이렇게 계산된 세의 수가 30일 때를 한달로 정하며 또 열두 번 차면 이것을 1세(一歲)라고 한다.

물론 1세 중에는 다소 복잡한 10간 12지로 계산하고 또 이것을 절기로 나누어 구분하는 것도 있지만 이와 같은 법도는 우리가 오랜 세월을 두고 연중행사를 반복하는 가운데 스스로 더득한 것이다.

둘째, 일·월·성신(日月星辰) 등이다.

일(日), 즉 해는 황도(黃道), 적도(赤道)로 나누고 또 달(月)은 매삭(晦朔)으로 나누고 성신(星辰)은 28숙으로 동서남북으로. 나누고 있다.

셋째는 역수(曆數)이다.

역수란 이상의 천체의 현상을 알고 위도(偉度)를 헤아리는 것으로서 홍범의 5행(五行)을 원리(原理)로 하여 황종(黃鐘), 임종(林鐘)의 율(律)을 가려 그 생성변화의 기준을 10간 12지로 표시한 것을 말한다.

더우기 역수는 식화지(食貨誌)의 도량형(度量衡)과 가무악(歌舞樂)의 율까지를 동시에 제정하였던 것이다. 때문에 율력(律曆)을 알면 가무악의 척도를 알게 되고 뿐만 아니라 도량형의 제도를 동시에 알게 되며 이것을 기준하여 통치를 하게 되면 만민은 통치자의 제재를 받지 않고 즐거운 연중행사를 할 수 있는 것이다.

또 일 월 성신(日月星辰)에 대하여는 천문지(天文誌)란 법도가 있다. 물론 중국에도 맹강(孟康)과 감석(甘石) 등의 천문학자가 없었던 것은 아니다. 그러나 이들의 천문지는 점(占)을 치는 방법으로 많이 사용되었던 것이다.

그 예를 보면 한 나라 때도 전한(前漢), 후한(後漢)을 막론하고 역대 통치자는 천관을 두고 천체의 변화를 추정하는데 힘을 기울인 것은 사실이다. 그러나 그 천관들은 천체의 기강을 엄밀하게 세우지도 못하였을 뿐만 아니라 천체의 변화에 통치자들이 자숙하거나 또 계약을 받기 보다는 오히려 천체를 빙자하여 백성을 계약하는 방법으로 사용되었던 것이다.

많은 사서(史書)의 기록에 나와 있는 것처럼 한 낮에 혜성(慧星)이 나타나기라도 하면 전쟁 등 불길한 징조가 있을 것이라고 하여 성벽의 수축, 혹은 과중한 세금을 부과하여 백성들만이 골탕을 먹기가 일쑤였다.

이러한 예는 고려조와 이조의 풍조에도 같은 형태를 이루고
있다. 그 까닭은 고려조와 이조에 와서는 우리 선조들이 즐겨
쓰던 세시기를 버리고 중화사상을 위주로 하는 중국의 통치형
태를 모방하고 있었기 때문이다.

따라서 선조들이 사용하던 세시기와는 다른 정치풍토가 조
성되고 나아가서는 다른 세시풍속이 조성되고 말았던 것이다.

홍범 구주의 3강에는 8정(八政)이란 제도가 성문화(成文化)
되어 있는데 그것은 통치를 하는 군왕이라도 제약을 받게 하
는 법문(法文)이다.

이 8정의 내용을 간단히 살펴보면 첫째는 식(食)으로 의식
주를 족하게 하는 것을 강조했고, 둘째는 재화(財貨)로서 백성
들의 경제를 편리하게 도모하는 방법으로 재화의 유통을 말하
였다.

셋째는 사(祀)로서 제사(祭事)를 말하였다. 삼국 때는 제사
하는 사당(祀堂)이 많았는데 제사하는 법도를 중국의 사서(史
書)에서는 음사(淫祠)라고 비꼬아 말하였다.

그러나 이 사당에 제사를 하는 풍토는 그 유래가 홍범의 세
시행사에서 유래한 풍속인 것이다.

이것을 한 나라 이래의 중국의 사서는 고구려에는 사당이
많고 또 제사를 하는 법도가 있어 음사(淫祠)라는 말을 썼지
만 이는 홍범 구주의 기강을 모르고 있었기 때문이라고 할 수
있다.

물론 세시기는 연중행사를 결정하는 대망(大網)이지만 행사
의 방법은 이상에서 본 바와 같이 홍범 구주를 기준하여 거행
하였다.

이왕 중국의 사서에서 음사스럽다는 낱말이 나왔으니 정말
홍범이 음사스러운 것인가를 좀더 밝혀 보자.

홍범의 제 2 강에는 사람으로서 행해야 하는 기강도 명문화
되어 있다.

164

즉 경 5사(敬五事)라는 구절이다.

5사의 형태를 보면, 첫째는 모(貌)이다. 모는 흔히 우리가 말하는 자세, 용모, 표정, 행동 등으로 볼 수 있는데 이것은 자신의 행동이 제삼자에게 추악하거나, 거만하거나, 또는 비굴하지 않을 것을 가리키는 것을 말한다.

둘째는 언(言)이다.

언어는 자신의 의사를 표시하는 수단으로서 기록으로 남기는 문장과 더불어 의사를 전달하는 수단이다. 그러므로 언어가 거칠거나 조잡하면 상대방에게 불쾌감을 던져 준다.

셋째는 시(視)이다.

시(視)이란 눈으로 보는 것을 말하는 것이며 현대 말로는 시각(視覺)을 뜻한다. 즉 눈으로 보는 시각이 총명치 못하면 사물을 올바로 인식하고 정당한 판단을 할 수가 없다.

넷째는 청(聽)이다.

청(聽)은 현대어로 말하면 청각이다. 만일 듣는 것이 명백치 못하여 남의 말을 잘 듣지 못하거나 또는 듣고도 금새 잊어 버리면 사리판단을 올바로 할 수가 없는 것이다.

다섯째는 사(思)이다.

사람의 마음에 어떤 인식을 가지고 있는가를 헤아려 보는 것을 생각이라 한다. 생각을 심사숙고하지 않고 되는대로 하는 자는 실패가 많다. 또 생각이 깊고 안정되지 못하면 그 사람의 생각은 불안한 상태를 벗어나지 못한다.

이상의 다섯 가지 교육방침은 홍범 제2강에 있는 기강인데 이러한 기강 아래에서 선량한 교육을 받은 우리 선조들의 풍속을 음사(淫祠)라고 쓸 수 있으리오.

중국문화의 발상이라고 할 수 있는 춘추 때 공부자(孔夫子)도 논어(論語)에서 정치를 식이위천(食而爲天)이라고 하였지만 그 정치관도 따지고 보면 홍범 3강을 기준한 것이며, 또 교육에 있어서는 홍범 2강에 미치지 못하는 것이다.

더우기 중화사상이 극치에 이르고 모든 문물제도가 완벽했던 송나라에 이르러서는 고조선의 홍범문화를 재현한 듯한 인상마져 풍긴다.

이 무렵 많은 학자들은 홍범문화를 소위 기자(箕子)의 8 조문화(八條文化)라는 명칭을 써서 홍범문화를 중화문화로 동화시키려고 노력하였던 것이다.

그러나 홍범문화가 중화문화에 동화되기는 커녕 오히려 부작용을 일으켜 결국은 체질의 약화를 초래하여 송나라는 쇠망을 재촉하는 결과를 가져 왔던 것이다.

이와 같이 우리 선조들이 이룩한 세시기는 홍범구주와 표리일체가 되어 만들어진 세시풍속이었다.

그러므로 고대의 우리 세시기가 홍범문화를 터득하지 못하고 고대의 풍속을 해석한다는 것은 어려운 일이라 하겠다.

그러면 여기에서 우리 선조들이 사용하던 10간 12지란 무엇인가를 좀더 알아 보기로 하자.

고대 생활에서는 세, 일, 월, 성신을 음력으로 계산하고 이 율력을 계산하는 방법으로 10간 12지를 사용하여 소위 천체(天體)를 통활하는 법을 천통(天統)이라 하며 10간 중 첫번째의 갑자(甲子) 일을 말하고 또 천체의 상대성 원리를 받아서 변화하는 땅은 12지(十二支)로 정하여 5 수에 해당하는 갑진(甲辰)날을 이른바 지통(地統)의 날이라 한다. 또 이상의 통솔 외에 사람은 하늘과 땅의 영향을 받고 변화생성하는데 그 수를 3 수인 갑인(甲寅)날을 인통일이라 하여 연중행사는 전기의 3 자가 모두 조화될 수 있다는 것이다.

이와같은 까닭에 지통(地統), 인통(人統), 천통(天統) 등의 3 개의 수가 조화를 이루어 첫번째의 날을 기(紀)라고 부르며 이것을 이른바 세시기(歲時紀)라고 이름한 것이다.

무릇 율력서에 따르면 1년 3백 65일을 황종률(黃鍾律), 임종률(林鍾律)로 나누며 이것을 음률(音律)의 성장쇠망(成長衰

亡)과 비유하여 그것을 10간 12지로 표시한 것이다.

또 1년을 24절기인 입춘(立春), 우수(雨水), 경칩(驚蟄), 춘분(春分), 청명(淸明), 곡우(穀雨), 입하(立夏), 소만(小滿), 망종(芒種), 하지(夏至), 소서(小暑), 대서(大暑), 입추(立秋), 처서(處暑), 백로(白露), 추분(秋分), 한로(寒路), 상강(霜降), 입동(立多), 소설(小雪), 대설(大雪), 동지(多至), 소한(小寒), 대한(大寒)으로 제정한 것은 농사에 있어서는 적절한 지표요 또 알맞는 구분이라 할 수 있는 기강이다.

물론 이상의 24절기는 모두 율력에 제정한 천체의 변화를 풀이한 것으로서 농경사회에 있어서는 한 절기 혹은 하루라도 소홀히 할 수 없는 것이다.

그러나 홍범의 세시기에 따르면 이상의 24절을 축소하여 8절기로 나누어 이 절기의 세시행사를 중점으로 거행한 흔적이 있다.

따라서 고대의 8절기를 중심으로한, 즉 동지(多至), 입춘(立春), 입하(立夏), 하지(夏至), 입추(立秋), 추분(秋分), 입동(立多)의 계절을 중후한 세시행사로 거행한 것으로 풀이된다.

이에 대하여 송 나라의 주희(朱熹)도 1년 365일을 홍범의 율력서대로 99원수도(九九圓數圖)로 계산하여 이상의 8절기의 숫자(數字)를 산출한 것은 역시 율력서의 세시기 계산방법과 동일한 것이다.

그 예를 보면 99원수도(九九圓數圖)의 계산에서 동지는 99와 11수의 두개의 형태가 되고 또 입춘은 22, 춘분은 33, 입하는 44, 하지는 55, 입추 66, 추분이 77, 입동은 88수가 산출된 것을 볼 수 있다.

다음의 도표에서 볼 때 동짓날은 99라는 가장 높은 음양의 숫자를 가졌지만 이와 동시에 양(陽)이 처음으로 발생하는 날이기도 하다.

까닭에 동짓날은 가장 긴 날인 동시에 또한 양(陽), 즉 凹

는 앞으로 점점 길어지는 두 개의 현상을 나타내는 날이라 하
겠다. 따라서 동짓날은 태음(太陰)을 상징한 노인과 또 소양
(少陽)을 상징한 어린애의 두 얼굴을 가진 날이 즉 동짓날이
라 하겠다.

11. 삼국의 세시행사

그러면 이제 삼국시대의 세시기를 상고해 봅시다. 삼국시대의 세시풍속을 살펴 보면 명문(名文)으로 세시기를 채택한다고 하는 기록은 없다. 하지만 편년체의 구성에 있어서 엄격한 세시풍속을 답습했던 것은 찾아 볼 수가 있다.

그리고 삼국은 각기 다른 왕을 섬기는 나라인데 어떻게 해서 그 체제가 동일하며, 또 같은 핏줄의 형제국이라고 할 수 있겠는가 하는 의문이 생길 수도 있다.

그 말은 바꿔 말해서 어떻게 삼국은 모두 종묘사직(宗廟社稷)을 받드는 세시풍속이 동일하게 되었는가 하는 의문이다.

그러나 삼국시대를 잘 관찰해 보면 삼국은 삼국이 건립되기 이전에 있었던 상국(上國)을 의식하고 있고 그 상국의 혈통을 계승한 것을 건국기(建國記)에 명백히 밝히고 있는 것이다.

신라는 분명히 조선(朝鮮)의 유민이라 하였고 또 박혁거세가 승하한 후에는 사당(祠堂)을 세우고 이곳에 종묘와 사직에 대한 제사를 지냈다.

한편 고구려는 주몽이 스스로 상국의 황제 혈통인 해모수(解慕數)의 아들이라 하였다. 물론 이것은 상국이었던 나라 왕의 핏줄을 계승했다는 말이 된다. 당시 상국이 고조선(古朝鮮)인지도 모르지만.

그리고 고구려도 주몽이 승하한 후 사당을 세우고 종묘사직의 제사를 지냈던 것이다.

백제는 고구려와 같은 부족으로 온조왕이 세운 나라인데 건국후에도 주몽의 사당과 시조 등 두 사당을 세우고 제사를 지냈던 것이다.

그러므로 삼국은 모두 같은 이념의 체제를 가진 나라가 정립(鼎立)한 것이라고 할 수 있다. 다만 당시의 상국이 고조선이었는지, 아니면 고조선 이후에 일시적으로 세워졌던 나라인지는 분명치 않으나 그 유래를 따져 보면 모두 고조선의 정치체제를 갖추고 있는 나라들인 것만은 분명하다.

때문에 삼국의 세시기와 세시풍속은 동질성(同質性)을 보이고 있다.

12. 전쟁과 세시풍속

　전한(前漢)의 사마천(司馬遷)은 사기(史記)에 기록하기를 진(秦)나라 시대는 세시기(歲時紀)가 폐지되어 없었다고 하였다. 즉 세시기가 없었다는 것은 이른바 세시행사가 없었다는 것과 같은 뜻이다. 이것을 후대 학자들은 그의 글을 확대 해석하여 춘추 이래 세시기는 있었으나 전국시대에서 진(秦)나라에 이르는 동안에는 어진 임금이 없어서 옛날 성왕(聖王)이나 성현(聖賢)들이 만들어 놓은 세시기에 따르는 세시행사를 실행하지 못하여 폐지했다고 주장한다.

　그러나 이 설(說)은 아전인수격(我田引水格)인 변명은 될 수 있을지 몰라도 보편 타당한 설은 못된다.

　만일에 한나라 이전에 세시행사를 세시기에 맞춰서 통치하였다면 무슨 까닭으로 한나라에 이르러 당시 동이(東夷)에 정통한 북평후 장창수(北平侯張倉袖)를 초대하고 또 유향(劉向) 등 많은 학자들을 모아서 율력서 등을 주석(註釋)하기에 급급했단 말인가?

　사실 한나라 이전 진나라 때는 강력한 힘의 통치체제일 뿐 세시기에 의한 세시행사는 감히 엄두도 내지 못하고 있었던 것이다.

　그러므로 사마천은 진나라의 역수(曆數)를 논할 때 매삭(晦

朔)도 정확하지 않은 것이라고 하였다.

이상의 경우는 세시기를 골라서 세시행사를 사용하지 않은 경우로 볼 수 있지만 우리나라 삼국의 경우는 전혀 다르다. 그 것은 한 마디로 전쟁으로 인한 세시행사의 폐지이다.

어느 나라던 전쟁이 일어나면 농쟁기를 버리고 병쟁기를 들고 적군과 싸워야 하며 또 온 백성들의 과중한 비용을 부담해야 하고 부역(賦役)에 시달려야 하니 평상시의 세시행사는 잊혀지게 되는 것이다. 그러므로 전쟁은 세시행사를 정지시키는 큰 원인이 되는 것이다.

삼국시대의 실정을 살펴 보면 건국초로부터 분열된 열국(列國)을 제압하여 건국하기 위하여 싸움에 여념이 없었을 것이다. 그 이후에는 고구려, 신라, 백제 등 삼국의 정립(鼎立)에서 오는 권익(權益)과 영토(領土)의 분쟁이 기화가 되어 싸우지 않을 수 없었던 사례(史例)도 많다.

그러나 삼국의 전쟁은 어디까지나 국한된 지역에서 제한된 싸움이었기 때문에 세시행사를 전폐(全廢)한 시대는 삼국사기에서 거의 찾아 볼 수가 없다.

그렇지만 중국의 세력이 확대되어 동침(東侵)을 시작했을 때는 막강했던 고구려도 온 나라 전체가 이에 대항하였기 때문에 세시행사의 일부가 중단되었던 사실을 엿볼 수가 있다.

그 예를 고구려 본기에서 찾아 보면 고구려 11대 동천왕(東川王) 재위 20년(서기 246년) 8월에 위(魏)나라의 유주자사(幽州刺使) 모구검(母丘儉)의 침략으로 고구려는 한 때 북부지방에서 고대의 세시행사의 일부가 정지되었고 또 고구려 26대 영양왕(嬰陽王) 재위 23년에 수(隨)나라의 1백 13만 대군이 침략하여 고구려는 흥망(興亡)을 가름하는 대전쟁을 위하여 또한 세시행사를 일시 중단했던 것이다.

그러던 가운데 수나라가 망하고 당(唐)나라가 들어서 당 태종(太宗), 당 고종(高宗) 등은 침략의 양상을 달리하여 동방 삼국을 침탈하는 술책(術策)을 쓰기에 이르렀다. 왜냐하면 중국이 동이(東夷) 침략의 과거 방법이 모두 실패로 돌아갔기 때문이다.

즉 진(秦)나라의 몽염(蒙恬) 장군이 40만 대군을 이끌고 동이와 북융(北戎)을 침략했지만 패전의 고배를 마시고는 할 수 없이 만리장성(萬里長城)을 쌓고 동이와 한족(漢族)의 지경(地境)을 밝히는 수 밖에 없었다.

또 한 나라 고조(高祖) 유방(劉邦)은 천하의 영웅호걸을 무마한 이른바 인벌살기(人閥殺氣)로 천하를 얻은 군왕으로서 그 패기(覇氣)를 자랑하여 일거에 동이와 북융의 선비(鮮卑)족을 치려했지만 동이의 자그마한 부족에 지나지 않는 선비국 출신의 모돈(母頓) 단우(單于)에게 패하여 오히려 선비국의 풍속을 존중하는 글월과 왕녀 또는 조공(朝貢)을 바쳐서 무마했다.

이밖에도 동이 침략은 수없이 되풀이 되었지만 한족은 그때마다 패퇴하였다. 그 직접적인 원인은 바로 동방제국의 세시풍속이 선량하여 임금을 위시하여 온 백성이 일치단결하고 있었기 때문이다.

이런 것은 당 태종이 이정(李靖·李衛公)과 고구려를 치기 직전에 문답(問答)한 내용에서도 엿볼 수 있다. 그 문답의 범위가 한민족이 유사이래 다른 민족과 싸운 전술을 위시하여 국내의 흥망성쇠에 대한 전술까지도 모두 거론하고 있음을 볼 때 당시 당 태종이 고구려를 침략하는데 얼마나 큰 관심을 가졌던가를 알 수 있다.

특히 그 가운데서 중요한 제갈량(諸葛亮)의 전술과 그의 동이관(東夷觀)에 대한 문제이다.

제갈량의 동이관에는 병력의 강함보다는 세시풍속이 선량하여 침공할 수가 없다고 하였다. 즉 동방의 나라는 그 성품을 볼 때 예절이 돈후하고 대의가 있으며 임금이나 나라를 위하여 잘 싸운다(東夷之性 厚禮大義 捍急能).

또 왕과 대신, 그리고 백성들 사이는 화목단결하여 백성들
은 평안하게 즐기고 있기 때문에 감히 침략을 할 수 없다고
한 것이다(上下和睦 百姓安樂 未可圖也).

이 글을 볼 때 제갈량도 예리한 병쟁기, 혹은 막강한 군대
보다도 그 나라의 세시풍속의 선량함이 보다 무서운 존재라는
것을 간파하고 있었던 것이다.

어찌 세시풍속의 진(眞), 선(善), 미(美)를 갖추지 못하고
왕과 백성이 화합할 수 있으랴! 그러므로 백성들의 안락에는
반드시 선량(善良)한 세시풍속이 권장되는 것이 필수요건이라
하겠다.

이것을 간파한 당 나라 태종은 고구려를 침략하기 위하여
군대를 동원하기에 앞서 고구려, 백제, 신라 등 삼국의 세시
풍속을 그릇되게 만들어서 임금과 신하, 그리고 백성들 사이
에 불신(不信)과 사치(奢侈), 또는 낭비를 조장하기 위하여
이간술(離間術) 내지는 간첩술(間諜術)을 사용했던 것이다.

그러므도 태종, 고종 등은 군국책(軍國策)을 써서 병사를 동
원하여 고구려 접경에 보내서 복병을 해놓고도 이와는 반대로
친선사절(親善使節) 및 문화교류 등을 내세워 자신들은 꺼리는
5두미교(五斗米敎)와 불도(佛道)를 권장했던 것이다.

이렇게 해서 당 나라는 숙달(叔達)이란 도인(道人)을 고구려
에 보내고 또 이현장(里玄奬)을 다시 보내서 고구려의 내정을
탐지하려 했던 것이다.

이런 책략도 모두 제갈량(諸葛亮)의 심서(心書)에 있는 그대
로 먼저 고구려의 선량한 세시풍속을 파괴하는 전술이라 하겠
다.

당 나라의 이와 같은 전술이 성공을 거두어 백제의 의자왕
(義慈王)은 본래의 세시풍속을 잃고 사치와 방탕으로 세월을
보내는 한편 살생(殺生)을 꺼려서 마침내는 병쟁기에 녹을 슬
게 하여 나당연합군(羅唐聯合軍)에 무릎을 꿇었다.

또 고구려도 연개소문(淵蓋蘇文) 같은 영웅이 있을 때는 이른바 당 나라의 문벌책(文伐策＝間諜戰術)쯤은 능히 막아낼 수 있었다.

그러나 일세의 영웅 연개소문이 간 후로는 거센 당 나라의 문벌책을 막을 길이 없었고 또한 그 아들 남생(男生)과 남건(男建)의 불화로 전래의 미풍양속은 모두 개폐(改廢)되었고 마침내 남생은 골육상쟁(骨肉相爭)의 거센 파도를 만들어 자신은 적장인 당 나라 이세적의 말발굽 앞에 무릎을 꿇었다.

이리하여 벽제, 고구려가 패망함은 물론 오랜 세월을 두고 선조들이 선량한 세시행사로 가꾸어 왔던 기름진 땅도 모두 적국이 탈취하는 바가 되었다.

이상은 삼국시대의 고구려, 백제의 경우로서 세시행사가 전쟁으로 정지(停止) 혹은 폐지된 것을 뜻하는 것이다.

이런 예로 볼 때 과거의 정치가들은 선량한 세시풍속을 얼마나 존중했는가를 알 수 있다.

그러므로 명석한 모사(謀士)는 적을 침공하려 할 때 먼저 적국의 세시풍속을 소상하게 조사하였으며, 또 그 조사를 토대로 하여 적국에 잠입하여 선량한 풍속은 적국이 스스로 개폐(改廢)하도록 하는 것을 유능한 모사라고 하였다.

촉(蜀)의 제갈량, 당 나라의 이정 등이 모두 탁월한 명장 혹은 명인이라고 전하여지는 것은 모두 눈에는 보이지 않지만 세시의 풍속으로 그 나라의 통치의 척도를 가릴 수 있었던 까닭이다.

그 당시 가장 적은 나라요, 미약했던 신라가 망하지 않고 오히려 삼국을 통일할 수 있었던 것은 무열왕 김 춘추와 김 유신 장군의 특출한 슬기에도 있겠지만 선량한 세시풍속을 잘 지킨 것이 큰 원인이라 할 수 있다.

그 이유는 당시 당 나라 고종(高宗)이 백제를 평정한 문벌책으로 문도와 선도(仙道) 또는 방사(方士)를 보내 신라의 국체(國體)를 유약(柔弱)하게 만들어 어느 시기에 이르러서는 병합(併合)하려는 술책(術策)을 썼었다.

이러한 나라의 문벌책(文伐策)을 이미 알고 이 술책을 역이용(逆利用)한 것이 신라의 김 유신 장군이다.

장군은 일찌기 당 나라의 소정방과 연합하여 백제의 도성(都城)을 공략할 때 당장 소정방(蘇定邦)이 김 유신과 신라군의 군기(軍氣)를 꺾기 위하여 며칠간 약속을 어겼다는 이유로 신라군의 선봉장 김 문영(金文穎)을 처형하여 김 유신의 사기(士氣)를 꺾으려 하였다.

그러나 김 유신은 신라군의 군기(軍氣)가 당 나라에 의하여 저하되는 것은 결국 신라의 군기(軍氣)가 꺾이는 것임을 알고 이에 항거하여 오히려 당장 소정방의 전횡(專橫)을 제압할 수 있는 신라군의 권위를 높이었다.

신라와 당 나라는 이때부터 나라의 주권을 둘러싸고 마찰과 알력이 생겼다. 결국 당 나라는 고도한 문벌책을 써서 불교, 선도, 방술 등을 신라에 권장하여 신라 고유의 미풍양속(美風良俗)인 세시행사(歲時行事)를 폐지하고 병쟁기를 버리고 허무적멸(虛無寂滅)을 노래하며 살생(殺生)을 꺼리는 유약한 사상으로 변질시킬 것을 획책했다.

그러나 명장 김 유신은 당 나라의 이러한 술책을 알고도 불교, 도교, 방술 등을 모두 받아 들이고는 이들을 설득하여 호국(護國)에 이바지하는 방책을 썼던 것이다.

그래서 이들에게도 모두 병쟁기를 들게 하며 또 화랑도(花郎道)의 미풍을 육성하고 나아가서는 민족 전래의 미풍과 양속을 권장하여 세시행사를 더욱 강력하게 밀고 나아가 산성(山城)의 수축(修築)을 위시하여 강력한 군국책(軍國策)을 강화했다.

그 사례(史例)를 들면 문무왕(文武王) 재위 15년(서기 675년) 아손(阿飡) 설수진(薛秀眞)에 명하여 영묘사(靈廟寺)에서

6진병법(六陣兵法) 놀이를 시범하여 이것을 화랑도의 세시행사로 했던 것이다.

이런 까닭에 신라의 승려, 도사, 방사는 하나의 종교인이 되기 이전에 신라 고유의 미풍양속을 터득하며 병쟁기를 들고 적과 능히 싸울 수 있는 신라인이 되었던 것이다.

이것을 5교정중쟁명(五敎鼎中爭鳴)이라 할 수 있다. 즉 신라 고유의 두 종교와 유불선(儒佛仙) 등 다섯 종교가 솥가운데서 밥을 짓기 위하여 소리를 내며 울고 있다는 것으로 결국은 신라의 앞날을 위하여 다섯 종교는 그 교파(敎派)를 떠나서 같은 힘을 다한다는 뜻이다.

그래서 당 고종은 임윤법사(淋潤法士)를 보내서 달래다 못하여 이 근행(李謹行)에게 10만 대군을 주고 신라를 평정하라고 하였지만 결국 문무대왕의 강력한 병사는 이를 맞아 일거에 격멸을 하였다.

또 당 나라는 신라가 자기들 책략(策略)에 잘 말려들지 않는다고 일국의 왕위를 당 나라인 자기들 마음대로 왕위까지 찬탈하려 한 것은 지나친 폭악무도한 행동인 동시에 실로 분노를 금할 수 없는 처사라 할 수 있다.

이처럼 선량한 세시풍속은 그 나라의 흥망성쇠(興亡盛衰)를 판가름하는 중대한 행사라 할 수 있다.

즉 세시풍속을 폐하거나 혹 이를 멋대로 고치면 그 나라의 장래를 크게 우려(憂慮)하게 되는 것으로서 삼가하여야 할 것이다.

13. 종교와 세시행사

 무릇 종교는 세시행사를 약화(弱化) 내지 개폐하게 하는 원인중 하나이다. 그러므로 고대의 중국과 우리의 경우도 종교가 전하여진 이래 백성들의 세시풍속은 물론, 나라의 세시행사까지도 변한 예를 흔히 볼 수 있다.

 그러면 먼저 우리나라 삼국이 건국하던 당시의 세시행사와 그후 불교, 도교 등이 전하여진 이래의 풍속을 상고하여 이를 해부해 보기로 한다.

 첫째, 삼국의 건국 초 고구려, 신라, 백제 등 삼국의 건국 초에는 모두 같은 형태(形態)의 세시행사로 볼 수 있다.

 즉 삼국본기의 문헌을 보면 나라에는 시조(始祖)를 제사하는 사당(祠堂)을 세우고, 농사에는 역수(曆數)를 사용하며 농경(農耕)의 방법은 전정제(田井制)에 의한 것이며, 도량형(度量衡) 제도가 있었다는 점, 그리고 천사상(天思想)에 있어서는 일・월・성신・세(日月星辰歲) 4자를 모두 역수(曆數)로 계산하여 이것을 믿으며 그 신앙(信仰)의 척도(尺度)는 만민(萬民)은 물론 임금까지도 동등(同等)하게 믿었던 것이다.

 그래서 천체(天體)의 이변, 즉 해・달 등의 일월식(日月蝕)만 있어도 임금은 자신의 통치가 잘못된 것을 참회하고 나라의 부고(府庫)에 있는 양곡(糧穀)을 불우한 백성들에게 나누어 주고 또 죄수(罪囚)를 방면하는 행사를 하였다.

그밖에 명산대천(名山大川) 등지에서 천지(天地) 제사(祭祠)를 지내는 행사를 역법(曆法)으로 규정하여 거행했다는 것 등 고구려, 신라, 백제 등이 모두 동일한 세시행사(歲時行事)로 되어 있음을 삼국사기의 문헌에서 찾아 볼 수가 있다.

또 가악(歌樂)에 대해서는 삼국사기에 별도로 기록한 바는 없지만 고구려 본기(高句麗本紀)에 의하면 2대 유리왕(瑠璃王) 재위 2년(서기전 18년)에 왕은 치희(雉姬), 화희(禾姬)가 서로 질투하여 싸우다가 치희가 죽자 그녀를 사모하여 지었다는 황조가가 있으며 또 신라의 경우는 3대왕 유리니사금(儒理尼師今) 재위 5년(서기 28년)에 임금의 선정을 찬양하는 도솔가(兜率歌)를 백성들이 지어 불러서 통치의 척도(尺度)를 가렸고, 동왕 재위 10년경에는 8월 15일 길쌈의 승부를 가리는 것을 척도(尺度)로 하였고 이에 따르는 세시행사로서 회소곡(會蘇曲)이 제정되어 행사에 춤과 노래가 펼쳐졌다는 내용이다.

이상의 문헌으로 보아서 나라의 연중행사를 선악으로 가리는 척도를 역시 백성들의 가무악(歌舞樂)으로 하였고 또 가무악 그 자체도 역시 척도(尺度)로 가렸다는 것은 어쩌면 향가(鄕歌)의 형태와 같다.

이상이 고구려, 신라, 백제 등 삼국의 통치형태로서 이에 따르는 기강(紀綱)을 세시기(歲時紀)를 위주로 하여 모든 연중행사를 거행한 것으로 사료된다.

그러므로 건국 초에서부터 유·불·섬(儒佛仙) 3교(教)가 도입되기까지에는 역시 세시기를 중심으로한 신앙(信仰) 시대로 볼 수 있는 것이다.

물론 세시기는 당시 임금의 천관(天官) 등이 전담하는 전문적인 분야라 일반 서민층에는 널리 보급될 리가 없었던 것은 사실 1다.

그래서 세시기를 소상하게 모르는 서민층에서는 세시기의

행사에 해당하는 일·월·별·역수, 즉 10간 12지(十干十二支) 등이나 또 명산대천(名山大川) 등이 신앙의 대상이 되었던 것 인데 이것을 후대 학자들이 태양신, 혹은 7성(星) 등을 믿는 다신적(多神的)이라고 하지만 그 실은 세(歲)·일(日)·월(月)·성신(星辰)·율력수(律曆數) 등 5기(五紀)를 신앙의 대상으로 하고 있었던 것이다.

이처럼 삼국이 건국한 이래 시정백반(施政百般)은 물론 세시풍속까지도 이를 기준한 통치형태로 되었다.

그러나 고구려 17대 소수림왕(小獸林王) 재위 2년(서기 371년) 전진(前秦)의 부견왕(符堅王)은 중(僧) 순도(順道)를 보내 불상(佛像)과 경문(經文)을 보내왔고 그것이 연유가 되어 불도가 동방에 처음으로 받아들여졌다. 그리고 이것이 백제와 신라에도 불도가 전하여지게 된 계기가 되었다.

당시에 불도를 권장하던 방법을 보면 중국 중원(中原)에서 강력한 세력을 가진 진 나라의 부견(符堅)은 그 권위를 내세워 사신(使臣)을 겸하여 중 순도(順道)를 고구려 소수림(小獸林)왕에게 보냈다.

그리고 불사(佛寺)를 세우고 대궐안에 도장(道場)을 만들어 이 도장에서 왕궁을 위시하여 신하들까지도 설법(說法)을 들었다. 이것을 이른바 내도장(內道場)이라 한다.

이러한 형태는 벽제, 신라의 경우도 마찬가지여서 마치 불도의 권장을 통치자가 하는 격이 되었다.

이런 까닭에 불교를 도입하자 자연 승려들이 왕가와 권좌에 있는 자들에 접근하여 모사(謀士)의 역할까지 하여 왔던 것이 당시 삼국의 실정이었다.

이런 이유로 세시행사에서도 그 일부나 혹은 전부를 변경시킬 수 있게 되었던 것이 그 시대의 실정이다.

불행 중 다행한 일이라 할까, 불도가 후한(後漢)에서 삼국(三國=蜀吳魏)까지는 지반을 구축하고 있던 시대라 불도의 영향이 통치자에까지는 크게 미치지 못했다.

그러므로 후한에서 삼국에 이르는 시대에는 동방의 삼국이 중국과 교류할 때 내세워 국교(國交)를 좌우할 만한 형세에까지는 이르지 못하였다.

그러나 삼국에서 5호 16국(五胡十六國) 또는 남북조(南北朝) 시대에 와서는 중국의 형세가 불도와 도교에 좌우되는 형세에 이른 것이다.

그것은 대월씨(大月氏)의 불도가 후한(後漢)에 거점(據點)을 간신히 만들고 그후 오(吳)·촉(蜀)·위(魏) 3국이 천하삼분(天下三分)의 싸움에서 궁여지책(窮餘之策)으로 대월씨의 불도 세력을 이용했기 때문이다.

이로 인하여 대월씨는 세력의 기반을 구축하였고 중원에서 통치를 하기 위해서는 불도의 세력을 무시할 수 없는 형세에 이르렀던 것이다.

더우기 남북조(南北朝) 대 남조(南朝)의 진(陳) 나라는 불도가 강성한 형세에 있었다.

이 무렵은 서기 500년대로서 중국은 아직도 5호 16국의 혼란을 면하지 못하고 있을 때이며 동방에 침략의 손길을 뻗칠 수 없을 뿐 아니라 오히려 고구려와 백제는 중원(中原)으로 진출하여 세력을 뻗히던 시대였다.

이 무렵의 우리 삼국의 형세를 상고하면 고구려는 문자왕(文咨王), 안장왕(安藏王) 등이 왕위에 올라 있었고 또 백제는 무녕왕(武寧王), 무왕(武王) 또 신라는 법흥왕(法興王), 진흥왕(眞興王) 등이 재위하고 있어서 불도신흥시대(佛道新興時代)로서 아직은 불도가 나라의 세시행사를 개폐(改廢)할 수 있는 형세에는 이르지 못한 것으로 사료된다.

그러나 우리나라 삼국의 5백년대(서기)의 형세는 불도의 신흥시대라서 삼국의 조정(朝廷)에서는 건국이래의 세시행사를 지속하고 있었지만 일부의 신흥불도들은 세시행사를 고쳐야 한다고 주장도 하고 있었다.

즉 신라 22대 법흥왕(法興王) 채위 15년(서기 528년)에는 불법(佛法)을 나라의 세시행사의 하나로 시행한다는 불법공행령(佛法公行令)이 왕명으로 반포된 것이다.

이와 같은 형세에서 중국은 수 나라가 중원을 통일하였고, 그뒤 다시 당 나라가 들어서면서부터 그 양상은 바뀌어지게 되었다.

즉 당 태종은 천하를 통일하려고 제갈량(諸葛亮)의 전술(戰術)과 권모(權謀)를 탐구하여 누대(屢代)로 뜻을 이루지 못하던 북융(北戎＝突厥)과 동이(東夷)의 삼국을 침략할 야욕을 갖게 되었다.

그러기 위하여 당 태종은 먼저 당 나라의 세시행사(歲時行事) 일부를 고쳐서 유도(儒道) 일변도(一邊倒)의 세시행사를 실행하는 한편 오랜 세월 한족(漢族)에게 화근(禍根)이 되었던 불선교(佛仙敎)를 경원시하기에 이르렀다.

특히 통치의 형태도 오랜 세월 문약(文弱)했던 무인(武人)야 개부(開府)에 참여하지 못하게 했던 것을 고쳐서 무인을 개부, 즉 삼공직(三公職)에 참여하게 하여 강력한 군국책(軍國策)을 쓰기에 이르렀다.

이와 아울러 천하의 인재(人才)를 모두 모아서 삼공직에 참여하는 병부 밑에 예속시켜 이들을 빈객(賓客)의 예우로서 대우하고 이들로 하여 대외첩보(對外牒報) 활동을 하게 하는 악랄한 수단을 강구하였다.

결국 당 나라는 불선도(佛仙道)를 자기 나라에는 포교를 못하게 하고 다른 나라에는 적극 권장하는 술책을 쓰게 된 것이다.

그것은 후한 이래 오·촉·위 삼국에 이르는 동안에 도교의 오두미교(五斗米敎)와 불교(佛敎) 등이 통치가의 그늘 속에서 점점 잠식하여 혼란을 일으켰고 또 그 여세(餘勢)가 급기야는

5호 16국의 불명예스러운 사태를 야기한 것을 깨닫고 그 전철 (前轍)을 동이와 북융, 혹은 변방의 여러 나라들에 파급하게 하려는 계략이었다.

그 이유는 첫째로 그 민족의 유구한 전통을 가진 세시행사 를 파괴하고 나아가서는 임금과 신하, 또는 백성들 사이에 불 화를 조성하려는 것이다.

둘째로는 적국이 약화되면 분열을 꾀하여 두개 이상으로 분 열시켜서 그들이 스스로 싸우는 것을 조장한다.

셋째는 적국에도 중국의 존주사상(尊周思想)을 배양하여 속 국을 만든다는 천하관(天下觀)이라 하겠다.

이러한 음흉한 당 나라의 문벌책(文伐策)은 주효(奏効)되어 급기야 돌궐(突厥)은 왕가에서 왕위를 서로 다투어 골육상쟁 (骨肉相爭)이 일어났으며 또 전래의 세시행사를 주장하는 자 와 중국의 세시풍속을 주장하는 왕자들이 서로 싸우게 되었다.

이로 인하여 돌궐은 동서(東西) 두개의 나라로 분열되었다.

이에 태종은 장수 이정(李靖)에 명하여 돌궐을 평정하여 병 합하였다. 물론 이때의 전사(戰史) 기록을 상고하면 당 나라 는 많은 승려, 도사, 방사 등을 동원하여 돌궐에 투입(投入) 한 사실을 엿볼 수가 있다.

이와 같은 수법은 동방의 고구려, 백제, 신라에도 예외가 될 수는 없었다.

그러므로 당 태종과 고종은 고구려, 백제, 신라 등에 불도 와 도교의 승려, 도인을 보낼 때는 사절(使節)의 격식을 갖추 어 권장하는 형태로 변해진 것을 삼국사기(三國史記)의 문헌 에서 많이 볼 수가 있다.

당 나라는 이처럼 고도(高度)의 문벌책을 써서 불교와 도교 를 동방 삼국에 전파하여 삼국의 선량한 풍속을 파괴하는데 주 력하였던 것이다.

여기서 남송(南宋)의 송민구(宋敏求)의 저서 춘명퇴조록(春

明退潮錄)을 잠깐 인용하면 도가에서 상주하고 천문(天門)을 지키는 두 장군을 그리고 있는데 갈장군은 장수기를 들었고 주장군은 부월을 들었다(道家秦章國天門守衛金甲人葛將軍掌旌周將軍掌節)고 하였다.

이 내용은 도가(道家)에서 나라에 상소하여 세시행사의 일부를 개정하였다는 내용이다.

즉 이조 때 세시풍속인 도화서(圖畵書)에서는 설날에 김(金), 갑(甲) 두 장군의 형상을 그리는데 한 장군은 도끼를 들고 또 한 장군은 부월을 들었다.

이 그림을 궁궐 궐문 앞 양쪽에 붙여서 액을 쫓았다고 하였다.

이상의 내용으로 보아서 이조 말의 조정에서 도가의 상주로 된 행사가 왕궁에까지 침투하고 있었던 것을 알 수 있는 실증이다.

더우기 이조 때는 철저한 존경체제(尊經體制)라 유도(儒道) 외의 세시행사를 허용할 수 없는 처지였다.

그런데 어떻게 하여 도가(道家)의 상주로 된 세서화(歲書畵)를 대궐의 대문에 그려 붙이고 이것을 숭상할 수 있었을 것인가?

대체로 유도 통치에서는 중화일변도(中和一邊倒) 행사일 뿐 어떠한 사상이나 또는 세시행사도 이를 용납하지 않았던 것이다. 그 사례(史例)를 보면 유도체제가 확립(確立)되었던 송(宋) 나라 때는 세시행사는 커녕 관료 중 도가(道家)의 사상(思想)을 다소나마 지녔다고 하면 관료에서 파직한 예가 비일비재하였다.

저 유명한 적벽부(赤壁賦)의 저자 소동파(蘇東坡)는 그 문장 속에서 도가의 냄새가 풍긴다 하여 관직에서 파직되었던 것이다.

그런데 어떻게 하여 도가의 주문(呪文)이 천리를 다스리는 왕궁 대궐문 앞에 붙이게 되었다는 것인가? 그 자체가 벌써 하나의 책략에 지나지 않았던 것이다.

이 송 민구의 춘명퇴조록의 문헌을 후대의 학자나 또 도가들이 갈장군을 제갈량이니 또 주장군을 당 나라의 울지공(蔚遲公) 혹은 진숙공(秦叔公) 등으로 자기 나름대로 해석을 하고 있지만 그 부적(符籍)의 주인공이 누구인지는 창안하여 낸 자만이 알 뿐 그밖에 어떠한 대석학이라도 그 원인을 밝힐 수가 없었으리라.

물론 하나의 정설(定說)로 된 학문이면 그것은 언제인가는 밝혀질 것이다. 그러나 불가와 도가에서 앞에서 논한대로 적국의 세시행사를 망치기 위하여 꾸며진 소행, 즉 부적(符籍)이라면 소위 병서에서 말하는 부절(符節)과 같은 것이다.

부절이란 주장(主將)과 밀파되는 간첩(間諜) 사이에 맺어진 극비의 암호(暗號)로서 그것을 아는 사람은 오직 두 사람만이 알 뿐 그밖에 어떠한 사람도 그 내용을 알 수가 없는 것이다.

이와 같은 사실에 비추어 삼국사기(三國史記)와 당사(唐史) 등 문헌을 재음미하면 당 나라 고종 때 도교와 불교의 승려, 도사들이 삼국을 해치기 위하여 삼국왕실에 잠복(潛伏) 기생(寄生)하였다면 과연 그들이 어떠한 부적(符籍)을 만들어 세시행사를 개폐(改廢)하였는가는 삼척동자들도 가히 알 수가 있을 것이다.

그런데 유도(儒道) 통치를 하는 이조에서 도가의 부적을 왕가에 권장한 사실을 그대로 묵과(默過)했다는 사실은 이른바 변방의 속국(屬國)이요, 또 번영을 원하지 않는 까닭에 방치를 하였거나 아니면 과거 당 나라의 권위를 내세우기 위하여 그때 고구려 침략에 선봉이었던 울지경덕(蔚遲敬德) 장군과 장막에서 고구려 침략을 도모한 위징(魏徵)을 내세워 조선국의 세시행사를 개폐(改廢)하는 선봉장을 만들기 위한 것인지도 모를 일이다.

　이상과 같이 정치에 음흉한 계략을 가지고 있는 도가의 부적이 공공연히 대궐문, 혹은 많은 왕가와 문무백관의 문전에 붙였다는 사실은 실로 해괴한 사실이라 아니할 수 없다.

　물론 그밖에도 첩보원(諜報員)들이 민심을 교란할 작정으로 은밀히 파견된 이른바 방술가(方術家), 점술가(占術家), 혹은 법사(法士) 등이 민심을 현혹할 작정으로 퍼뜨린 괴담(怪譚)이 어쩌다가 주효하여 우매한 서민층의 풍속이 될 수도 있다.

　이와 같이 세시의 풍속을 좀먹고 또 파괴할 수 있는 것이 민중의 신앙이다.

　우리 삼국에서 고려조, 이조에 이르는 오랜 세월동안 헤아릴 수 없을 정도의 세시풍속이 명멸(明滅)하고 있다.

　그 중에는 통치의 작용에서 발생되는 풍속도 있지만 악의(惡意)에서 오는 풍속도 없는 것은 아니다. 또 종교적인 세시풍속이 모두 나쁜 것만도 아니며 때에 따라서는 악한 풍속을 좋게도 만들며 선량한 자체의 풍속을 크게 저해할 수도 있는 것이다.

　그러나 한 민족이 오랜 세월 그 땅에서 삶을 영위하여 선량한 세시양속으로 다듬어진 풍속이 오래오래 가꿔지는데서 그 민족의 무궁한 번영을 구가할 수 있는 것이다.

중국의 종교와 세시풍속

　그러면 이제 중국의 종교가 세시풍속과 어떤 상관성(相關性)이 있었는가를 개략이나마 살펴 보는 것도 우리의 세시풍속을 연구하는데 도움이 될 것으로 사료된다.

　더우기 불교, 도교 등이 모두 중국에서 전하여진 까닭에 당시 중국의 형세를 아는 것은 곧 우리의 실정을 아는데 큰 도움이 될 것이다.

　대저 중국의 사서(史書)를 보면 대월씨(大月氏)가 서역(西域)에서 불도를 도입하여 후한(後漢), 삼국(三國＝蜀吳魏)에 이르

186

는 동안에 불도를 정착(定着)시키는 데는 피나는 노력도 필요
했지만 이와 아울러 신도들의 많은 희생이 따랐던 것이다.

처음에는 약·의속(藥醫屬) 등을 빙자하고 민심을 얻기 위
하여 행상대열(行商隊列)을 지어 중국천하를 행각하며 걸식
(乞食)을 했지만 후한(後漢) 때 까지도 좀처럼 정착을 못했던
것이 대월씨(大月氏)의 불교행세였다.

이 무렵의 도교(道教)는 일명, 오두미교(五斗米教)라는 종
교로 발전했고 후한에는 많은 신도를 갖고 있을 뿐 아니라 황
제(皇帝)는 물론 후왕방백이며 호족에 이르기까지 침투하여 그
세력을 뻗치게 되었다.

후한 말에 있어서 황건적(黃巾賊)의 난이라는 것은 이른바
오두미교(五斗米教)의 난을 말한다.

결국 후한은 이 오두미교의 반란으로 나라는 혼란에 빠졌고
군웅(群雄)이 활거하여 후한은 망하게 되었고 모든 세시행사는
오두미교의 화로서 개폐(改廢)되게 되었다.

이것이 계기가 되어 드디어 유비(劉備), 조조(曹操), 손견
(孫堅) 등이 다투어 삼국을 세우기에 이르렀다. 이 까닭에 도
교의 화를 못 통치가는 물론, 백성에 이르기까지 증오하는 대
상이 되었다.

그러나 대월씨(大月氏)의 불도는 이러한 도교(道教)의 쇠퇴
에 반 비례하여 확장일로를 걷고 있었다.

그 까닭은 삼국전쟁에 있어서 불도의 지도자인 승려들이 모
사(謀士)로 혹은 용병(用兵)으로 또 첩보(諜報) 등에 있어서
대월씨의 불도가 활약했던 공로가 컸기 때문이다.

이에 대월씨의 불교가 삼국내에 많은 뿌리를 내렸던 것이
결국은 삼국의 패망을 독촉하는 결과를 가져왔고 급기야는 한
족(漢族)으로서 수치스러운 5호 16국의 혼란시대를 맞이하게
되었던 것이다.

대저 5호 16국을 하나의 호란(胡亂)으로 규정하는 것은 변방

의 호족(胡族) 출신들이 나라를 세웠다는 것도 있겠지만 그것보다도 한족의 유구한 행사, 즉 존주사상(尊周思想)에 따르는 세시행사(歲時行事)를 개폐(改廢)한 까닭에 한족에 더욱 증오의 대상이 되었던 것이다.

〈이에 대하여 후대의 사실이지만 몽고(蒙古) 출신의 징기스칸이 원(元) 나라를 세웠고, 또 동이족 출신의 청제(淸帝)를 세웠지만 그들은 모두 한족전래(漢族傳來)의 중화적인 세시풍속을 숭상하고 이를 시행하였기 때문에 한족은 이를 동화라는 낱말로 자위(自慰)하고 받아 들였던 것이다.〉

이상에서 본 바와 같이 불교는 5호 16국에서 그 지반을 굳혔고 전진왕(前秦王) 부견(符堅)이 막강한 세력으로 중원을 휩쓸고 동침(東侵)의 야욕을 틈타서 부견왕의 권위를 등에 업고 고구려 소수림왕(小獸林王) 때 사절(使節)이란 미명으로 고구려 왕궁에 이른바 내도장(內道場)까지 세우게 되었다. 이로부터 불도의 동방 활동은 시작이 되었던 것이다.

이와 같이 동방 삼국의 불교, 도교는 당 나라의 강력한 군국책(軍國策)의 일환(一環)으로서 우리 삼국에 전래되었기 때문에 삼국 세시행사에서는 그 개폐(改廢)의 과정이 쉽게 이루어졌던 것이다.

즉 당 나라의 태종, 고종 등은 후한 말에서 삼국, 그리고 5호 16국 때의 형세를 전철로 삼아서 그것을 동방삼국에 심기 위하여 인위적(人爲的)인 책략을 쓰기에 이른 것이 이른바 당 나라가 종교를 통한 침략책(侵略策)이라 할 수 있는 것이다.

그러므로 삼국의 세시행사는 무력한 통치자에 의하여 쉽게 개폐될 운명에 놓여 있었던 것이라 할 수 있다.

14. 무속과 풍속

　동국세시기(東國歲時記)에 따르면 정월달 중 상해일(上亥日),
상자일(上子日)을 위시하여 묘일(卯日), 사일(巳日) 등 12지
(十二支)에 해당하는 첫날에는 각종의 행사를 했다고 한다.
　즉 상해일(上亥日)의 행사를 보면 궁중의 환관(宦官)들이 수
백명 모여서 횃불을 땅위에다 이리 지지고 또 저리 내저으면
서 "돼지 주둥이 지진다"라 하며 거리를 쏘다녔다 하니 그 구
경거리도 볼 만 했을 것이다.
　그 밖에도 사일(巳日)에 머리를 깎지 않고 빗질까지 하지를
아니했다 하며 어떤 날은 구설수의 액이 있다 하여 여인들의
문 밖 출입은 물론 남자들까지 문 밖 출입과 행사까지 꺼렸다
고 한다.
　이 까닭에 정월 중에는 직접, 간접으로 행동의 제재를 받는
형세에 놓여 있었다.
　무릇 세시기(歲時紀)를 제정한 것은 만민의 권익을 위하고,
또 행복을 위함이지 결코 인간의 행동을 규제하려는 입법정신
이 아니다.
　그러므로 정월 중 상해일(上亥日), 혹은 무슨 일이라 하여
머리를 못 깎고 또 행동을 제약한다는 것은 오히려 사람의 행
동을 제한하여 생산을 저해하려는 것이라 할 수 있다.

또 율력법의 계산상(計算上)으로 볼 때는 동지(冬至)날에서 계산되는 고로 상해일(上亥日)은 동짓날 이후가 될 것이며 정월 중의 첫 12지날을 어찌 상해일이라 할 수 있으랴?

특히 율력법(律曆法)에 의하면 정월은 인월(寅月)로서 사람을 천거하는 인월(人月)이라 하여 사람의 활동을 권장하는 달이다.

그러므로 정월 중의 상 12지일(上十二支日)을 제한하는 것은 모법(母法)에 어긋나는 풍속이라 할 수 있다.

더우기 12지(十二支)를 동물상으로 한 것은 다만 표기(標記)의 방편일 뿐 아무 뜻이나 철학이 내포되어 있었던 것이 아니다.

그러나 세시기를 소상히 모르는 자는 12지의 동물상을 가지고 엉뚱한 5행(五行)으로 해석을 하거나 또는 점괘 등 괴변을 가지고 민심을 현혹하는 예가 많으나 이것은 하나의 미신 행위라고 할 수가 있다. 이러한 풍속은 모름지기 우리의 선량한 세시풍속을 저해하기 위하여 방사(方士), 점술가(占術家) 등이 만들어 놓은 것이다.

만일 무슨 날을 액일(厄日)이라 하여 하루만 농사일을 못하게 하여도 전국적으로 통계(統計)하면 실로 막대한 손실이 되는 것이다.

또 이것을 악의적(惡意的)으로 해석하면 액일이라 하여 활동하지 않게 하고 적(敵)이 그 날을 역이용(逆利用)하면 힘들이지 않고 자신의 계략을 수행할 수도 있는 것이다.

그러한 예는 전쟁사(戰爭史)에서 흔히 볼 수 있다.

즉 적국에 점술가를 보내서 그러한 계략을 써서 뭇사람을 모두 집안에 묶어 놓은 후 성읍을 피 한방울 흘리지 않고 점령한 예도 많다.

고대의 병술에 따르면 명장들은 군진중(軍陣中)에서는 어떠한 점무(占巫)나 미신행위도 엄금한다. 그러나 적국에는 복술가(卜術家)와 방사(方土)를 보내서 적국의 풍속을 해치는 동시에 액일(厄日) 등을 이용하여 적군은 물론 적국의 후방까지도 모두 손발을 묶어 놓는 일을 종종 했다.

이런 면에서 볼 때 고구려, 백제에는 당나라의 잔재가 오랜 세월 주둔하고 있었던 것이 된다. 또한 당나라 장수들의 악의(惡意)에 찬 이런 계략들에 무고한 우리 백성들이 현혹되어 그러한 미신적인 풍속에 속아서 그 술책에 따랐던 예도 종종 눈에 띈다.

삼국사기의 예를 들면 고구려 비기(秘記)에 이르기를 9백년 된 고구려는 앞으로 80세에 난 늙은 장수에 의하여 멸망한다라는 소문이 왕성은 물론 벽촌에까지 퍼졌다고 하였다.

이 비록의 내용은 후대에 밝혀진 사실이지만 그 진상을 알고 보면 당나라 장수 이세적은 방사를 고구려에 보내서 고구려의 장수 안고(安固)라는 자에게 한 말로 이 말이 꼬리에 고리를 물고 그 소문이 퍼졌다 한다.

즉 80세란 당나라 이세적이 고구려를 칠 때가 이미 75세가 넘은 고로 자신이 80이 되면 반드시 9백년 된 고구려를 멸한다는 계략인 것이다.

실로 가공할 일이다. 지금으로부터 1천 3백여년 전에 이미 이러한 전술을 써서 민심을 현혹할 수 있었다는 것으로 미루어 보아서 능히 점술가와 방술가를 동원하여 생산을 저해하는 일쯤은 얼마든지 할 수 있었을 것이라고 생각된다.

그러므로 세시풍속이라 하지만 그 유래와 취지며 이해(利害)를 소상하게 가리지 않고 오직 맹목적으로 권장하는 것은 실로 위험천만한 풍속이라 하겠다.

물론 이러한 풍속 모두가 나라의 세시행사까지는 이루어지지 않는다고 할 수는 있으나 한 지방 혹은 몇 마을에서 행하여지는 풍속은 멀지 않아서 이웃 마을까지 파급되고 나아가서는 양속(良俗)을 저해할 우려가 있다.

우리나라의 민속을 살펴 보면 대개의 경우는 무속적(巫俗的) 인 경우가 가장 많다.

즉 무당의 굿, 소경 경 읽기, 법사들의 부적 등 다양한 무축(巫祝) 행위가 있음을 볼 수가 있으며 이러한 행사는 설날 등 명절과 상제(喪祭)에 반드시 등장하여 시간, 재산 등의 낭비를 조장하는 것을 엿볼 수가 있다.

또 이 행사는 이조 이래 일제(日帝)때 까지도 세시행사의 하나로서 혹세무민(惑世撫民)의 수단으로 행하여졌다는 예는 동국세시기(東國歲時記)에서 흔히 볼 수가 있다. 또 무축(巫祝)의 방법도 천태만상(千態萬象)이다.

물론 그 원인은 세시기(歲時紀), 즉 천체(天體)의 일·월·성신(日月星辰) 등을 중심하여 그 변화의 척도를 가린 천체학(天體學)에 있다.

그러므로 이것을 전문적(專文的)이 아닌 속칭(俗稱)으로 표현하면 그 표현되는 용어는 무축(巫祝)하는 자의 생각에 따라서 변질될 경우가 많다.

하늘을 상징할 때 해(日) 하나로 표현할 수도 있고, 또 별, 혹은 달 등 여러 가지 방법이 있다.

더우기 서민(庶民)층이나 천문에 관한 지식이 없는 자는 세시기의 천체를 논하기는 어렵고 달 하나를 말해도 하늘을 상징하는 것으로 알게 되는 것이 상례이다.

그 뿐만이 아니라 옛날 조상들이 천제(天祭)를 지내면 제기(祭器)의 일부분을 받드는 것도 천제의 방법으로 여겨왔다. 이러한 풍조는 동서고금을 막론하고 고대사회에서는 흔히 있었던 것이니 이것은 그것을 연구하는 학자들의 잘못도 많다.

이 점에 대하여 우리나라 삼국 때의 제사(祭祠) 제도를 보면 반드시 세시기(歲時紀)의 기강(紀綱)을 제기 위에 갖추어 놓는 것이었다.

그러므로 세시기는 이른바 천제(天祭)를 이륜(彛倫)으로 삼왔다는 것이 바로 여기에 있는 것이다.

즉 이것을 기독교의 모세의 천제로 비하면 모세는 하늘에 제사를 올릴 때 하나님의 십계명을 놓고 제사를 지냈다는 것과 같은 것이다.

만일 제주가 하나님 말씀을 행하지 않고 제사를 핑계로 제물을 탐내고 또 방종을 한다면 그 제사는 아무 뜻이 없는 것이다.

그러나 십계명이나 또는 천체의 운행을 규정한 세시기를 놓고 그 체제(體裁)를 절대적인 하늘의 뜻으로 알고 그것을 실행하겠다는 맹약은 제주가 군왕이거나 혹은 필부라 할지라도 모두 동등한 권익을 갖게 되는 평등한 제사이며, 또 만민을 위한 선량한 세시행사라고 할 수가 있다.

물론 세시풍속은 통치자가 통치를 하는 방법에 따라서 세시의 풍속도 변하여 질 수 있는 것이다.

그 이유는 연중행사가 사람들의 생활과 밀접한 관계가 있으며, 또 생활하는 행사가 되풀이 되고 반복되는 가운데서 습관화가 되어 그것이 풍속이 되는까닭이다.

즉 군왕이 하늘을 대신하여 통치를 하고 만민을 강압하고 혹사하는 통치하에서는 오히려 백성들은 그 군왕의 뜻과 다른 옛날 성현들의 세시행사를 더욱 그리워 할 것이며 또 군왕이 진정으로 만민을 위하는 선정(善政)을 베풀 때는 군왕의 세시행사 그 자체가 옛 성왕들의 선량한 풍속을 답습했기 때문에 백성들은 즐거워하고 따르며 구태여 또 다른 행사를 하지 않게 되는 것이다. 그러므로 이중 삼중의 행사를 할 필요성이 없는 것이다.

이와 같이 백성들이 위정자(爲政者)를 믿지 못할 경우 그 나라의 세시풍속은 많아지는 예가 고대사회의 형태라 할 수가 있다.

또 폭정자의 통치하에서는 반드시 무속(巫俗) 행위가 많아

지는 것은 백성들이 외면(外面)으로는 그 통치를 따르지만 내
심으로는 딴 마음을 가지고 있어서 무속신앙(巫俗信仰)에 기
울어지는 것이 그 원인이다.

그 예를 우리나라의 민속에서 살펴 보면 이조(李朝)와 일제
하(日帝下)에서는 민속 중 무속(巫俗)의 성격을 띤 풍속이 많
음을 볼 수가 있다.

처음에 괴로운 심정을 달래기 위하여 한두 차례의 무속이
되풀이되는 가운데서 세월이 흐르면 향수(鄕愁)를 느끼게 되
는 것이 인간의 심정이다.

그래서 그 풍속은 아무 뜻도 없지만 맹목적으로 그 행사를
해마다 거듭하여 시간과 재정의 낭비를 되풀이하는 행사가 되
고마는 것이다.

이러한 풍속을 이조에서는 하나의 곡법(曲法)으로 남겨 두
었던 것은 실로 가소로운 일이라 하겠다.

그 원인을 보면 중국의 유도(儒道) 통치를 시행하는 체제에
서 어떻게 불도와 도교의 소작(所作)인 무속(巫俗)을 공공연
히 왕실과 문무백관들까지도 거리낌없이 무속을 세시행사로
시행할 수 있을 것인가 하는 의문을 갖게 하는 것이다.

이러한 풍조는 중화체제(中和體制)를 시행하는 나라이지만
그 나라의 미풍양속(美風良俗)을 권장하고 또 자유를 누리도록
하기 위하여 지방의 관습법(慣習法)이라는 미명하에 곡법(曲
法)으로 방치되었던 것이다.

그 근원을 살펴 보면 당 나라는 삼국을 침략하기 위하여 불
도와 도교의 승려, 도인을 보내 씨를 뿌리고 이것이 자라게
가꾸어 놓은 것이다. 그 악의 씨를 이조에 이르러서 곡법의 미
명하에 남겨 두고 있었던 것은 실로 가소로운 일이라 하겠다.

이러한 책략(策略)은 일제 때도 그대로 답습하여 무속(巫俗)
행위가 성행한 것을 볼 수가 있다.

그 이유는 무속(巫俗)을 조장하여 재정의 낭비를 꾀하는 한

편, 민족성을 유약하게 만드는 계략이라 하겠다.

이러한 책략은 고대뿐이 아니라 전근대까지도 침략국가들은 식민통치의 미명하에 흔히 쓰여졌던 저속하고 악랄한 책략이라 하겠다.

이와같이 무속(巫俗), 점술(占術), 부적(符籍) 그 밖에도 각양각색의 행사가 풍비(風靡)하면 그 사회는 유약(柔弱)해지며 따라서 유사(類似) 종교가 난립하여 나라가 혼란에 빠지는 것은 동서고금을 막론하고 흔히 볼 수 있는 사례(史例)라 하겠다. 그러므로 무속(巫俗)은 선량한 미풍양속을 해치는 것으로 세시행사를 저해하는 근원이 되는 것이다.

무릇 선량한 민속은 슬기롭고, 믿음, 대의(大義)를 기르고 이것을 조장하는 풍속인 까닭에 이러한 풍속를 기린다는 것은 그 나라를 부강하게 만드는 원동력이 되는 것이다.

그러므로 어진 임금은 옛 성왕 성현들이 이룩한 세시풍속을 권장하기 위하여 힘을 기울이는 것이다.

15 중화절(中和節)과 세시행사

유 득공(柳得恭)의 경도잡지(京都雜志)와 동국세시기(東國歲時記)〔홍 석모전(洪錫謨傳)〕에도 다같이 2월 초하룻 날에는 임금께서 중화척(中和尺)을 재상(宰相)과 문무 제신들에게 나누어 주었다고 한다.

나누어 주는 자(尺)는 중국의 소상강에서 산출되는 대나무 자를 나누어 주었다고 하였다. 또 이날의 행사는 원래가 정월 그믐날에 하던 것을 당 나라 중서시중동평장서(中書侍中同平章書) 이필(李泌)의 상주에 따라서 2월 초하루로 옮겼다고 하였다.

이 행사는 중화정치를 하는 나라는 모두 이 행사를 하게 되는 것으로 이조에서도 예외는 될 수가 없었다.

특히 조정의 통치 조직이나 또 방법이 모두 중화체계이며 심지어는 지방의 조직(組織)에 있어서도 향관(鄕官)을 두고 중화의 존경(尊經)을 위주로 하였기 때문에 중화체제는 오히려 중국보다도 철저한 실정이었다.

까닭에 향교의 학도(學徒)들은 시(詩) 부(賦)를 짓고 노래를 하여도 중국의 요(堯), 순(舜), 문(文), 무왕(武王)을 찬양하는 풍토로 변화하였고 또 조정에서도 정사의 토론이나 행사에 있어서는 이상과 같은 형세에 놓여 있었다.

이러한 형세에 중화절(中和節)을 기념하는 세시행사가 2월 초하루에 거행되었다 하여 괴이하다 할 수 있으랴? 오히려 이는 그 시대에 맞는 당연한 행사라 할 수가 있다.

그러나 세시행사의 근본 목적으로 생각할 때 그 취지에 어긋남이 또한 너무나 당연한 것이다. 세시행사를 임금이 스스로 행하고 또 각료와 뭇 백성들에게 권장하는 목적은 그 나라의 독립과 부강을 위하여 선조들이 남겨 놓은 선량한 미풍양속을 길이 받들겠다는 데 큰 뜻이 있는 것이다. 그런데 아득한 옛날의 일이지만 고구려와 백제를 멸한 것이 당 나라였고 당 나라는 그때부터 동방의 주도권을 잡았고 명실상부한 우리 나라의 적국인 것 또한 자명한 일이었다.

그러나 오랜 세월이 흘렀어도 아직도 이 땅에는 당 나라가 이 겨레의 세시풍속을 해치기 위하여 씨를 뿌린 불도와 도가의 악의 씨가 상존해 있었으니…….

그런데 그 침략의 독소가 되는 풍속이 아무런 제재도 없이 자라고 있었으나 이것을 제거할 줄은 모르고 오히려 침략의 원흉이었던 당 나라의 중화절을 기념하는 행사를 했다는 사실은 가소롭다 하지 않을 수 없는 것이다.

그러므로 예로부터 사대주의(事大主義)를 두려워했고 배격해야 한다는 사실은 이를 두고 하는 말인 것이다.

물론 문물의 교류에 있어서는 국정을 가리거나 또 옛날의 원한을 생각할 필요성은 없다. 그렇다고 교류되는 문화가 우리나라의 체질에 불편을 느끼거나, 또 국가 앞날을 위하여 독소가 있다면 이것만은 제거하던가 아니면 우리의 체질에 알맞게 조정하여 소화를 했어야 할 것이 아니겠는가?

대저 당 나라가 중화절(中和節)에 자(尺)를 각료들에게 나누어 주었다는 것은 그때의 실정으로 보아서 새로운 방법이라 하겠다.

앞에서도 말하였지만 전한 때 율력(律曆)을 주석(註釋)하고 또 이것을 실용화(實用化)한 것의 당(唐) 나라에서 송 나라에 이르는 동안 수많은 학자들이 동원되어 비로소 어느 정도는 완성된 것으로 본다.

그런데 2월 초하루에 대나무자를 나누어 주었다는 것은 새로운 방법으로서 이것은 율력서(律曆書)에 따르는 세시기(歲時紀)에 의한 것으로 정치의 척도(尺度)를 자로서 계량(計量)한다는 뜻이 있는 것이다.

이러한 뜻에서 당 나라에서 중화절에 대나무자를 각료들에게 나누어 주었다는 그 유래를 아는 것도 당시의 세기기의 형세를 아는데 큰 도움이 된다고 할 수가 있는 것이다.

당 나라 고종 때 이미 백제와 고구려의 문헌을 모두 탈취하여 갔음은 물론 왕을 위시하여 중신이며 대소관원을 무려 20여 만명 포로하여 끌고 갔으니 고구려, 백제의 제도를 쉬이 알아볼 수 있었을 것으로 사료된다.

까닭에 당 나라는 당시 고구려와 백제의 제도에서 이를 모방하였는지 아니면 신라의 통치제도를 모방했는지 그 귀추가 연구의 대상이 된다고 할 수 있을 것이다.

대개 그때의 형세를 삼국사기(三國史記)에 따라서 상고하면 고구려, 백제의 사료는 모두 당 나라에 탈취되어 수백년이 흐른 뒤 김 부식(金富軾)이 송 나라에 왕래하며 그 사료를 수집하였다 했으니 중요한 부분의 역사는 모두 당나라 사관 혹은 관원에 의하여 유실되었을 것으로 생각된다.

이 까닭에 고구려, 백제의 본기에는 율력에 따르는 세시행사를 하였다는 기록이 없다.

다만 신라의 본기는 신라의 끝 왕인 경순왕(敬順王)께서 고려태조에게 투항할 때 신라의 문물(文物)은 물론 모든 부고(府庫)까지 바쳤던 까닭에 다행히도 신라의 본기(本紀)는 고려조에 보관되어 있었던 것이 확실하다.

이에서 상고할 때 신라의 제 3 대 유리왕은 통치를 가리는데 가무악(歌舞樂)의 율(律)을 가리듯 척도(尺度)로서 통치를 했다는 기록이 있다.

신라 3대 유리왕은 나라 안을 순유 도중 길 가에서 추위에 떠는 굶주린 늙은 노인을 보고 자신의 옷을 벗어주고 또 먹을 것을 주고 달랬다.

왕은 자신의 통치가 잘못됨을 알고 그동안의 치적(治績)을 자책하고 참회하는 한편, 그 날부터 나라 안을 두루 돌아 다니며 굶주리는 백성에게는 양곡을 나누어 주는 선정을 베풀었다.

이에 백성들은 유리왕의 치적이 높은 것을 알고 도솔가(兜率歌)를 불러서 유리왕의 통치를 찬양한 사실이 있고 또 6부(六部)의 여인들도 두개의 붕당(朋黨)을 만들어서 두 왕녀가 그 붕당을 이끌게 하고 일 개월간의 길쌈한 치적을 척도(尺度)로 계산하여 승부를 가리게 했다는 사실이 있다.

엄격히 평하여 신라의 정치는 고대의 향당(鄕黨)의 제도와 같은 것으로 이른바 정치의 치적을 척도로 가려서 시행한 것이라 할 수 있다.

신라가 척도(尺度) 통치로 문화가 발달되자 대국이요, 또 천자지국인 당 나라가 모방을 했는지, 아니면 전자에서 말한 바 고구려, 혹은 백제의 문헌 등에 본뜬 것인지 그 내용은 알 길이 없다.

그러나 신라의 유리왕 때는 후한의 효명제(孝明帝) 시대요, 당나라 고종이 고구려, 백제를 멸하던 해는 서기 660년이니 600년 이전에 신라의 유리왕은 자신의 정치를 자로 쟀다는 결론이 나오는 것이다.

이러한 점으로 상고할 때 중화절(中和節)에 자를 나누어 주는 행사가 중국에서 유래했다는 의견에는 다분히 이론이 많다고 할 수 있겠다.

16. 세시기 시비론

1. 한식절(寒食節)의 유래론

　동국세시기, 열양세시기, 경도잡지 등에 우리나라의 세시풍속들이 수록되어 있음은 천행스러운 일이다.

　이상의 3서(三書)는 이조시대인 서기 1,000년 중반기에 저술되었고 그밖에도 세시풍속에 따르는 의식절차(衣食節次) 등 까지 소상하게 수록되어 있어서 우리나라 이조 말의 풍속은 물론 우리 나라의 옛 풍속에 이르기까지 소상하게 기록을 하였고, 나아가서는 중국의 고사(故事)까지 열거하여 그 예증(例證)까지 들었다.

　뿐만이 아니라 세시행사 때 쓰여지는 의복(衣服)과 음식을 만드는 방법이며 또 숙수들의 솜씨까지 열거하여 이조 말의 풍속을 한 눈으로 보고 또 듣는 생동감을 느끼게 한다.

　그러나 우리의 풍속을 논함에 있어서 우리의 풍속을 중국 고대의 풍속에 결부시키려는 듯한 느낌을 주는 것은 매우 유감된 일이 아닐 수가 없다. 물론 우리와 중국은 같은 문화권에 속하는 까닭에 고대 우리나라의 풍속을 연구하는데는 중국의 문헌이 큰 도움이 되는 것도 사실이다.

　그렇다고 우리 풍속이 중국의 풍속과 흡사하다는 이유로 그 근원을 중국의 풍속에 결부시키려는 것은 중국의 세시기에 부화(附和)하려는 것인즉 유감천만이라 하지 않을 수가 없다.

그 예를 동국세시기(東國歲時記)의 한식(寒食)조에 보면 한식을 정 정측(鄭正則)이라는 당 나라 출신의 저서 사향의(祠享儀)의 글을 들었다.

옛날 사람이 산소에서 제사를 지냈다는 기록은 없다. 그러나 공자께서는 묘를 바라보고 제사 지내는 것을 허락했으니 묘제(墓祭)는 여기서 유래했다(古者無墓祭之孔子許望墓以時祭墓祭蓄出於)라고 사향의(祠享儀)의 문헌을 예로 들어서 한식을 중국에서 나왔다고 강조하였다.

그리고 참고로서 당나라 개원(開元＝唐玄宗의 年號) 때 칙령(勅令)으로서 성묘(省墓)하여 제사하는 것을 허락했다고 하는 문헌을 열거하였으며, 그 이후 당 나라 말 5대(五代) 때는 주 나라의 전통을 계승했다는 후주(後周)에서도 들제(野祭)를 지냈다고 하는 고사(故事)의 예를 들었다.

이상의 문헌으로 우리의 한식(寒食)은 공자(孔子)에서 유래했다고 강조를 하면서 한식의 성묘는 당 나라 때 개원(開元) 연대에 칙령으로 시작된 것을 밝히기도 하였다.

그리고도 부족하여 당말(唐末) 5대(五代)시 이른바 주 나라의 법통을 이었다는 후주(後周)에도 산소에 제사를 하는 제도는 없었고 오직 들제(野祭)하는 것 뿐이라고 하였다.

이상의 문헌으로 상고할 때 한식의 묘제(墓祭)는 오히려 당 나라 현종 때 칙령으로 하라는 명을 내렸던 것이지 춘추(春秋) 때는 물론 당 현종 후대인 5대(五代)시에도 묘제는 없었고 오직 야제(野祭)제도만이 있었던 것을 알고도 남음이 있다.

그러나 동국세시기(東國歲時記)의 저자 홍 석모(洪錫謨)는 한식의 성묘가 우리의 풍속이라고 강조하지를 못하고 공자의 허망묘(許望墓)의 문사(文辭)를 인용하여 정 정측(鄭正則)의 설에 부화(附和)한 그 참 뜻을 이해하기가 매우 어렵다.

물론 홍 석모가 동국세시기를 쓸 무렵의 정치적(政治的) 환경으로 미루어 볼 때 어느 정도는 수긍이 간다.

즉 중화 통치의 체제를 가진 당시에는 나라의 제학(提學)을 비롯하여 각도의 선초관(選抄官)이며, 4부(四部)의 유학생(儒學生) 그리고 선초관에 속한 지방의 말단 학교의 서당(書堂)에 이르기까지 모두가 존경일변도(尊經一邊倒=四書三經)를 위주로 하였고 그 밖에는 중국의 제자백가(諸子百家)들의 학문, 혹은 그들의 학설이나 말 등을 추려서 가르치는 형세였고 그밖의 외설(外說)을 내세울 수 없을 뿐 아니라 잘못하다가는 성균관(成均館) 등의 유학(儒學)들의 신랄한 비판을 받아 이른바 난신 적자(亂臣賊者)로 몰릴 우려가 있으니 어찌 당 나라 정 정측(鄭正則)의 저서 사향의(祠享儀)가 말한 공자(孔子)의 설(說)을 반대할 수 있으랴!

그 까닭에 동국세시기, 열양세시기, 경도잡지 등에는 유명무명의 많은 중국인과 또 중국의 세시기(歲時紀)를 인용한 것을 탓할 수가 없다.

2. 석전(石戰)과 씨름

물론 그 중에는 삼국사기(三國史記)에 뚜렷하게 부각되어 있는 8월 한가위, 고구려의 석전(石戰), 씨름 등은 우리나라의 세시행사로 취급하고 있지만 대부분의 행사는 중국의 문헌에 의존했고 또 그 시비(是非)를 가리지 못함은 유감으로 생각하는 바이다.

이에 대하여 줄자(拙者)는 앞에서도 세시기(歲時紀)의 유래와 세시기란 낱말의 글자가 잘못되어 기(紀) 자가 기(記)로 되었다 함을 이미 설명한 바와 같고 중국에서 세시기(歲時紀)가 창안(創案)되었다고 하면 율력(律曆)의 시행이나 또는 홍범구주(洪範九疇)에 의한 5기(五紀)의 내용이 한 나라 이전부터 당연히 시행되었어야 할 것이다.

그럼에도 불구하고 당 나라 이후의 학자들이 아무리 성현인

공맹자(孔孟子)를 내세우고 또 그 밖에 많은 사서(史書)를 빙
자한다 해도 이것은 강경(强硬)한 주장을 내세워 부화(附和)
를 강요하는 것이라고 밖에 할 수가 없다.

3. 삼복행사(三伏行事)

또 경도잡지(京都雜誌) 6월 중 복(伏)날에 개고기를 먹어서
더위를 제거하는 편에 말하기를 한 나라 때 사마천(司馬遷)
사기(史記)의 예를 들고 진덕공(秦德公) 2년에 처음으로 삼복
(三伏)에 제사(祭祠)를 지낼 때 사대문(四大門) 안에서 개를
잡아 제사(祭祠)하여 충재(蟲災)의 화를 막았다 하고 지금의
풍속도 그 고사(故事)에 의하여 개를 먹는다고 하였다.

그러나 한 나라의 사마천(司馬遷)은 저서 사기(史記)에서 진
(秦)나라는 매삭(每朔) 조차도 잘 모르며 율서(律書)에 따르는
세시행사(歲時行事)가 폐지(廢止)되었다고 명백히 밝혔는데 어
떻게 7월 중 복날(伏日)의 행사가 있었으랴!

만일 복더위를 견디기 위하여 개를 잡아 먹었다면 이것은
당시 굶주리는 백성들이 삼복(三伏) 무더위를 참기 위하여 소,
말, 양 대신에 개를 잡아 먹었거나, 아니면 육식(肉食)을 좋
아하는 무리들이 개장의 맛을 알고 한 소행은 될지언정 그 행
위를 어떻게 세시행사로 볼 수가 있으랴!

또 동방 삼국은 예로부터 돼지고기나 닭고기 등이 젯상(祭床)
에 올랐다는 기록이 없다.

그런데 어떻게 개를 잡아서 복제(伏祭)를 할 수 있으며 또
충재(蟲災)를 막을 수 있으리요.

이와 같이 아무 뜻도, 사리(事理)에도 맞지 않는 사례를 들
어 복날에 개를 잡아 먹는 것까지를 중국의 고사(故事)에 맞
추었던 저의가 나변에 있었는지 알 까닭이 없다.

무릇, 세시기(歲時紀)에 따르면 천체(天體)의 변화상 무더운

계절이요, 또 농부들도 그 동안 씨뿌려 가꾼 오곡들이 무르익을 무렵이라 농군(農群)들이 피로하고 지친 몸을 잠시 달래며 몸을 돌아보느라고 몸 보신하는 행사는 고대 농경사회(農耕社會) 때부터 있음직한 행사라 할 수 있다.

더우기 당(唐), 송사(宋史)를 보면 고조선(古朝鮮)에는 팔조문화(八條文化)가 있었다 하고 또 정전제(井田制)가 발달하였다는 문헌이 많은 것으로 미루어 농부들을 위하는 삼복의 행사에 육식(肉食)을 권장하는 행사는 사치(奢侈)도 아니요, 낭비(浪費)도 아닌 것이라 하겠다.

4. 인일절(人日節)

이조(李朝)의 풍속에 인일(人日)에는 왕이 각신(閣臣)들에게 동인승(銅人勝)을 나누어 주었다 하고 이 풍속은 수(隨)나라의 의동삼사(儀同三司＝三公職) 유진(劉臻)의 아내가 인일(人日)에 동인승(銅人勝)을 올릴 때 비단에 금박(金箔)을 박아서 만들었다고 했으며 지금의 동인승(銅人勝)은 이에서 유래한 것이라고 했는데 이러한 역사적 고증도 역시 억지 춘향식의 변명이다.

물론 수 나라는 전한에서 오랜 세월이 흘러서 나왔으며 전한때 율서(律書)가 있었으니 그 율력서를 알 수 있는 사람이 넓은 중국 천지에 어찌 없다고야 할 수 있겠는가? 저자는 진(秦)나라 이전에는 세월을 계산도 못하고 또 춘하추동(春夏秋冬)도 모르는 사회라고 하려는 뜻은 아니다.

그리고 정확한 율력법(律曆法)은 적용하지 못한다 할지라도 율력법에 흡사한 방법이나 또 그 중의 일부를 알고서 춘하추동 세월의 흐름이야 모를 것이 있겠는가?

까닭에 수 나라의 유진(劉臻)이나 또 그의 아내 진(陳)이라고 인일(人日)에 동인승(銅人勝)을 모른다고 평가를 하기에는

204

속단(速斷)일지 모른다.

그러나 인일(人日)에 동인(銅人)을 주었다는 것은 율력법(律曆法)에 따르면 동(銅)은 다른 물체와 합하여 하나가 됨을 뜻하며 나아가서는 천하의 모든 풍속을 하나로 다스린다는 것이다.

또 동(銅)의 성격은 물질 중에서도 정기(精氣)로우며 또 풍우한서(風雨寒暑)에는 능히 개연(介然)하여 마치 사군자(士君者)의 절개(節介)와 같은 물체인 까닭에 동(銅)으로 율도량형(律度量衡)의 기구(器具)를 만들었다고 율서(律書)를 주석(註釋)한 당 나라 때 사고(師古) 등이 설명을 했다.

그러므로 인일(人日)에 동인승(銅人勝)을 만든 것은 율서(律書)의 원문(原文) 뜻을 본 뜬 것이지 그 밖에 어떠한 사증(史證)도 모두 강경부화(强硬附和)의 다족(駄足)이 될 뿐이다.

인일(人日)의 유래를 전자에서 논하였지만 동인승을 준다는 것은 대신(大臣)들이 정치를 시행해 나가는데 있어서 음율의 율이 조화되 듯, 또 저울로 재는 듯하고 나아가서 모말도 달구어 헤아려 동기(銅器=저울, 말, 자)와 같이 하여 천하를 다스리라는 것이다.

물론 이러한 율서 등을 수 나라와 당 나라 때도 해득할 수 있었던 것으로 해석은 되지만 그 문헌에 의하여 통치에 손쉽게 쓰여진 것은 역시 당 송대에 이르러 많은 학자들이 고구려, 백제에서 탈취하여 간 사람과 문헌에 의하여 어느 정도 능숙하여졌다.

대개 율력법에 따라서 세시기를 제정함에는 홍범구주의 천문도(天文圖)와 5행(五行) 등이 모두 세시기(歲時紀)의 5기(五紀), 즉 세, 일, 월, 성신(星辰), 역수(曆數) 등이 조화되고 이것을 홍범의 석구법(釋九法)으로 산출(算出)할 수 있어야 비로소 율서에 따른 올바른 세시행사(歲時行事)를 할 수 있는 것이다.

까닭에 어느 한 부분의 지식을 가졌다고 하여 고대 세시기를 해득한다고 할 수 없으므로 수 나라나 당 나라 초기에는 아직도 세시기를 운영할수 있는 바탕이 형성되지 않았던 것이다.

그러나 송 나라에 이르러는 기자(箕子)의 정전제(井田制)에 따르는 농경제도(農耕制度)와 이에 따르는 향당(鄕黨)이 형성되고 또 지난 날 미신(迷信)형태의 천문학(天文學)을 불식하고 이른바 주자(朱子)의 홍범 구주 천문학(洪範九疇, 天文圖)며 5행을 심성론(心性論)으로 발전시키는 등 비약적인 발전을 이룩했다고 볼 수가 있다.

그러므로 세시풍속을 제정하는데 있어서도 어느 정도는 고조선의 옛 제도를 방불하게 하였던 것이다.

하지만 홍범오기(洪範五紀)에 따르는 세시풍속이 천하에 풍비하는데는 역시 오랜 세월을 두고 반복되는 가운데서 이루어지므로 그 당시에는 만민이 모두 즐겨하는 세시풍속이 형성되었다고 할 수는 없다.

이것을 우리 인간의 행동에 비유하면 처음에는 일정한 규정의 학문을 배우고 이것을 터득할 때는 눈으로 식별할 수 있는 문헌이 필요하다. 그리고 그 학문을 모두 외우고 또 글뜻을 깨닫고 이 학문을 능숙하게 운영할 수 있는 지혜가 생기면 그때부터는 그 학문의 양식이 몸에 배여서 일거수 일투족(一擧手一投足)이 모두 학문의 이론대로 실천을 하기에 이른다.

이것을 말하여 터득이라고 한다. 즉 그 몸으로 능히 터득된 것을 행할 때 이것을 신묘(神妙), 혹은 선능(善能) 또는 멋이라고 한다.

이러한 의미에서 생각할 때 송 나라는 학자와 통치가들 중에서 홍범의 세시행사를 알고 있는 사람이 있었다고 할 수는 있으나 그것은 오직 상부 기관인 조정(朝廷)일 뿐 전국적인 각 기관에서는 아직도 교육 단계에 머물러 있었고 세월도 짧아서 이 많은 전문적인 분야의 세시기를 실천하기에는 곤란했다.

그러므로 형초세시기(荊楚歲時記)와 그 밖의 세시기(歲時記)

에 열거한 대로 그 당시에는 중국 고대의 잡다(雜多)한 세시
행사와 병행하여 그 폐풍을 제거할 수 있는 능력도 갖지 못하
였다.

이러한 이유로 송 나라는 오래지 못하여 원(元) 나라에 패
망하고 말았다.

5. 삼국의 세시행사

그러면 혹자는 말하리라 !

우리 삼국사기(三國史記)에는 홍범오기(洪範五紀)에 따르는
세시기(歲時紀)와 세시행사(歲時行事)를 적용했다는 문헌이 없
는데 어떠한 근거를 가지고 세시행사가 있었다고 할 수 있는
가? 이는 당연한 질문이라 할 수 있다.

이에 대하여 필자에게 답변을 요구한다면 이와 같은 답변을
할 수가 있다.

첫째로 이상에서 논한 바 삼국의 건국에서는 일정한 문헌상
의 고증(考證)이 없다고 하지만 삼국이 건국할 때 일, 월, 성
신, 역수(日, 月, 星辰, 曆數) 등을 통치(統治)에 선용(善用)
한 것이다.

물론 이 무렵에 전한, 후한(前漢, 後漢)도 춘, 하, 추, 동
등 역수(曆數)가 전혀 없었던 것은 아니다.

그러나 중국의 임금이 일, 월, 성신을 운영하는데 있어서
삼국이 하던 건국 초의 통치 행사와는 큰 차이를 보이고 있다.

그 사례(史例)를 들면, 한 나라 이전은 물론 후한 때까지도
임금이 통치를 할 때 일, 월, 성신 등에 변화가 오면 임금은
전란(戰亂)을 의식하고 성지(城地)의 보수(補修)며 또 병사(兵
士)의 증강(增強)으로 오히려 백성에게 가혹한 세금과 부역으
로 들볶아서 백성을 도탄에 빠뜨리는 예를 어느 사서(史書)
에서나 흔히 볼 수 있다.

이에 비하여 고구려, 백제, 신라의 경우는 일식(日蝕) 등 천체에 변화가 있으면 왕은 자신의 치적을 가책하며 참회하고 그 통치술을 바꾸는 동시에 나라에서 감금한 죄수를 모두 방면하는 동시에 굶주리는 백성들에게는 나라의 부고(府庫)에서 양곡을 내어 나누어 주었던 것이다.

이런 통치술을 말하여 만민을 위하는 멋이 있는 통치, 즉 홍익인간(弘益人間)의 통치라 할 수 있는 것이다.

그러므로 이 정치는 눈에는 보이지 않지만 이미 홍범의 오기 (五紀)를 터득하여 행한 징조(徵兆)라 할 수 있다.

둘째 이유는 왕이 오기의 통치를 위하여 그 왕의 지위까지도 초개(草芥)처럼 던져서 사양하고 슬기있는 어진 자에게 왕위를 서슴없이 넘겨 주었다는 것은 실로 멋이 그 몸에 배이지 않고는 실행하기 어려운 행사이다.

혹자는 고대 중국의 전설인 소부와 허유가 왕위를 계승하라는 소리를 듣고 귀를 물에 씻고 소에 물을 먹이다가 그 물을 먹지 못하게 했다고 하나 그것은 도가(道家)들의 변설일 뿐이다. 그러나 신라의 3대 유리니사금은 권좌를 미련없이 석탈해에게 넘겨 주었다는 것은 얼마나 고도(高度)한 정치의 멋인가를 말하여 준다.

이러한 사례를 중국의 당(唐), 송(宋), 원(元), 청(淸)할 것 없이 어느 임금 때에도 찾아 볼 수 없는 것은 주지(周知)의 사실이 아닌가?

즉 이러한 통치는 천체(天體)를 막연하게 신봉하고 임금을 보좌하는 신하와 천관들이 임금에게 아첨하는 말에 귀를 기울임이 아니요, 오직 구체적(具體的)이고 또 과학적(科學的)인 고대(古代)의 홍범 오기(洪範五紀)에 제재(制裁)를 받았다는 실증으로 해석할 수가 있다.

즉 이것을 현대의 정치제도에 비유하면 선거(選擧)하는 방법만은 다를지언정 민심(民心)과 직결한 점은 흡사하다고 할 수가 있다.

그러나 유리왕의 경우는 선정을 베풀어서 백성들이 임금을 찬양하는 노래를 척도(尺度)로 삼았다는 것은 세시기의 기강 (紀綱)을 문헌상으로 내세우지는 않았지만 도량형(度量衡)으로 측정하는 율력법이 신라 온 국민의 몸에 배어 있었음을 입증 하는 좋은 재료이다.

6. 제사(祭祀)제도

중국의 당서(唐書)와 후한서(後漢書)에는 고구려, 백제, 신 라 등 삼국의 풍속은 사당(祠堂)을 만들어 제사를 함에 있어 서 음사(淫祠)가 많다고 했다. 이것은 삼국의 제사가 세시기 (歲時紀)에 따른 제사방법이라는 것을 몰랐기 때문에 나온 말 이다.

대체로 삼국의 건국에는 반드시 시조왕(始祖王)의 사당을 세우고 제사를 지냈다는 것은 홍범 구주의 제 2 강(第二綱)에 이르는 농용 8 정(農用八政)을 준수한 세시행사(歲時行事)이다.

농용 8 정에 따르면, 첫째가 식(食)이요, 둘째가 재화(財貨) 요. 셋째가 제사(祭祀)이다.

그리고 나서 모든 통치의 기구도 필요하고, 또 시정백반이 필요하다고 했다. 이러한 문헌을 참고할 때 제사를 올리기 위 하여 현명한 시조를 사당에 모셔 제사를 올리는 것은 어김없 이 오기의 체제를 실천궁행(實踐窮行)한다는 것이 된다.

또 제사를 올리는 방법에 있어서도 해, 달, 성좌며 또 나라 를 위하여 큰 공이 있는 영전(靈前)에 제사를 지내게 되는 것 이 고대의 제문(祭文=말)이었는데 이것을 모르는 후한이나 당 나라의 학자들이 부질없이 음사(淫祠)가 많다고 한 것은 당 연하다고 할 수도 있을 것이다. 뿐만이 아니라 그 방법이 멋 있는·통치를 이룩할 수 있는 이륜(彝倫)임을 몰랐던 것도 무리는 아니다.

여기서 당서(唐書)의 일절을 참고로 소개한다.

高句麗俗多淫祠祀 靈星及日 下略

〔고구려의 풍속은 음사(淫祠)가 많고 또 영성(靈星)과 해(日)
에게 제사(祭祀)한다. 생략〕

이것은 당시의 사학가(史學家), 혹은 사관(史官)들이 사신
(使臣)이나 또는 고구려를 왕래한 자들에 의하여 전하여 듣고
기록한 것으로 볼 수 있다.

까닭에 고구려에 대한 깊은 풍속이나 또 제사방법을 연구하
지 못한 자들의 추상적인 지식을 가지고 기록한 소행이라 하
겠다.

홍범과 율력론의 관계

대저 홍범 구주(洪範九疇)가 주(周)나라 무왕 때 전하여 졌다
함은 전자에서 설명을 하였다.

그러나 그것은 주사(周史=竹書)와 서경(書經) 등에 보이고
있을 뿐 그 문화의 일부가 전하여 통치에 쓰여진 예는 중국
상고사(上古史)에서 흔히 엿볼 수가 있다.

그러나 홍범의 9경(九經) 중에서 전문적인 율서(律書), 천
문지(天文誌) 등 몇 개 분야에 있어서는 이것을 실용화하지
못했음을 한 나라 때 사마천(史馬遷), 유향(劉向) 등 많은 학
자들이 이구동성(異口同聲)으로 말하고 있다.

더우기 전한 때 왕망(王莽) 등이 율서(律書)를 연구하고 홍
범의 율서 등을 정리(整理)하는 과정에서 더욱 뚜렷하게 되었
던 것이다.

까닭에 한나라 예문지(藝文誌)에 홍범 구주(洪範九疇)를 전
재수록(轉載收錄)할 때의 원문을 참고로 상고할 수 있도록 전
문의 일부를 설명한다.

禹治洪範 錫洛書法 而洪範是也. 史記 武王亮 殷訪問箕子以天道
箕子之洪範陳之(以下者略)

〔우임금께서 홍수를 다스릴 때 얻은 하도낙서가 곧 이 홍범
이다. 사기(史記)에 이르기를 무왕이 은 나라 주왕을 멸한
뒤, 기자가 무왕을 방문하여 홍범 구주의 도를 설명하였다. 하
략〕

이상의 전문을 서두에 기록하고 홍범의 대강(大綱)인 65자
(字)를 수정(修訂)없이 수록하였다.

이와 같이 한 나라 〈예문지〉에 취급한 것을 보아 그 당시
홍범 구주의 문헌이 얼마나 존귀한 것인가를 가히 예측할 수가
있다.

또 율력지(律曆誌)에서도 홍범의 오기(五紀)를 인용한 문헌
을 보면 다음과 같이 설명을 하고 있다.

주 나라 무왕을 방문한 기자(箕子)는 대법 9장을 설명했다.

또 5기(五紀)를 밝히고 역법(曆法)을 설명했다고 사고가 말
했고 맹강(孟康)은 5기(五紀)를 말하여 세, 월, 일, 성신진
(日月星辰)이라 하였다.

이러한 문장의 내용으로 보아서 5기(五紀)는 홍범의 5기로
규정을 하였던 것이다.

그러므로 홍범 구주의 원문(原文) 그 자체가 주 나라에 전하
여졌는지 혹은 구두(口頭)로서 전달이 되었는지 그 내용은 알
수가 없으나 기자(箕子)가 무왕에게 전한 홍범은 원문 65자전
부가 전하여 졌기에 주사(周史)와 서경(書經)에는 65자의 원
문이 기록되어 있었다.

그러나 한 나라 예문지에 따르면 율서(律書)와 천문지(天文
誌)가 수록되어 있었지만 이 문헌에 대한 주석(註釋)이 없는
것으로 미루어 생각할 때 이들 문헌은 한 나라가 처음으로 입
수하여 연구하기에 이른 것이 아닌가 생각된다. 그렇다고 고
대 중국에 천문지가 없었던 것은 아니다.

맹강(孟康) 감, 석(甘, 石) 등 외에 많은 천문학자가 있고
또 역대(歷代) 왕조에도 천관(天官) 등이 있어서 천문을 담당
했다.

그러나 이들의 천문은 천편일률적으로 천체를 점치는데 그
쳤고 천체학(天體學)의 발전은 이루지 못하였으며, 당 송 때
에 이르러서 어느 정도의 윤곽이 성립된 것으로 사료된다.

까닭에 세시기(歲時紀)를 위주로 통치를 한 시대는 중국에
서는 찾아 볼 수가 없었던 것이다.

대저 중국의 정치는 중화사상을 위주로 하고 천체를 대신한
왕도(王道), 즉 황제(皇帝) 통치로서 천하(天下)를 모두 다스
린다는 천자의 정치라 사실상에 있어서 군왕이 통치의 책임을
느끼고 그 왕위를 물러난다는 일은 혁명(革命) 이외에 있을
수 없는 절대적(絕對的)인 위치에 있는 것이었다.

이러한 천황통치에 있어서 일정한 체제(體制)를 갖춘 세시
기(歲時紀)에 얽매어지는 세시행사(歲時行事)가 어찌 존립할
수 있으랴 !

이러한 형세로 미루어 상고할 때 우리 삼국 초의 세시행사
는 중국 어느 시대의 세시행사보다도 만민을 위한 행사라고
규정을 지을 수 있는 것이다.

정 월(正月)

정월의 유래를 율력의 문헌상으로 상고하면 정월은 연중행
사로서는 첫 날에 해당하지만 역법(曆法)의 계산으로는 3수를
지닌 인월(寅月)에 해당하는 달이다.

그 연유를 율력서(律曆書)에 따르면 시각, 날자의 계산에서
는 12지 등의 동물의 형상으로 표기를 한 까닭에 3수는 곧
자, 축, 인(子, 丑, 寅) 중에서 인(寅)으로 표기(表記)되어 있
다.

　※〈후세와 점술가(占術家)와　방술가(方術家)　등은　12지의 동물상에 심오(深奧)한 철학이 깃들어 있는 양 말을 하지만 원래의 율력 입법정신(立法精神)으로는 계산상의　부호(符號) 에 지나지 않는 것으로 되어 있다.〉

　까닭에 세시기(歲時紀)의 기강에 따라서 세시행사를 정할 때 정월을 범의 달로 정하고 이 달을 천지인(天地人)　삼자가 서로 합치되는 달이라 하였고 또 사람을 받들어 성사를 이룩하는 달(人事而成之月)이요 나아가서는 모든 대부족이 하늘의 뜻에 따라서 화합한다(乾和太族)고 하였다.

　이상의 문헌을 요약 해설하면 지혜 있는 사람을 받들어 세시행사를 이룩한다는 것이며 그러기 위하여 모든 부족은 일치 단합하여 세시기의 정신을 받들라는 뜻이다.

　또 역법에 이르기를 인(寅)의 3수는 황종률(黃鍾律)에 해당하는 양(陽)이며 이 황종률을 율(律)로 형성할 때는 길이 8촌 (寸)인 까닭에 인통술(人統術)의 기준이 된다고 하였다. 그 이유의 하나로서 하늘과 땅의 이치가 아무리 무궁무진하고 생성변화의 극치를 이룬다 하지만 사람은 최상의 지혜로서 심오한 그 이치를 깨닫고 또 이것을 영위할 수도 있는 것이다.

　따라서 일월의 운행을 바람과 기(氣)의 운영으로 볼 때 음률(音律)의 고저상하(高低上下)도 바람과 거의 진동의 척도로서 율력을 음률의 척도로 가린 것도 고대사회에 있어서 적절한 방법이라 하겠다.

　그러므로 사람의 생성변화라는 척도를 8수로 가리는 8괘상 (八卦象)이 성립될 수가 있고, 또 5성(五聲)을 8음(八音)으로 조화(調和)할 때 사람은 하늘과 땅, 그리그 만상과 더불어 즐거이 해조(諧調)될 수 있는 것이다.

　이와 같이 정월은 사람을 받드는 달이며 또 신비의 슬기를 가진 사람은 천지의 만상과 더불어 해조를 할 수 있는 사람의 달이다.

까닭에 정월을 현대의 행정학으로 볼 때는 최선의 인사관리 (人事管理)를 중점으로 시행하는 달을 말하는 것이다.

대저 우리나라 삼국 때의 행사를 살펴 보면 삼국사기 권 제 32, 잡지(雜志) 제 4, 제사편(祭祠篇)을 상고하면 신라는 물론 백제, 고구려 등은 다같이 정월 초순에는 종묘와 사직에 제사를 지냈다고 하였다.

까닭에 정월의 행사 중 종묘와 사직, 그리고 천지에 제사를 지내는 것은 율력의 세시기의 기강대로 좋은 인재를 선발하여 연중 행사를 성공리에 수행할 수 있도록 비는 행사인 것이다.

그 다음은 입춘이다. 입춘(立春)은 문자 그대로 봄에 이르렀으니 사람은 이에 따라서 모든 세시행사를 새봄에 합당한 행사로서 세워야 한다는 것이다. 또 입춘은 율력에서 8절기의 하나로 제정된 날로서 농경의 행사로는 가장 중요한 날이다.

이와 아울러 원단(元旦)의 행사이며 그 밖에도 다례(茶禮), 세배(歲拜), 상치행사(尙齒行事), 인일(人日), 산제(山祭), 석전(石戰) 행사 등이 거행되는 달이다.

이상과 같이 정월에 많은 행사를 거행하는 것은 선량(善良)하고 지혜있는 인재를 선출하여 이를 기용하고 그로 하여금 슬기와 질서있는 세시행사를 완수하는데 근본 목적이 있는 달이라 하겠다.

1. 입 춘(立春)

입춘은 역법의 8절기 중의 하나로서 제정된 날이다.

옛날부터 농가에서는 입춘날 보리 뿌리를 캐어서 뿌리가 세 가닥 이상이 자랐으면 그 해의 농사는 풍년이요, 또 뿌리가 몇 개 자라지 못했으면 흉년의 징조라고들 하였다.

이와 같이 율력에 정해진 입춘날은 농민들의 마음 속에까지 스며들고 접근된 세시행사 중의 하나이다.

이 말은 율력법에 근거를 둔 것으로 추상적인 말이 아니다.

그 이유는 율력의 규정대로 입춘날은 땅에서 황종(黃鍾)의 양기(陽氣)가 순서대로 자라나면 식물의 뿌리가 많이 자라날 것이며, 또 아직도 땅속에는 음기가 왕성하여 따스한 기운이 없으면 식물의 뿌리가 잘 자라지 못할 것이다.

입춘은 동지(冬至) 다음에 맞는 절기로서 대개는 정월에 들지만 윤달의 계산상, 때로는 12월 하순에 들 때도 있는 것이다.

대개 정월에는 율력의 행사로는 입춘과 우수(雨水)의 행사가 있다.

우리 삼국 때 입춘날의 행사를 보면 소상한 문헌이 없어서 알길이 없으나 세시행사를 율력의 세시기대로 농경행사를 한 것으로 미루어 볼 때 입춘의 행사로서는 그 날에 입춘이 왔다는 방(榜)을 붙여서 농사를 준비하라는 신호로 삼아왔던 것이다.

이러한 풍조가 계기가 되어서인지 몰라도 입춘날에는 입춘날을 축하하는 시(詩)와 사(詞) 등의 입춘방을 대문, 대들보, 기둥 등에 붙이는 풍속이 있다.

또 대궐에서도 문인들의 상춘(賞春)에 대한 글 중에서 잘된 것을 가려서 대전의 기둥이나 대궐문에 붙이는 풍속이 있는데 이것을 춘첩자(春帖子)라고 불렀다.

2. 원 단(元旦)

정월 1일을 설날, 원단, 세수(歲首)라고들 부른다.

초하루를 여러 가지 형태의 낱말로 꾸미고 장식한 것은 모두 후대의 사관(史官)이나 학자들에 의하여 생겨진 것으로 추측되나 원단을 명절로 정한 것은 역시 율력서에 따르는 세시행사(歲時行事)로 볼 수 있다.

대개 삼국사기의 기록에 따르면 특별한 사고(事故) 등을 제외하면 정월 초에 재상(宰相)과 중신(重臣)들을 기용한 예가 많다.

　이것은 삼국사기를 저작한 김 부식님께서 삼국의 본기를 편찬할 때 세시기(歲時紀)에 따르는 율력법(律曆法)을 의식(意識)하지 못하고 오직 편년체(編年體)를 위주로 한 기록인 까닭에 삼국의 세시행사를 위주로 한 기록이 못됨을 아쉽게 생각한다.

　그러나 삼국의 본기를 보면 때때로 정월의 종묘(宗廟) 제사와 관련하여 대보(大輔＝宰相) 등 중신을 기용하는 것을 볼 수가 있다.

　이러한 것은 우연한 것이 아니라 삼국에서의 연중행사는 율력법에 따르는 세시행사임을 실증하는 것이다.

　설날이 되면 왕은 제후방백들의 새해 문안을 받은 후 그들을 대동하고 종묘에 들어가서 중신과 또는 제후방백들이 천거한 인물을 모두 종묘사직에 고하고 품작(品爵)을 결정하는 것이다.

　이것이 삼국 때 세시행사의 서장이라고 볼 때 정월 원단의 경하스러운 것은 어느 명절에도 비할 바 아니다.

　더우기 만민에게 추앙을 받던 인물이 중직에 기용되어 그들과 더불어 연중행사를 시행하게 되니 온 백성은 희망에 찬 기쁨과 환희로서 맞이하게 되는 것이다. 그것은 만민과 동고동락을 같이 누릴 수 있는 인재가 기용되었기 때문이다.

　이와 같이 새해의 서장부터 백성들에게 희망과 즐거움을 주는 세시행사는 백성들도 피로와 부담을 크게 느끼지 않고 성취될 것을 잘 알기 때문이며 이것이 이른바 선량한 인사관리의 방법이라 하겠다.

　그러나 이조에 와서는 삼국 때의 정월행사와 같이 주체성을 가지고 거행되는 세시행사가 아니라 오직 낭비와 치례를 위한 행사로 변하였다.

　즉 삼국 때는 정월이 되면 백성들도 지나간 해의 행사를 체험삼아 새해에는 새 설계를 가지고 실천하려는 자세에 비하여 이조 때는 정월 1일을 제사나 하고 또는 세찬 등을 나누며 즐기는 낭비를 바탕으로 한 새해가 되었던 것이다.

이조 때의 설날에도 의정대신(議政大臣)은 6부의 대신과 관찰사(觀察使), 병사(兵使), 수사(守使) 등 제정된 품작(品爵)의 관헌을 대동하고 대전 뜰로 나가서 반열(班列)을 갖추고 새해의 차례를 올린다.

그러나 임금이 참석한 중에서 문무백관을 거느리고 종묘와 사직단 앞에서 일년 중의 세시행사를 신랄하게 토의를 하거나, 또 인사를 중점으로 거행한 일은 없었다.

다만 설날이 오면 명(明), 청(淸)에 조공사절(朝貢使節)을 보내 많은 예물을 올리고 새해의 중요한 행사를 알리고 상의를 했다하니 결국 조정에서 거행되는 설날의 백가지 행사는 모두 알맹이 없는 행사라고 볼 수 밖에 없다.

삼국 때 사당에 제사를 올리는 것은 군신이 모두 화합하여 좋은 인재를 뽑고 그로 인하여 그 해의 세시행사를 성공하겠다고 맹세하고, 또 희망에 부푼 세시행사였으나 이조 때는 임금과 몇 중신들이 형식적으로 제사를 하는 절차에 지나지 않았다.

까닭에 그 제사가 온 나라 방방곡곡에까지 영향을 미치는 효과를 가져왔는지는 의심이 갈 뿐이다.

3. 차 례(茶禮)

설날 아침에는 경도(京都)를 위시하여 온 국민이 모두 차례를 지내는 풍속이 있다.

물론 설날의 차례, 즉 제사는 삼국 때부터 거행하던 풍속이다. 임금이나 중신들이 종묘사직에 제사를 지내는 풍속과 더불어 백성들이 모두 자기 조상들에게 제사를 지내는 것은 조상을 위하는 미풍양속이라 할 수 있다.

그러나 그 지위의 품위(品位)를 자랑하고, 또 부호(富豪)를 자랑하기 위하여 차례의 세찬(歲饌) 등을 호화롭고 다채롭게 하는 풍속은 일반 서민층에까지 파급되어 설날에 마련하는 세찬과 세주(歲酒) 등으로 낭비되는 풍토가 심하여 설을 지나면 백성들의 생활이 더욱 곤핍하는 폐풍이 있었던 것이다.

생각컨대 나라에서는 예전(禮典)이 있어서 관혼상제(冠婚喪祭)를 할 때 규정이 있었던 것이다.

그 규정은 낭비를 줄이기 위하여 제정한 것이다. 즉 장례를 3일장(三日葬), 혹은 5일장(五日葬) 등으로 규정하고 또 그 제사의 기간도 3년으로 정하는 등은 모두 소비절약을 위한 것이다.

그런데 상중(喪中)도 아니요, 대상(大喪), 소상(小喪) 기간도 아닌 명절 제사에 많은 차례상을 마련하는 것은 예전(禮典)에도 어긋나는 행사이다.

이러한 풍토는 근대에까지 영향을 미쳐서 명절의 제사를 차리는데 있어서 마치 대상이나 맞이한 양 호화롭게 차례상을 차리는 것은 조상을 위하여 제사를 하기보다는 낭비를 조장하는 방자한 행위라 할 수 있다.

이상과 같은 풍속은 아무리 선조들이 거행하여 온 풍속이라 하지만 이것을 미풍양속이라고 권장할 처사는 못된다.

4. 세 배(歲拜)

설날의 차례가 끝나면 그 가정은 이때부터 세배로 들어간다.

즉 차례가 끝나면 차례에 참여했던 그 일문의 사람들은 모두 자리를 정돈하고, 할아버지, 할머니, 부모님, 백부, 숙부, 형, 아우, 자매 등의 순서로 세배가 시작되는 것이다.

그리고 세배가 끝나면 그 문중은 모두 차례상을 중심하여 둘러앉아서 음식을 먹지만 대개의 경우 그믐날부터 포식한 까닭에 차례상의 음식은 고스란히 남게 되고 떡국이나 술잔을 교환하는 것이 상례이다.

　한 문중 혹은 한 가정의 세배가 끝나면 이웃은 물론 온 마을을 누비며 어른들을 찾아서 세배를 올리는 풍속이 있다.

　세배는 설날에서부터 시작되어 정월 보름날까지 계속되는데, 그 일가가 먼 곳에 있으면 수십 리 혹은 백여 리의 먼 곳까지 세배하러 가게 된다.

　이 풍속은 우리의 미풍양속으로 볼 수가 있으며 삼국 때부터 전하여 오는 풍속으로 해석되는 것이다.

　그 이유는 세배를 받는 편에서 세배를 받으면 반드시, "올해는 벼슬이 높아지고 모든 일에 성공을 이룩하라"고 말한다.

　이 말을 해석하면 새해는 임자의 뜻한 계획을 이룩하라는 뜻이다.

　만일 세배를 하는 사람이 벼슬을 하던 또는 농(農), 공(工), 상(商) 어떤 것을 하던 소신대로 일하여 성공을 하라는 것이다. 이 말은 형식으로 주고 받는 세배가 아니라 새해의 설계, 즉 행사와 관계를 가지는 말이다.

　이러한 풍속은 일반 백성들 중에서 행하여졌기에 그 풍속을 왕명으로 금하지 않았던 것이지, 만일에 높은 벼슬을 하는 사람이나 또는 천자와 왕 사이에 받는 인사가 이렇다면 그것은 큰 문제가 될 것이다.

　즉 천자가 왕에게 세배를 받고, 왕은 올해에도 소원대로 벼슬이 높아지라고 한다면 그것은 천자 자신의 지위를 내어 주는 것이며, 또 영의정이 판서들의 세배를 받고 벼슬이 높아지라면 자신의 작위를 가져 가라는 뜻이 되어서 인사말치고는 너무나 낯이 간지러운 말이다.

　물론 세배를 받는 사람으로서는 나라와 또 자신을 위하여 좋은 일을 하라고 권장하는 뜻도 포함되는 인사말로 해석할 수도 있다.

　이와 같은 인사말은 삼국 때 통치제도로서 나라의 정치와 한 부족 혹은 한 가정이 모두 동일한 체계의 제도를 가졌을 때는 통할 수 있다.

그러나 이조에 와서는 유도(儒道)의 통치로 삼국 때의 제도와는 많은 차이를 가져왔던 것이다.

삼국 때의 제도는 세시기(歲時紀)의 기강(紀綱)을 이륜(彝倫)으로 받드는 제도였다.

신라 본기 유리니사금편을 보관 왕은 석탈해가 지혜와 인품이 뛰어난 것을 알고 자신의 왕위까지 양위를 하였다. 이것을 말하여 후대의 사가들은 홍익인간의 통치제도라 한다.

홍익인간이란 만민을 이롭게도 하지만 만민과 더불어 천체의 세시기를 평등하게 받드는 것을 뜻한다.

만일 이조의 정치적 제도하에서 새해의 인사를 높은 벼슬에 오르라고 서슴 없이 말했다가는 이는 반드시 왕도의 권위를 저해하는 것이라 하여 역모로 몰려서 처형을 당하게 될 것이 명백한 것이다.

더우기 중화사상 일변도인 제도하에서 천자와 후왕 사이는 불과 한 계급의 품위를 가졌다고 하지만 그것은 명분일 뿐 천자와 왕은 주종관계를 가지는데 어떻게 천자가 왕에게 지금의 벼슬에 한 계급 올라서 천자가 되라고 할 수 있을 것인가?

또 왕과 제후(議政部大臣) 사이도 천자와 왕과 같은 사이로서 절대적인 주종관계가 있는 고로 의정부 대신에게 왕이 되라고 할 수 있으리오! 그러므로 왕도(王道)의 권위를 위주로 한 이조의 통치하에서는 그런 말이 인사치례밖에 될 수 없는 것이다.

까닭에 이 세배의 인사말은 삼국 때부터 전하여 오는 풍속을 이조에서는 형식적인 치례의 형식과 같은 안일한 자세로 받아 들였던 것이다.

5. 향약(鄕約)의 상치(尙齒)
삼국 때는 물론 이조 때에도 고령의 노인을 공경하고 극빈

자와 의지할 수 없는 백성에게 세찬과 양곡 등을 보내는 풍속이 있었다.

이러한 풍속은 고조선의 향당(鄕黨)에서 거행하던 상치(尙齒)의 풍속으로 삼국 때는 통치가들이 흔히 거행한 것을 사기의 기록에서 볼 수 있다.

이러한 상치의 미풍은 후대에 이르러 향약(鄕約)에서는 막여치(幕如齒)라는 풍토가 조성되어 고령이 되면 지방의 선초관(撰抄官)은 물론 조정의 중신들도 숭상하여 경노심을 앙양한 것이다.

6. 인 일(人日)

정월들어 첫번째 인일(寅日)을 인일(人日)로 정하여 행사가 벌어진 것은 후대의 일로 생각된다.

삼국 때는 정월달을 모두 사람의 달로 정하여 조정이나 또는 지방의 수령들에 이르기까지 사람을 받드는 달로 행사를 거행했다는 것은 앞에서도 말했다.

그러나 이조 때의 기록을 보면 사람의 날을 정하여 이 날은 왕께서 동인승(銅人勝)을 만들어 대신들에게 나누어 주었고 또 제학(提學)에는 인일제(人日製)라 하여 성균관 유생 중에서 천거를 받은 자에게 시과(試科)하여 포상하는 행사가 있었다.

왕이 동인승을 대신에게 주었다는 것은 풍속이 어느 때 생겼는지 소상히 알 수 없으나 그 기원은 율력의 인통법(人統法)에서 유래한 것으로 생각된다.

동인승을 만들어 주었다는 뜻은 역법에서 말하는 이른바 동(銅)은 금이고 금성(金聲)은 인(仁)과 의(義)로서 만물의 정(精)에 통할 수 있는 사람이라고 하였다.

까닭에 동으로 인승을 만들었다는 것은 후대에 와서 인일이 금을 상징하여 동인승을 만들어 주는 풍속이 생겨난 것으로 해석되고 또 제학(提學)에서 시험을 본 것도 율력법의 정신에 합치되는 세시행사로서 삼국시대의 세시풍속과 그 양상은 달리하지만 근본 목적은 다를 바 없는 행사이다.

그 밖에도 정월달 중 12지 날을 상지일(上支日)로 정하여 쥐날, 소날, 호랑이날 등의 행사를 하는 각종의 풍속이 많다.

이러한 풍속은 고려조 이래 이조에 이르는 동안에 불교, 선교 등 종교와 점술가(占術家)들에 의하여 꾸며진 풍속으로서 세시행사와는 아무 상관성이 없는 것으로 해석된다.

7. 산   제(山祭)

삼국사기 제사편(권 제 32)을 보면 천자(天子)는 천지와 천하의 명상대천(名山大川)에서 제사를 지냈다고 하였다.

이러한 풍속은 고구려, 신라, 백제가 모두 같은 세시행사의 하나였다.

얼핏 생각하기에는 하늘과 땅 또는 명산대천에서 지내는 풍속을 미신스러운 풍속으로 해석할 수도 있으나 그렇지 않은 것이다.

무릇 삼국이 건국한 기록을 보면 고구려는 동명성왕 자신이 천제(天帝)의 손이라고 자처하였고 또 신라는 박혁거세를 왕위에 오르게 할 때 6부의 촌장(村長)과는 씨가 다른 씨의 혈통이며 신비한 신화를 남겼다.

또 백제는 동명왕의 사당을 모시고 시조 온조왕의 사당을 모셨다.

이와 같이 삼국이 정립하여 건국하는 통치의 형태를 상고할 때 고구려의 건국한 기록과 같이 천제(天帝)를 상징하는 사상으로 해석된다.

천제란 삼국사기 제사편에 있는 그대로 천자를 말하는 것이며, 이것은 곧 천체의 세시기를 기강으로 하는 통치제도를 말하는 것이다.

까닭에 고구려, 신라, 백제 등 삼국이 시조의 사당을 모시고 제사를 하지만 그 시조는 천자에는 미치지 못하는 관계로 하늘과 땅, 그리고 명산대천에 제사를 지내서 왕의 부족한 권위를 메꾸려는 것이라 하겠다.

고구려, 백제의 경우는 문헌이 없어서 어느 때 산제(山祭)를 지냈는지 모르나 신라의 경우는 정월 입춘(立春) 후 해일(亥日＝十日)에 명활성(明活城) 남쪽에 있는 웅살곡(熊殺谷)에서 선농제(先農祭)를 지냈다는 기록이 있음을 보아서 산제와 동신제(洞神祭)를 거행하는 세시행사로서 삼국 때부터 전하여 왔으나 고려조와 이조에 이르러 이를 폐지하므로 결국은 나라의 행사로는 형성하지 못하고 다만 일부 지방에서 거행하는 민속으로 전락하게 된 것으로 해석된다.

8. 석 전(石戰)

석전은 일명, 돌싸움이라 하고 이조 때는 물론 일제 때까지 각 지방에서 성행된 행사의 하나이다.

당서(唐書)에 따르면 고구려에서는 매년 정초에 군중들이 패수(浿水)가에 모여서 물과 돌싸움 놀이를 한다고 했는데 이것이 석전이다.

돌은 원래 군에서 사용된 무기로서 화살과 아울러 중요한 병쟁기의 하나였다.

삼국 때의 전사(戰史)를 보면 산능선 혹은 마루고개에 복병을 했다가 적군이 올 때 돌을 산 밑으로 굴려서 적군을 궤멸시켰다는 기록이 있으며 또 고구려가 수 나라군을 칠 때 살수의 수전과 더불어 석전의 위력은 화살에 견줄 정도로 그 위력이 컸다 한다.

그 밖에도 고대의 전사(戰史)를 통하여 상고할 때 돌은 오히려 다른 병쟁기에 비하여 간편하게 쓸 수 있는 병쟁기의 하나라고 볼 수 있다.

또 고대의 석기 시대에는 창, 칼 등을 모두 석재(石材)에서

취한 것으로 보아서 돌을 병쟁기로 활용한 것은 삼국이전 고
조선 시대로 볼 수 있다.

까닭에 돌싸움 놀이는 고대의 전법에서 유래한 것으로 삼국
때는 이미 돌싸움을 군사 수련의 하나로서 세시행사에 등장했
을 것으로 사료된다.

그러나 이조 때 임진왜란 이후에는 조총이 등장하여 석전의
위력을 잃었다고는 하지만 아직도 돌로서 적을 치는 전법은
상존해 있었다.

이와 같은 석전이 인간의 풍속으로 남아 있어서 상무정신을
앙양한 것은 좋은 현상이라 할 수 있다.

물론 질서를 잃은 돌싸움을 하여 청소년들이 부질없이 부상
을 당하는 돌싸움 놀이를 권장할 바는 아니지만 전술에 능숙한
사람이 두 패의 진영을 통제하여 부상을 막을 수 있었던 고대
의 석전놀이는 정초의 세시행사로서 권장할 만한 행사로 간주
된다.

그러나 석전놀이의 시기를 정초의 행사로 정한 것은 역시
후대의 일이다. 그 이유는 정초에는 돌맹이가 모두 얼어서 좀
처럼 자잘구레한 것을 얻을 수가 없다.

까닭에 석전의 시기를 정월로 정한 것은 후대인들이 농한기
를 택하여 행한 것으로 보인다.

우리나라 고대 풍속에 서낭제는 춘경기였는데 이 때에 서낭
당에 돌맹이를 모아 두는 것은 전쟁과 연관성를 가지는 행사
로 볼 수 있다.

더우기 춘경기에 논밭에서 골라낸 돌을 서낭당에 가져 가면
농토가 좋아지는 한편 서낭당에는 돌맹이를 쌓게 되는 일조이
석의 수확이라 할 수 있다.

서낭당은 마을어구나, 마루고개에 위치한 것으로 보아서 마
을을 방비하는 병쟁기, 즉 돌을 저장하는 곳으로의 풍속과 흡
사한 것으로 삼국 때의 기록에도 많이 볼 수 있는 미풍양속

이다.

또 이조에 와서도 송나라의 향약제도를 모방한 제도를 도입하였다. 즉 지방장관 밑에 향관(鄕官)을 두고 향교(鄕校)를 통하여 고령의 노인을 존중하는 경로사상을 창달하는 세시행사가 거행되었던 것이다.

9. 상원(上元), 보름날

정월 15일은 대보름 날로서 이 날을 일명, 상원이라고 한다. 상원일은 율력에 따라서 제정된 것은 아니지만 사람의 달이요, 동시에 새해의 첫달 중의 만월을 맞이하는 날이라 상원이란 명분을 내세워 명절로 꼽는 날이다.

더우기 정초부터 많은 행사가 겹쳐서 맞이하는 첫보름날은 찹쌀을 쪄서 가루를 만들고, 밤, 대추, 팥, 콩, 잣, 대추 등을 섞어서 거기에 참기름 꿀을 두고 밥을 만들면 이것이 이른바 약반(藥飯) 또는 약식이라 한다.

또 농가에서는 보름날에 오곡밥을 지어 먹으며 갖가지 채소, 나물을 먹는 풍속이 있다.

농가의 행사로서 짚과 수수대로 벼, 조, 콩, 피, 기장, 목화 등 각종의 곡식형태를 마당이나 퇴비광 앞에 세워서 풍요한 가을의 풍경을 만들어 장식하는 풍속이 있다.

소박한 풍속으로는 귀밝이 술, 이닦이 콩엿, 깨엿을 먹거나 명길이 국수 등을 먹으면 좋다는 등 지방에 따라서는 각양각색의 행사가 많다.

이러한 풍속은 원래부터 전하여 온 행사가 아니요, 후대에 이르러 식도락(食道樂) 또는 호사가(好事家)들에 의하여 지어서 만든 낭비풍조라 하겠다.

대개 삼국의 세시행사를 보면 매달 초하루와 보름에는 조례를 지내고 또 종묘사직에 간소한 제사를 지냈다 하였고, 일반 백성들도 초하루와 보름에는 제사를 지냈다는 기록을 볼 때 이것은 연중행사를 정성껏 치르기 위하여 제정된 세시행사의 하나로 해석된다.

그러나 고려조와 이조에 이르러는 불교와 유교의 영향을 받아서 섣달부터 보름날까지 구실을 붙여서 장님을 불러서 안택경(安宅經)을 하거나 또는 무당을 불러서 다리굿과 서낭맞이 등의 굿거리를 하는 풍속이 지방에 따라서 각양각색으로 변하였다.

이러한 형태는 선조들이 남겨놓은 세시행사의 유풍이 아니고 후대에 이르러 호사가들에 의하여 발생한 풍조로 해석된다. 그러므로 난잡한 것, 사치스러운 것, 낭비성이 있는 것 등은 모두 권장할 형편이 못 되는 풍속이라 하겠다.

10. 월 내(月內)

월내란 정월 중에 거행될 행사로서 일년 중의 세시행사 중 1개월 중의 행사를 월내라고 말한다.

대개 이조의 풍속에는 12지 중에서 기일(忌日)을 꺼리는 풍속이 많았다.

이러한 풍속은 율력의 세시행사의 근본 정신에 어긋나는 것으로 이것은 후대에 이르러 점술가, 무당, 방사 등에 의하여 조성된 것이며 권장할 수 없는 풍속의 하나로 판단된다.

그 예를 들면 쥐날(子日), 진일(辰日), 말날(午日), 돼지날(亥日)은 밖에 출입하는 걸 꺼리며 또 8일은 패(敗)날이라고 꺼리게 되면 결국 정월달도 모든 휴업을 해야 하니 이러한 풍속을 권장하면 농사를 할 날이 없어지는 것으로 알 수 있다.

2 월

2월은 정월다음 둘째 달이지만 율력의 차례로는 4수에 해당하며 묘월이라 한다.

이것을 율(律)에서는 고선(姑洗)이라고 하며 또 양기(陽氣)를 깨끗이 하여 하나로 묶는다고도 한다.

대개 고선이란 금성(金聲)의 율로서 놋으로 만든 그릇 소리를 말하는 것으로 2월에는 천하의 만민이 모두 농사를 시작하는 달로서 마치 음률의 시장(始章)을 알리는 축(祝)의 시기와 같은 것이며 이것을 현대의 음악으로 볼 때는 지휘자가 지휘봉으로 지휘하는 것과 같고 또 무대에서 막이 오를 때 치는 꽹과리 소리와 같은 것이다.

또 2월에는 동삼석달을 땅 속에서 웅크리고 있던 버러지도 꿈틀거린다는 경칩(驚蟄)과 춘분(春分)날이 있다. 춘분은 홍범의 99원수도(九九圓數圖)로 계산하여 33수에 해당하며 또 8절기 중 셋째 절기를 맞이하는 날이다. 따라서 이 달의 세시행사는 농사를 시작하는 달로서 그 밖의 모든 행사를 금했던 것이 고대의 풍속이다.

이와 같이 2월달은 농경행사를 위주로 한 달로서 삼국 때의 세시행사 중에는 종묘사직의 제사까지 금하여 농사를 위주로 하였던 것이다.

1. 삭 일(朔日)

고려조와 이조에 들어서는 2월 삭일인 초하루를 중화절(中和節)로 정하고 행사를 거행했다.

이날 임금은 재상(宰相)과 중신들에게 중화척(中和尺)을 나누어 주었다. 중화척은 소상강에서 산출되는 반죽(班竹)이나, 붉은색 참나무로 만든 자를 말하는 것이다.

이날 자를 주는 풍속은 서기 1796년에 당 나라 건능(健陵=正祖) 때 2월 삭일을 중화절(中和節)로 정한 것이 원인이 되어 중화통치의 형태를 모방한 나라는 모두 이러한 예를 따르게 된 것이다.

더우기 이조 때에 와서는 2월 초하루에도 제사를 지내는 풍속과 아울러 솔잎떡(松餠), 메떡을 만들어 먹는 풍속이 있으며 그 외에도 각가지 행사가 있어서 양곡이 부족한 시기에 역행하는 풍속이 많이 유행하였다.

대저 당 나라 건능 때에 와서 중국에서 볼 수 없던 풍속인 자를 신하들에게 나누어 주는 행사를 살펴 보기로 한다.

그것은 정사(政事)의 해석을 자로 계량하 듯 하라는 뜻이다.

재상이 문무백관을 잘 통솔하지 못하여 어긋난 정치를 하면 연중행사가 예정대로 시행될 수 없고 따라서 나라는 궁핍한 상태를 면하지 못한다.

까닭에 군왕은 재상이나 중신에게 자를 주며 나라의 백사를 행함에 있어서 자로 계량하듯 정확한 척도를 가려서 시행하라는 뜻이다.

생각컨대 중국에는 한 나라 때 율력법은 있었으나 아직도 이것을 연구하는 과정에 있었으며 통치에는 시행되지를 못하였다고 앞에서도 설명하였다.

그러나 당 나라 고종이 고구려와 백제를 멸할 때 세시기(歲時紀)의 율력법이며 또 제반행사를 참고로한 이래 비로소 통치에 율력의 세시기를 기강으로 삼는다는 것을 뜻하는 것이다.

하지만 당 나라의 세시기에 기강 제도는 왕과 신하 또는 만민이 평등하게 세시기의 기강에 제재를 받는 것이 아니요 오직 왕은 하늘과 같은 존재, 즉 세시기를 자유로이 조종할 수 있는 위치에 두었던 까닭에 우리나라 삼국 때의 세시기의 기강과는 근본적으로 차이를 가져오는 것이 중화(中和)의 세시 행사라고 할 수 있는 것이다.

다만 같은 점이 있다면 세시기를 통치의 이륜(彝倫)으로 삼았다는 것이 흡사할 뿐이다.

2. 청명(淸明), 한식(寒食)

청명과 한식은 대개의 경우 2월 중에 드는 것이 상례이지만 역법상 윤달이 들어서 달수의 계산상 여러해 만에는 3월 중에 들 때도 있다.

또 청명일은 한식일보다 하루 전날에 드는 것이 원칙이나 세시의 계산법으로 같은 날에 들 때도 있다.

청명, 한식은 고대 율력법에서 농사를 위주로 제정된 것이지 결코 통치가의 권위와 안일을 위하여 제정한 것이 아니다.

대저 삼국 때의 경우를 보면 계절에 따라서 농사를 지어서 나라가 부강하였다는 기록은 있지만 청명, 한식의 명절에 세시행사가 있었다는 기록은 없고 다만 시묘(侍墓) 살이가 있었다는 기록은 많다.

이러한 흔적은 4, 5천년 전의 유물로서 고인돌에는 오랜 세월 돌을 갈아서 파들어 간 것을 보아도 일년에 몇 차례의 차례를 지낼 정도가 아니라 적어도 수년간은 시묘살이를 한 흔적이라 할 수 있다.

만일에 삼국 때 한식의 성묘를 시묘로 견주어 해석할 때 시묘살이를 하는 제도하에서는 당연히 찬밥을 먹지 않을 수가 없었던 것이다.

청명, 한식은 춘분(春分)날에서 입하(立夏)로 치달리는 계절로서 율력법은 이 날을 홍범 구주의 99원수도(九九圓數圖)에 기록한 것을 보아도 능히 한식날은 춘경기의 중요한 농번기였음은 고금을 막론하고 입증하는 것이라 할 수 있다. 까닭에 청명 한식에는 세시행사가 없었던 것으로 볼 수 있다.

그러나 고려조 후 이조에 와서는 청명날에 느름나무나 버드나무에서 불을 피워 재관에 나누어 주는 풍속이 있다.

또 한식날에는 조상의 묘를 찾아가 차례를 지내고 무덤을 살펴 보는 풍속이 행하여졌다.

더우기 한식날은 더운밥을 먹지 않고 찬밥을 먹는데 이 유래는 진(晉)나라 개자추(介子推)의 혼령을 위로하는 날이라는 고사가 있다.

중국의 춘추 때 진 문공은 공자(公子)로서 망명을 하게 되었다. 이때 개자추는 진 문공을 19년 동안이나 받들어 모셨는데 진 문공이 귀국 후에는 권신들의 말을 듣고 개자추에게는 작록(爵祿) 조차도 주지 않았다.

이에 개자추는 홀어머니를 모시고 면산(綿山) 속에 숨었는데 진 문공도 자신의 잘못을 뉘우치고 개자추를 불렀으나 개자추는 나오지 않았다.

문공은 자추를 산에서 내려오게 하려고 신하를 시켜서 면산에 불을 질렀으나 개자추는 끝까지 나오지 않고 그 어머니와 같이 버드나무 밑에서 타서 죽었다. 그래서 중국에서 한식날 문위에 버드나무를 꽂거나 또 뜰에서 제사를 지내서 그의 혼령을 위로했다는 것이다.

이러한 고사를 들어 한식날 찬밥을 먹는 풍속이 생겼다 하나 그 사실의 진부는 가릴 수 없다.

물론 중화사상은 중국의 미풍양속을 권장하여 자신의 조상을 받드는 행사를 세시의 행사로 볼 수 있다.

그러므로 자기들의 시조인 개자추의 혼령을 달래고 추모하는 행사를 왈가왈부할 필요는 느끼지 않는다.

그러나 당 나라 건능 때 중화절로 제정된 행사로 찬밥으로 끼니를 때우는 것은 절미(節米) 면에서는 좋을지 모르나 농사에 착수하여 피로한 농군에게 찬밥을 먹게 한 것은 옳다고 할 수가 없는 것이다.

그 다음에는 월내(月內)의 행사로서 중화절을 시행한 중국은 물론 이조 때에서도 각양각종의 음식을 만들어 먹는 풍속은 조야(朝野)가 모두 마찬가지로 성행했다고 볼 수가 있다.

이러한 풍조의 근본을 살펴 보면 중화절이란 변방의 속국에게 부강할 수 없는 낭비성을 조장하는 한편 정신면에까지 자주성을 수탈, 지배하려는 흉계의 새시행사라고 할 수가 있다.

3. 한식 성묘론(寒食 省墓論)

동국세시기는 성묘에서 당 나라 정 정측(鄭正則)의 사향의 (祠享儀)의 예를 들어 산소에서 제사 지내는 옛 기록을 말하여 공자가 묘를 바라보며 때에 따라서는 제사를 지내는 것도 무관하다는 것을 묘제(墓祭)의 유래가 이에서 유래한 것이라고 하였다.

이상의 문헌을 상고할 때 당 나라 개원(開元＝玄宗의 年號) 때 한식의 성묘행사를 왕명으로 정했다고 하지만 오대시대에 이르러 후주(後周)의 유풍을 모방하여 한식날 야제(野祭)을 지내며 또 지전(紙錢)을 불태우는 행사가 있었다고 한 것은 전후의 사실에 있어서 모순이라 할 수 있다.

까닭에 한식일에 개자추의 혼령을 달래기 위하여 찬밥을 먹는다는 풍속도 전후가 모순된 것이라 할 수 있다.

더우기 춘추 때는 아직 정확한 율력법이 제정되지 못했던 시대라 어떻게 정확한 세시행사가 있을 수 있으랴!

까닭에 우리는 시대적인 사상에서 탈피하여 무조건 옛 고사를 심봉하기에 앞서 자주적이고 우리 조상들이 시조의 묘를 받들었던 풍속으로 하는 국고정리 사업이 절실한 것이라 믿는다.

3 월

3월은 율력법의 계산으로는 5수에 해당하는 달로서 이 달을 진월(辰月)이라고 한다.

대체로 율력에서는 진(辰)을 용(龍)이라 하며 두개의 형태로 부른다.

그 까닭은 12지의 진(辰)으로 보면 왕은 물론 귀천의 고하가 없이 진생(辰生) 혹은 용띠로 부르지만 이 진을 새겨서 임금에게 칭호를 붙일 때는 용안(龍顏), 용상(龍床), 용포(龍袍) 등으로 불러서 진(辰)이 가지는 뜻은 두개로 구분될 수 있다.

그러나 이와 같은 풍속은 후대에 왕도의 권위를 세우려는 학자들에 의하여 만들어진 풍조로 해석되며 율력을 제정할 당시에는 12지의 기호는 왕이나 중신, 그리고 만민이 모두 평등한 위치에 있었던 것이다.

이러한 3월을 율력(律曆)에서는 이른바 중려(中呂)의 달이라 한다. 중려란 음기(陰氣=林鍾)가 아직 이루어지지 못했고 중앙에 있어서 일제히 만물을 거느린다는 뜻이다.

이 말을 농사에 비유하면 농작물이 모두 자라났지만 아직은 왕성하지는 못한 것을 이르는 것이다.

3월의 행사로는 못자리를 마련하는 곡우(穀雨)와 여름이 된다는 입하(立夏)의 계절이다.

곡우와 입하는 24절기의 하나로서 세시의 변화를 알리는 절기로서 농사에는 가장 중요한 절기의 하나다.

또 입하는 3월 중에 들기도 하지만 윤달의 계산상 4월 초에 들 때도 있다.

삼국사기 제사조에 의하면 3월에는 곡우와 입하를 농민들에게 알려서 농사를 권장하는 외에는 아무 세시행사도 하지 않았던 것으로 해석된다.

그러나 동국세시기를 살펴 보면 3월 중의 행사로서 서울을 위시하여 지방마다 각기 다른 행사가 거행되었다.

1. 3월 3일

3월 3일을 일명 삼짇날이라고 하며 이 날 무렵에는 춘색도 짙고 강남 갔던 제비도 되돌아오는 시절이다.

또 3월 3일은 산에서 진달래 꽃을 따다가 술도 담그고 화전을 만드는 풍속이 유행했다.

2. 곡우(穀雨), 입하(立夏)

곡우는 24절기의 하나로서 나라에서는 볍씨를 농민에게 내어주며 못자리를 권장하는 행사로 법석을 떠는 때로서 바쁜 때이다.

입하는 8절기의 하나로 여름이 다가온 것을 알리는 절기다. 율력법에 따르면 입하는 99원수도로 44수에 해당하는 날로서 신록을 재촉하는 절기이다.

그러므로 입하가 되면 농작물도 자라지만 이와 아울러 해충도 번성하고 또 잡초까지 자라서 이것을 제거하는 행사도 권장하였던 것이 율력에 따르는 세시행사의 하나로 볼 수 있다.

이와 같은 풍조는 율력법이 제정된 이래의 행사로 볼 수 있는 까닭에 농경의 이러한 행사는 5천년에 이른다고 할 수 있는 것이다.

그러나 후대에 이르러 호사가(好事家)들에 의하여 별난 음식을 만들거나 또 각양각종의 행사를 창안하여 거행한 것으로 해석된다.

농번기에 있어서 간소하고 영양있는 색다른 음식을 장만하여 피로한 농군의 입맛을 돋우는 것 쯤이야 나무랄 수 없지만 이와는 반대되는 낭비 풍조의 풍속은 고대의 세시기와는 거리가 먼 행사로서 권장할 수 없는 행사로 간주되는 것이다.

4 월

4월은 역법으로 6수가 되는 뱀의 달(巳月)에 해당된다.

율서에 이르기를 4월은 통칭 유달(猶月)이라 하여 열매가 다닥다닥 열리는 달이라 한다. 이것을 말하여 양기(陽氣)가 시작되어 음기(陰氣)와 더불어 만물을 자라게 하는 달로 꼽는다.

4월의 세시행사로는 소만(小滿)과 망종(芒種).이 있다. 그러나 망종은 윤달 등의 계산상 5월에 드는 때도 있다.

이 소만과 망종은 24절기의 하나로서 농경의 세시행사로 꼽

는 날이며 입하에서 하지(夏至)에 이르는 사이에 있는 계절
이다.

소만에는 아직도 황종의 양기와 임종의 음기가 극에 이르지
못한 것을 알리는 것이며 또 망종은 가시랭이의 씨앗이 질펀
하게 자란다는 것을 알리는 역법(曆法)의 행사이다.

이러한 세시행사에 있어서 어떠한 풍속이 삼국 때 있었는지
상세한 기록이 없어서 알 수는 없으나 대개의 경우 농부들을
도와주는 행사가 있었을 것으로 믿어진다.

1. 초파일

8일은 석가모니의 탄생일이다.

불교의 행사가 나라의 행사로서 거행된 것은 서기 372년 고
구려의 소수림왕(小獸林王) 재위 2년 6월에 진 나라(秦＝前秦)
왕 부견(符堅)이 보낸 순도(順道)에서 불상(佛像)과 경문(經
文)을 받은 것이 계기가 되어 삼국에 불교가 전파되었다.

더우기 후대에 이르러 당 나라의 태종(太宗), 고종(高宗) 때
에 와서는 삼국에 불도를 권장하는 정책을 썼기 때문에 불도
의 전파는 급속도로 달라졌고 이에 따라서 불도의 행사가 나
라의 세시행사로 변하였던 것이다.

더우기 백제의 경우는 불도와 선도 등의 난무로 오랜 세월
지켜 오던 세시행사는 존폐의 위기에 이르렀고 왕과 중신은
물론 백성들까지도 허무를 노래하고 살생을 기피하는 풍속이
풍비하여 졌다.

또 신라는 자장(慈藏)법사 이래 정부내에 대국통(大國統),
혹은 대정성(大政省) 등을 두어서 불도를 위시한 여러가지 행
사가 거행되었으나 무열왕과 김 유신 장군은 불도를 호국(護
國)의 바탕으로 참여시키는 정책으로 전환시켰던 까닭에 재래
부터 전하여 오는 세시행사와 더불어 병존을 하게 하였던 것
이다.

234

이와 같은 군국책 중에서 특기할 것은 영묘사(靈廟寺) 사원
(寺苑) 앞에서 6진법(六陳法)의 열병식(閱兵式)을 거행한 행사
이다.

문무왕 재위 14년(서기 675년)의 형세를 보면 의안법사(義
安法師)를 대서령(大書令)으로 하여 불도를 관장하고 있었던
시대이다.

이때 왕께서는 아손 설수진(阿湌 薛秀眞)에 명하여 영묘사
(靈廟寺) 사원(寺苑) 앞에서 6진법(六陳法)을 열병(閱兵)했다
고 하였다.

이러한 형태는 불가에서 적극적인 호국을 다짐했던 것으로
해석된다.

이로부터 불도의 행사는 나라의 세시행사로 승화되고 그 풍
속을 권장할 수 있는 계기가 이루어졌던 것이다.

이와 같이 불도의 행사가 신라의 호국불교로 승화한 이래
후삼국을 거쳐서 고려조에 이르는 동안 우리의 민속과 동화되
었던 것이다. 4월 8일은 석가모니의 탄생일이며 또 이날을 등
석(登夕)이라고도 한다.

백제와 고구려의 본기에는 불도의 행사가 세시의 행사로 거
행되었다는 기록이 없으나 신라본기에서는 석가모니 탄생일을
팔관회(八關會)로 거행했다는 기록이 있다.

고려사(高麗史)에 따르면, 왕성(王城)에서 시골 마을에 이
르기까지 정월 대보름에는 14일, 15일 이틀간을 저녁에는 연
등(燃燈)을 하던 풍속이 있었으나 최이(崔怡)가 4. 8일로 옮
겨서 하게 했다.

이것은 중국의 풍속이 1월 15일이며 사실상 우리나라는 신
라이래 8월 15일로 연등 행사를 거행하게 된 것으로 믿어진다.

〈이러한 행사의 변천을 상고할 때, 중국의 후한이래 대월씨
(大月氏)가 불도를 보급하기 위하여 후한 왕조의 비위를 거슬리
지 않고 불도를 정착하기 위하여애쓴 흔적으로 볼 수 있다.

즉 대월씨는 석가모니 탄생일에 연등하는 풍속을 모르는 것이 아니라 불도의 정착을 위하여 정월의 중국 세시행사에 동조하였던 것이다.

이러한 예를 상고할 때 불도의 행사는 우리나라의 풍속과 동화하여 형성된 풍속이 많을 것으로 사료된다.〉

신라의 팔관회(八關會) 놀이가 고려조에 와서는 화려한 연등놀이로 승화한 것은 불도가 정치참여로 비대해졌기 때문이다.

즉 등석(燈夕)의 행사를 보면 어느 명절 못지 않게 초파일 며칠전부터 왕성은 물론 시골에 이르기까지 들떠서 연등행사로 법석이다.

마당이나 뜰에는 등간(燈竿)을 세우고 간대 위에는 꿩의 꼬리털을 꽂아서 장식을 하고 또 7색의 비단으로 3각기와 4각기를 만들어 세우는데 이것을 이른바 호기(呼旗)라 한다.

이 호기를 비단줄에 매고 그 줄에다 연등을 줄줄이 달아 맨 풍경은 실로 장관이었다.

그것도 부족하여 등의 형태도 물고기를 위시하여 각종의 동물의 모양과 또 봉황, 학, 해, 달, 신선, 별 등의 형태와 이름을 새긴 연등까지 있었던 것이 고려조 말의 현상이였다 하니 과연 당시 불도의 행사가 얼마나 호화롭고 사치스러웠던가를 헤아릴 수가 있다.

5 월

5월은 역법상으로 7수에 해당하는 말(午)의 달이다.

물론 말을 기호로 한 것은 말에 대한 뜻이 있음이 아니라 만물이 성장하는 과정에서 7수가 요인이 되는 것을 뜻하는 것이다.

역법에 7수〔五月〕는 임종(林鍾)으로서 음기(陰氣)의 도움을 받아 오곡은 자라서 열매가 많이 열리는 달이라 하였다.

몇 달 동안 농민들이 밭갈고 씨를 뿌리며 김을 매어 가꾼 모든 농작물이 열매를 맺는 달이라 이 5월은 농민에게도 힘을 길러 주는 달이라 하겠다.

역법상 5월의 행사로는 전자에도 논하였지만 망종(芒種)이 들 때가 있지만 그것은 몇 년에 한번씩이고 대개의 경우는 하지(夏至)와 소서(小暑)의 세시행사가 거행되었고, 또 5월에는 5일에 종묘사직에 제사를 지냈던 것이 삼국 때의 행사였음을 삼국사기 권 제32, 잡지(雜志) 제1, 제4권에 기록되어 있다.

삼국 때의 신라는 제사라는 행사를, 정월 이후 2, 3, 4, 석달 간을 농경행사 중 기초가 되는 중요한 시기로 보아 농민들의 일손을 빼앗는 행사를 꺼렸던 것이 삼국 때의 연중행사로 볼 수가 있어서 이것은 율력법을 그대로 시행한 세시행사라 할 수가 있다.

그 밖에도 5월에는 선농제(先農祭)의 절차로서 제사를 지내는 행사를 거행하였다.

그러한 제사의 목적은 농민들이 그동안 피땀을 흘려서 가꾸어 놓은 농작물이 앞으로 잘 되게 해 달라는 기원인 것이다.

결국 왕은 농민들이 애태우고 갈구하는 그 뜻을 만들어 농민을 대신하여 하늘과 땅에 제사를 지내서 진실로 농민들을 위하는 행사라 할 수 있다.

즉 통치자가 간략한 음식과 주안을 마련하여 성문 밖 또는 명산대천을 찾아가서 농민을 대신하여 지금까지 농민이 피땀 흘려 가꾸고 자라게 한 농작물을 앞으로도 하늘과 땅은 잘 돌보아서 풍년이 들게 하여 주십시오 라는 군왕의 겸허한 행사는 농민의 사기를 앙양하는 동시에 피로한 농민에게 제사를 지낸 술과 안주를 나누어 주었던 행사는 선량한 행사라 할 수 있다.

통치자의 행사가 농민의 심금을 울렸던 까닭에 농민들은 선농제에 보답하며 임금을 찬양하는 노래와 춤으로 이 날의 행사를 즐겁게 하였던 것이다.

이러한 제도가 이른바 고대 향가의 형태로 등장했던 것이다.
그러나 후대에 이르러 농민을 위한 선농제가 여러가지 형태
로 변하게 된 것은 유감천만이라 하겠다.

1. 단오절(端午節)

5월 5일을 단오날, 중오절(重午節) 또는 천중절(天中節), 술
의(戌衣)날 등으로 부른다.

전기에도 말했지만 단오날은 풍년이 들기를 기원하는 선농
제의 행사를 거행하는 날이었으나 세월이 흐름에 따라서 그
행사도 여러 가지 형태로 변절되었다.

대저 단오일을 천중절, 중오절, 단양 등으로 이름한 것이
어느 때에 이루어졌는지는 문헌상 상세치 않으나 그 명칭의
어휘로 보아서 율력법에 근거를 둔 것으로 생각된다.

이조의 단오절을 보면 동국세시기에 이른대로 임금이 중신
들에게 쑥으로 만든 애호(艾虎)를 나누어 주고 또 공조(工曹)
에서 만든 단오선(端午扇) 등을 나누어 주는 풍속이 있었다.

원래 공조(工曹)란 지금의 공부(工部)에 속하는 기관으로 모
든 생산물은 공부의 소관이었던 까닭이다.

고기(古記)에 따르면 공부(工部)의 상징은 겨울에 추녀 끝
에 고드름이 주렁주렁 달려서 운치로운 것과 냇가에 살얼음이
질무렵 천태만상의 기묘한 형태로 얼음이 얼어 있는 것을 그
대로 만드는 능력과 기술을 가졌다는 것을 최상의 상징으로
하였다 한다.

공조는 대나무가 생산되는 전주, 남원 등지의 수령에게 각
종의 도안(圖案)과 제작방식을 가르쳐 준 후 그곳의 수령들이
올리는 부채를 나라에서 쓰게 되었던 것이다.

그때의 부채 모양을 보면 승두선(僧頭扇), 어두선(魚頭扇),
사두선(蛇頭扇), 합죽선(合竹扇), 반죽선(斑竹扇), 외각선(外
角扇) 등을 위시하여 천태만상의 부채들이 만들어졌고 또 이

부채는 중국을 위시하여 외국에도 많이 수출의 형식으로 나갔던 것이다.

2. 창포(菖蒲)와 익모초(益母草)

단오날 아침에 창포를 삶은 물로 머리를 감으면 머리카락이 희지도 않고 윤기도 있다고 하여 고대로부터 창포로 머리를 감는 풍속은 널리 보급이 되었던 것이다.

그 까닭에 농가에서는 자기 집가 도랑에 창포를 많이 심어두는 것이 농가의 상례로 되어 있다.

익모초는 산모(產母)가 바람을 치는 약이라 하여 농가에서는 쑥과 더불어 상비하는 풍속이 있었다.

더우기 하지(夏至)이전 황종(黃鍾=陽)이 왕성할 무렵의 풀이나 과일은 바람을 치고 또 더위를 먹은 병에는 효과가 있다 하여 익모초와 오이 등을 따서 약제로 쓰는 경우가 많았다.

이러한 풍속은 하나의 형식적인 행사를 넘어선 의학적 풍속을 농가에서 세시의 행사로 거행했던 것이다.

3. 씨름과 그네뛰기

단오날이 되면 으레히 씨름과 그네뛰기 대회를 도성은 물론 시골에서도 개최하는 풍속이 있다.

씨름은 체력을 증진시켜 강하게 만들어 상무(尙武) 정신을 앙양하는 좋은 행사며 또 그네뛰기도 여인들의 허약한 체질을 단련하는 좋은 운동이다.

특히 씨름은 무인들의 훈련에도 상시로 시행을 하였다는 고대의 전사(戰史)를 볼 수 있거니와 또 적과 일대 일로 대적한 고대의 전술에 있어서 씨름 등의 연마는 필수요건인 듯 싶다.

까닭에 단오제를 거행하고 그 제전(祭殿) 앞에서 무기(武技)인 씨름을 겨룬다는 것은 군사의 훈련상으로도 좋은 행사라 할 수 있다.

또 이 날 씨름에 장원한 사람을 장사(壯士)란 칭호를 주어서 무인으로 기용했던 것도 삼국의 행사였던 것이다.

이와 더불어 그네뛰기도 허약한 여인들의 체구를 단련하기 위하여 그네를 뛰고 또 널을 뛰는 훈련을 하는 것은 모두 체질향상에 크게 이바지한 행사라고 볼 수 있다.

특히 고대의 교통수단은 말과 소를 타는 것이라 부녀자에게 그네나 널을 뛰게해서 훈련하는 행사는 결국 말과 소를 탈 수 있는 기질을 양성하는 것으로 해석되는 것이다.

이러한 고증은 고대의 수많은 전쟁사(戰爭史)에서 동이족(東夷族)은 한 명이 백 명 혹은 수천 명의 적을 상대하여 싸웠다는 기록이 있는데 이것은 검창술이 능숙한 데도 그 요인이 되겠지만 씨름으로 체력을 단련한 것이 바탕이 되었을 것으로 사료된다.

중국은 이 풍속을 본 받아서 씨름을 고려기(高麗技)라 하였고 또 요기(橑技)라고 한 것을 보아도 씨름은 동이족에게 옛부터 전하여 오던 것이다.

4. 수릿날(戌衣日)

수리는 수레[車]라는 뜻이며 수릿날을 5월 5일에 행한 것은 농경사회에서는 필연적인 행사라고 볼 수 있다.

고대 농경사회의 통치조직을 보면 한 마을에는 소정의 병사, 즉 장정과 전쟁기구며 또 수레[車]를 상비하였다.

까닭에 수레를 모두 모아서 그 수가 천개나 되면 천승천자(千乘天子)요, 또 수레가 만개가 되면 이것을 만승천자(萬乘天子)라고 불렀던 것이다.

이 수레는 농사에도 필요한 농쟁기로 쓸 수가 있지만 이와 아울러 전쟁에도 치중(輜重), 녹각전(鹿角戰) 등에서 없어서는 안 될 병쟁기인 것이다.

따라서 5월 5일 단오제에는 수레를 동원하여 왕의 열병식에 참여하였던 것으로 볼 수 있다.

이러한 풍속이 후대에 이르러 수레쌈〔車戰〕놀이 등으로 변하여 지방의 세시풍속으로 남게 되었던 것이다.

6 월

6월은 역법에서 8수의 변화를 가지는 달로서 미월(未月)이라 한다.

역법에 이르기를 6월은 양기(陽氣＝黃鍾)를 바로잡는 달이라 하며 만일 양기를 바로잡지 못하면 음기(陰氣＝林鍾)가 성하여 만물을 상하게 하는 달이라 한다.

이러한 율력의 내용은 한낮 미신스럽지만 그 실내용을 보면 시기에 알맞는 말이라 할 수 있다.

그 이유는 6월이면 무더운 햇빛으로 만물을 무성하게 할 수도 있지만 그와 더불어 잘못하면 만물을 썩게 할 수도 있다.

까닭에 6월은 썩는 달이라고 우리 말에 있다.

또 동시에 6월은 비가 많아서 습기가 차게 되어 만물을 상하게 할 수 있는 달이다. 이러한 것은 모두 음률의 율(律)의 강약의 척도로 계산한 것도 되겠지만 또한 체험에 의하여 누구나 알 수 있는 사실이다.

까닭에 고대의 율력은 높은 지혜와 더불어 오랜 세월 속에서 체험한 철학을 근거로 삼았던 것이다.

또 6월의 행사를 율력법으로 살펴 보면 대서(大暑)의 계절이고 초복(初伏) 중복(中伏) 등의 계절로서 무더운 여름의 고비가 되는 것으로. 이 때의 행사로는 더위를 피하는 것이었다.

대개의 경우 6월이면 보리, 밀등을 위시하여 참외, 오이, 수박 등 일부의 과일이 생산되어 농가의 양식에 큰 보탬이 되는 동시에 그동안 경작한 농사는 가을의 수확을 기다리는 시기로서 농군들의 일손도 다소는 한가할 무렵이다.

따라서 이 때는 농군들의 피로를 덜어주는 뜻에서 유두(流頭)며 복 더위를 잘 넘기는 행사를 볼 수 있다.

율력에 말하기를 하지(夏至)에서 가을에 이르는 입추(立秋)로 달리는 무더위를 초·중·말 삼복 무더위로 나누어 대서(大暑)라는 명칭으로 무더위의 경종을 농민들에게 알렸던 것이다.

이와 같은 세시의 행사는 주로 뙤약볕에서 힘들여 일하는 농민을 위하여 만들어진 것이 고대 세시행사에 근본 목적이 있었던 것이다.

그러나 시대의 변천에 따라서 세시행사의 방법도 많은 변천을 가져왔다.

무더위를 느끼는 것은 농민만이 아니고 그 밖에 관인(官人)이나 또는 무위도식하는 사람도 마찬가지이다.

그러나 고대의 세시기(歲時紀)는 농경를 위주로 한 것이지 그 밖에 선비나 혹은 무위도식하는 자를 위하여 만들어진 것이 아니다.

그러므로 옛 풍속이라 하지만 농경의 세시행사와 거리가 먼 풍속은 조상들이 만들어 놓은 미풍양속이라 할 수 없다.

1. 유 두(流頭)

6월 15일은 유두날이다. 고려조 명종(明宗) 때의 사람 김극기(金克己)는 그의 동도유속집(東都遺俗集)에서 말하기를, 6월 보름에는 동쪽에서 흐르는 물에 머리를 감아서 상스럽지 못한 재앙을 모두 씻는다(六月望日浴髮於東流 祓除不祥)라고 했는데 이 글에서 나온 것이다. 또 김 극기는 몇 사람이 모여 앉아서 술마시는 것을 유두연(流頭宴)이라고 하였다.

이상의 내용으로 보아서 삼국 때에 6월 보름을 유두날로 정하여 간략한 행사를 하였던 것으로 믿어진다.

대저 이상의 행사를 상고할 때 유두날에 머리를 감는 것은 뜻 깊은 행사로 볼 수 있다.

당시의 권세가나 또는 부호들이야 언제라도 머리를 감을 수 있으나 농민이나 서민들은 좀처럼 머리를 감는 것이 쉬운 일이 아니다.

옛날에는 장발풍속이요, 더우기 그동안 농경으로 분주하여 머리모양은 말이 아닐 것이다. 오늘과 같이 이발관이 있다면 섭사리 머리도 깎고 또 머리를 감아서 청결하게 할 수가 있으나 그 시절에는 머리를 감고 그 머리를 다듬어 올리는데도 다른 사람의 손질이 필요했을 것으로 사료된다.

춘경기에서 씨 뿌리고 가꾸기에 분망하여 머리를 감을 사이도 없어서 고린냄새 나는 머리를 그대로 두는 더벅머리가 없다고는 말할 수 없다.

까닭에 6월 15일 달빛을 이용하여 머리를 감게 한 것은 유두의 행사로서는 현명한 행사라고 볼 수 있다.

그러나 후대의 풍류가들이 이 날의 행사를 유두연(流頭宴)이라고 즐기며 또 맑은 물에 머리를 감으며 동류어욕발(東流於浴髮)의 시를 읊었다는 것도 또한 멋진 풍류라 하겠다.

그렇다고 그 풍류의 놀이는 하나의 놀이일 뿐 농경의 세시행사의 하나로는 상상할 수 없을 것이다.

2. 삼 복

전기 6월 중의 행사 가운데는 무더위를 피하는 삼복의 행사를 말했다. 그런데 삼복 때는 이열치열(以熱治熱)의 방법으로 뜨거운 개장, 뜨거운 철립, 등을 먹어서 더위를 이기는 풍속이 있다. 개를 잡고 마늘·파 등 양념을 넣고 여기에 된장을 약간 넣고 끓인 것을 이른바 개장이라 하는데 이것을 먹을 때 구슬같은 땀을 뻘뻘 흘리며 먹는 풍속이 있다.

또 철이른 햇밀을 가늘게 만들어 반죽하여 이것을 국수모양으로 만들어 먹는데 이것도 역시 개장의 경우와 같이 뜨거운

것을 입김으로 호호 시켜가며 먹는 모양은 진기스러운 농가의
행사로서 좋은 행사의 하나로 볼 수 있다.

이와 같이 낭비도 없이 소박한 행사는 농가에서 권장할 만
한 행사로 볼 수 있는 것이라 하겠다.

7 월

7월은 율력법으로 9수에 해당하는 달로서 신월(申月)이라
한다. 7월은 역법에 이르기를 황종의 양기가 쇠약하고 임종의
음기의 도움을 받아서 만물이 성장할 수 있는 달이라 한다.

대체로 8절기의 하나인 입추(立秋)가 6월에 들 때도 있으나
대개의 경우 7월에 들고 처서(處暑), 말복(末伏) 등이 7월 세
시행사로 되어 있다.

역법에 이른대로 어느 새 가을이 성큼 다가왔으니 해는 남
쪽으로 옮기고 밤이 되면 선선한 기운이 스며드는 계절이다.

농부들은 익어가는 곡식을 바라보며 호미 등 농쟁기를 씻고
닦아서 둘 차비를 할 가을인 것이다.

7월에는 견우와 직녀가 한해만에 처음으로 까치, 까마귀가
만든 오작교를 건너서 만나는 칠석날이 있다.

또 7월 15일은 백종일(百種日) 혹은 망혼일(亡魂日)로서 불
가에서는 행사가 있는 날이다.

1. 칠 석(七夕)

칠석날에는 앞으로 다가올 가을, 겨울에 입을 옷을 햇빛에
말리는 것이 옛날부터의 풍속이다.

더우기 여름동안 장마와 습기로 축축한 옷을 햇빛에 쪼이지
않으면 좀벌레가 쓸 것을 의식한 것이다.

물론 계절의 변화를 오랜 세월 체험하여 안 까닭이겠지만
칠석날 이후 8월의 햇살도 따겁다고 하지만 옷의 습기를 완전

히 제거할 수는 없다.

까닭에 황종의 양기가 가시기 전에 옷을 햇빛에 쪼이는 것이리라!

칠석날 저녁에 비가 내리면 이것은 견우와 직녀가 까치나 까마귀가 놓은 은하수 다리를 건너가 만나서 기쁨의 격정으로 눈물을 흘리는 것이라 하고 또 새벽에 오는 비는 헤어지는 슬픔의 눈물이라 하는 전설이 있다.

이 전설이 누구에 의하여 어느 때 생겨난 말인지 소상히는 알 수 없으나 다만 견우성(牽牛星)과 직녀성(織女星)의 위치며 또 은하계(銀河界)의 위치를 가지고 일년에 한번씩 만나는 칠석을 두고 지어낸 말이다.

이 전설은 한낱 세속적인 밭 갈고 길쌈하는 두 남녀의 사랑을 어쩔 수 없는 숙명적인 운명으로 처리한 이야기 꺼리이다.

하지만 작자는 고대 농경사회에서 있을 수 있는 두 남녀의 운명적인 사랑과 이별을 결부하여 꾸민 것으로 칠석날의 이야기로는 좋은 이야기라 할 수 있는 것이다.

2. 백종일(百種日)

7월 15일은 백종일 또는 망혼일(亡魂日)이라고 한다.

불가에서는 15일 중원에는 모든 중들이 재를 올리고 불공을 드리는 명절로 하는 것이다.

종늠(宗懍)의 형초세시기(荊楚歲時記)에 따르면 중원일(中元日)에는 승니(僧尼), 도사(道士), 신도[俗人]들이 이날 분(盆)을 만들어 절에 바친다고 했는데 이 풍속은 신라에서도 불가에서는 같은 풍속이었다.

고려 때 풍속에도 중원에는 부처님을 숭상하여 이 날이면 우란분회(盂蘭盆會)를 베풀었다. 이것이 재를 올리는 것과 같은 것이다.

생각컨데 대월씨(大月氏)의 일족이 불도를 보급하기 위하여

후한 말에서 삼국을 거쳐서 5호 16국에 이르는 동안 피나는
노력으로 불도를 동방에 안착시키게 하였다.

까닭에 중원일은 백과가 무르익은 때라 승려와 신도는 오랜
세월을 두고 불도의 보급을 위하여 희생된 많은 영령을 위로
하기 위하여 백과를 올리는 풍속이 생겼다 한다.

이러한 행사가 계기가 되었는지 15일을 망혼일(亡魂日)이라
하여 불도를 믿지 않는 민가에서까지 이날 달밤에 제사를 지
내는 풍속이 생겼다.

3. 베짜기(麻織)

7월 중순이 되면 농가에서는 쌈을 베어 껍질을 베껴서 그것
으로 길쌈을 하여 왔다.

고려에는 목화가 없었고 대마는 옷을 만드는데 짐승의 털가
죽과 더불어 긴요한 역할을 하였다.

물론 여름철의 옷으로는 시원스러워 좋지만 겨울에는 털가
죽 위에 굵은 베를 씌워서 만든 옷을 입었던 것이다.

삼국사기 신라본기에 유리니사금(신라 3대 왕)은 7월 15일
에 6부의 여자를 대궐 뜰에 모아서 두 패로 나누어 봉당을 만
들고 두 패의 통솔자는 왕녀 두 명으로 하여 통솔하게 하였다.

그리고는 7월 15일 기망에서부터 밤늦게(乙夜)까지 길쌈을
시작하여 8월 15일 기망에 이른 후 그 동안에 길쌈한 것을 척
도(尺度)로 가려서 승부를 결정하였다.

이때에 노래한 회소곡(會蘇曲)은 8월 가위의 행사이지만 이
행사의 시발은 7월 15일 기망(旣望)이었던 것으로 사료된다.

이상의 행사로 보아서 고대에는 누에를 쳐서 길쌈을 하고
또 삼을 쪄서 대마로 옷을 만드는 것은 나라에서 연중 행사
중 농경과 더불어 중요한 행사의 하나로 볼 수 있는 것이다.

8 월

8월은 율력법의 10수에 해당하는 달로서 이 달의 기호는 유월(酉月)이라 하였다.

8월은 율(律)에 있어서 무역[亡射]의 달이라 하고 이 달에는 황종(黃鍾)이 진하고 또 임종(林鍾=陰氣)도 깎여 종말에 이르는 시기를 말한다. 따라서 다시 시작을 할 수 없는 시절을 비유한 계절이다.

무릇 일월성세(日月星歲)의 흐름과 율(律=樂律)과 무슨 관계가 있기에 날짜의 흐름에 12지(十二支)의 자, 축, 인, 묘 등의 기호를 붙이고 날자가 흘러서 만물이 성장 쇠망하는 척도를 악률의 척도와 비유하였던 것인가 하는 생각을 갖게 되는 것은 너무나 당연하다.

다시 말해서 8월의 율을 무역[亡射]이라고 측정한 그 이유가 무엇인가?

12지를 제정할 때 천지(天地)의 기합(氣合)을 바람(風)으로 보았고 또 음률(音律)의 율도 역시 바람의 진동에서 오는 것을 발견한 율력(律歷)의 학자들은 세월이 흘러서 만물이 성장 쇠진하는 척도를 율이 조화되고 또는 그치는 것과 같이 보았던 것이다.

까닭에 율의 황종, 임종 등이 화합하는 금석사죽(金石糸竹)의 음향에 비하여 척도를 하여 12율(律)과 같이 12지로 정하였다.

〈고대 율력의 전문적인 것은 역시 전문적인 분야의 학문이라 독자 제현에 부담이 될 것을 꺼려서 이 이상 설명을 피하기로 한다.〉

8월의 기상(氣象) 형태를 율의 무역[亡射]이라 한 것은 8월이 되면 가을에 이르고 서리가 내려서 만물이 모두 낙조(落

調)의 형상이며 이것을 음률의 척도에 따르면 모든 음률이 조화를 이루어 해창(諧唱)의 절정에 도달하며 성음(聲音)은 물론 악률(樂律)에 있어서도 그 이상은 성음이나 악률을 지속하지 못하고 그쳐야 한다.

이와 같이 악률의 척도와 날자의 흐름을 비교하여 척도를 가린 것이, 즉 8월을 무역의 말이라고 한 것이다.

이른바 무역의 달 8월의 행사는 추분(秋分)을 맞이하여 무덥고 지루하던 해가 짧아서 밤과 맞먹는 날이다.

또 농가에서는 봄·여름에 씨뿌려 가꾸었던 농작물이 풍요롭게 무르익어 농민들 가슴마다 황금의 물결로 설레게 하는 계절에 걸맞는 제사를 지내는 행사가 거행되는 달이다.

때문에 8월 1일과 15일은 신라 때에도 제사하는 날로 정하였던 것이며 이에 따라 8월의 세시행사가 시작되었던 것이다.

신라 본기와 잡지(雜誌)의 제사도에서 고구려, 백제 등의 제사제도는 없지만 신라의 풍속과 같은 것을 볼 수 있는 것이다.

삼국사기, 고구려 본기 시조 동명왕 재위 14년(서기전 24년)의 무헌에 따르면 황모 유화(柳花)가 동부여에서 돌아가자 동부여의 금화왕(金蛙王)은 왕모를 태후(太后)로 승작(昇爵)하고 예를 갖추며 길일을 택하여 장사를 지내는 한편 8월에 신묘(神廟)를 세웠다는 것이다.

얼핏 생각하기에는 왕모가 8월 이전에 죽었고 또 그때의 예절에 따라서 국상일이 8월이 되어 장사를 지낸 것이지 8월에 제사의 행사가 있었던 까닭에 장례를 지낸 것은 아니다 라고 반문을 할 것이다.

그러나 본문의 기록에서 장례와 신묘는 같은 달에 동시에 세울 수는 없는 것이다. 대저 신라의 경우와 동명왕 등도 신묘를 세우는 것은 돌아간지 수 개월, 혹은 수 년 후에 세워졌던 것이다.

이러한 예를 상고할 때 고구려 본기의 기록 중 장례와 신사를 같은 8월에 거행했다는 기록은 그때의 사실을 알리기 위하여 기록한 삼국사기의 편찬방법이며 세시기와 세시행사를 의식한 편찬 방법은 아니라 하겠다.

또 동 기록에 따르면 고구려의 동명왕은 같은 해 9월에 사신을 동부여로 보내서 자신의 생모(生母)를 후하게 대우한 것에 대하여 그 덕에 보답하는 방물을 바쳤다 한다.

이와 같은 문헌의 내용을 보면 신묘(神廟)로 받든데 대한 보답이지 결코 장례에 대한 보답이 아닌 것이다.

까닭에 고구려의 제사도 역시 신라의 경우와 같이 8월에는 제사의 달이었던 것이 확실하고 따라서 고구려의 세시행사를 모방한 백제의 경우는 말할 나위도 없다.

1. 추 석(秋夕)

15일은 한가위, 추석, 가배(嘉俳), 중추절(中秋節) 등으로 불리워지는 날로서 또 이 날은 성묘의 날이기도 하다.

이 추석을 2, 3일 앞두고 도성(都城)이나 농가를 막론하고 차례 음식을 장만하랴 또는 산소에 벌초(伐草)를 하는 등 부산한 행사가 벌어지는 시절이다.

추석을 율력상으로 고찰하면 추분(秋分)이 되며 이미 가을도 저물어 가고 겨울을 알리는 입동(立冬)도 문 밖까지 다가선 느낌을 주는 때이다.

또 8월은 무역의 달로 삼라만상의 만물은 모두 천지(天地)와 더불어 최후로 해창(諧唱)하는 달이라 하였으니 이 날에 만월이 무르익은 황금색의 땅을 비쳤을 때 천하의 경색은 무역의 해창에 쌓인 것을 의식한 것이 우리 선조들의 뜻인가 한다.

까닭에 선조들은 8월이 오면 1일, 15일 두 차례나 종묘와 사직에 겸허한 마음으로 제사를 지냈던 것이다.

또 추석날의 세시행사를 상고할 때 신라 3대 왕 유리니사금

(儒理尼師今) 재위 9년(서기 32년) 8월 15일 가배의 행사를 들 수 있다.

앞에서도 대략은 설명을 하였지만 왕께서는 6부의 여인을 두 패로 나누고 왕녀 두 명으로 하여금 그 패를 각기 통솔하게 하는 봉당을 만들었다. 그리고 두 패의 여인들은 7월 15일 기망(旣望) 때부터 을야(乙夜)까지 길쌈을 하여 8월 15일 기망까지 한 것을 척수(尺數)로 가려서 승패를 결정하였다.

이 때에 진 편에서는 이긴 편을 대접하고 진 편에서 한 여인이 일어나서 춤을 추고 탄식조로 부른 노래가 회소곡(會蘇曲)의 유래라 한다.

이상의 행사는 신라의 세시행사(歲時行事)로서 삼국 때 우리의 풍속을 여실히 입증하는 것이다.

이상의 행사를 세시행사(歲時行事)의 경우에서 해부하면 행사의 근본정신을 알 수가 있다.

7월 15일에서 8월 15일 사이라면 추석명절을 맞이할 차비로 분망할 때로 볼 수 있다.

첫째는 6부의 여인과 왕녀까지 동원하여 길쌈을 하게 하는 것은 명절 맞이로 들떠 있는 여인들을 가라앉히고 그들로 하여금 명절의 낭비의식을 줄이는 결과로 볼 수 있다.

그 둘째로는 왕녀와 6부의 여인을 모두 길쌈을 하게 한 것은 근로(勤勞) 정신을 함양하는 좋은 풍조로 볼 수 있다.

셋째로는 피땀을 흘리고 농사를 하는 농민에 보답하는 결과도 되어서 농민들의 사기를 돋우는 풍조라 할 수 있다.

넷째로는 각 부족을 융합단결하는 풍조에도 큰 도움이 될 것이다.

다섯째는 경쟁(競爭) 의식을 함양하는 방법도 될 것이다.

가배의 행사를 대략 추려도 이상과 같은 좋은 점을 볼 수 있다. 즉 고대의 세시행사는 나라의 예산을 줄이는 한편 그러한 정신을 온 국민에게 심어 주는 행사로서 이것을 현대의 경

250

제로 비유하면 국가의 부강을 위하여 구상된 계획성 있는 예산편성이나 다를 바 없는 것이다.

즉 예산을 편성함에 있어서 기본산업과 국가의 이익이 될 산업은 이를 권장하고 낭비를 하거나 또 사치성 있는 산업은 이것을 억제하는 것을 중심으로한 행사와 같은 것이다.

또 한편으로 볼 때 선조들은 추석의 놀이에서 앞으로 생산성(生産性) 있는 행사를 권장한 것으로 볼 수 있다.

회소의 놀이에서 길쌈을 하여 의복을 장만했고 또 씨름과 그네뛰기를 장려하여 남녀에게 상무정신을 길렀다.

석전(石戰)과 서낭당제를 권장하여 마을과 도성(都城)을 지킬 병쟁기인 돌맹이를 얻는데 이바지하였다.

까닭에 고대의 세시행사는 고도(高度)한 이상(理想) 밑에 수립된 정략(政略)적 가치가 있는 것으로 믿어진다.

그 밖에도 추석 때 지방에 따라서는 씨름대회를 하는 한편 햅쌀로 송편(松餠) 등 각종의 음식을 만들어 먹는 풍속이 성행했다.

또 추석이 되면 백과(百果)가 무르익어 과일을 차례상에 올리는 것은 물론, 집집마다 나누어 먹는 풍속도 있다. 이러한 풍속은 산간에서 많이 행하여 지는데 그 연유는 과일이 익을 때까지 마을 사람들이 과일 나무를 잘 보살펴 준 까닭이라 한다.

이러한 풍속은 마치 현대에 있어서 민법(民法)의 입회권(入會權)의 형태와 흡사하다.

물론 고대의 농경제도 그 자체가 하나의 부족(部族)단위로 발전하였던 까닭에 부족을 중심한 행사라 공동의식을 가지고 마을의 것은 그 마을의 사람은 누구나 자기 것과 같이 선량(善良)한 관리인(官理人) 노릇을 한 행사로 볼 수 있다.

9 월

9월은 역법에 있어서 11수에 해당하는 달로서 술(戌)의 표기를 가진 말이다.

이것을 역법의 율(律)로는 응종(應鍾)이라 한다. 응종은 임종(林鍾)의 음기(陰氣)를 말하는 것으로 9월에는 음기도 다하여 이른바 임종, 즉 쇠소리도 무역(亡射)의 신세를 면하지 못하는 달이라 하였다.

9월에는 만물이 모두 쇠망기에 들어서 그 이상 성장할 수 없는 달이다.

더우기 9월의 행사를 율력상으로 상고할 때 월내(月內)의 행사로 입동(立冬)을 앞두고 추위를 재촉하는 이슬도 차고, 서리가 내리는 한로(寒露), 상강(霜降)의 계절을 맞아서 이에 따르는 행사를 서두를 때라 하겠다.

이와 같이 9월의 행사는 수확한 농작물을 부고(府庫)에 저장하는 한편 그 동안의 세시행사에서 그릇된 것을 고쳐야 하는 달이다.

그 연유를 홍범경(洪範經＝全書)에 따르면 1수는 수의 시초요, 9수는 수의 종이라고 하였다(一者數文始也, 九者數之終).

까닭에 9월에 이르러 서리가 내릴 때면 그 동안에 간악했던 무리들은 음탕한 기운을 받아서 입동(立冬)에 이르면 더욱 장성(長成)할 것인고로 간악한 음기가 자라서 뿌리를 내리기 전에 추상같은 형벌을 가한다는 뜻이다.

또 경서(經書)에 이르기를 구형금간(九刑禁姦)이라고 한 것을 보아도 9월 중의 행사는 다스리는 시절인 것이다.

즉 삼국사기 중 경서를 통하여 상고하면 9월 중에는 군사를 동원하여 불복종하는 자를 징벌하는 행사가 많았다.

물론 9월에는 농사를 끝냈으니 겨울로 그 간악한 음기를 가진 무리가 자라서 뿌리를 내리기 전에 추상같은 형벌을 단행하려는 뜻이다.

경서(經書)에 있는 구형금간(九刑禁姦)이란 음기가 아직 크게 자라지 못한 9월 중에 처단하라는 것이다.

이러한 고서를 참고하고 또 삼국사기의 내용을 보면 9월에는 내외적으로 군사를 동원하여 전쟁을 한 예가 많다.

물론 9월이 되면 농사는 끝나고 농가의 일손이 한가하여 군사훈련도 이 때의 일이요, 또는 전쟁도 이 때에 시작되는 것이며 나라 안의 간사한 무리를 치는 것도 역시 9월 중의 행사였음을 생각할 수가 있다.

그러나 후대에 이르러 전쟁의 양상이 다변화됨에 따라서 상대방의 허를 찌르기 위하여 농경기에 급습하는 풍조가 생기고, 또 수단방법을 가리지 않고 이기는 것을 위주로 한 것이 이른바 중국의 전국시대라 할 수 있다.

전쟁의 양상이 변하여지자 세시행사도 이에 따라서 변하여져서 전쟁에 필요한 석전(石戰), 수리쌈〔車戰〕, 서낭제 놀이로 돌맹이를 수집하는 행사, 씨름 등 무예를 훈련하는 세시풍속을 권장하게 되는 경우가 많았던 것이다.

이상의 말한 바 9월 중의 세시행사로는 양곡을 저장하는 한편 앞으로 다가올 한로(寒露) 상강(霜降)에 부합하는 행사가 있으며 9월에는 중양절을 맞는 일이다.

1. 9 일

9일은 중양(重陽)의 날, 즉 9수가 겹치는 날이다.

물론 9월 9일이 양(陽)이 번성하는 율법상의 뜻은 아니고 다만 표면상으로 9수는 기(奇)수로서 양에 해당하는 것이며 더우기 율법에 99수는 중요한 위치에 있다.

더우기 홍범의 원리(原理)가 9수를 기준하여 만들어졌으니 9월 9일은 99일로 이것은 곱하면 99·81의 수로서 이 수는 율의 대종(大宗)을 형성하는 것이다.

까닭에 9일은 형식상으로나 숫자로 홍범의 율서와 합치하는 날이다.

물론 9일은 명절도 아니요, 또 율서에 따르는 세시행사가 있었던 것도 아니다.

그러나 9일경에 피는 국화(菊花)를 관상하는 날이요, 또 국화로 만든 술과 떡 등을 만들어 먹는 풍속이 있다. 동국세시기의 서경잡기(西京雜記)에는 한 나라 무제 때 가패란(賈佩蘭)이란 궁녀가 9일에 떡을 먹었다는 예를 들었다.

이러한 문헌은 한 때의 문인들이 낭만적으로 표현한 것이요 한무제(漢武帝)의 가패란이란 궁녀가 무능(武陵)에서 왕을 시종하고 달래다가 9일에 떡먹은 것이 어떻게 천하의 세시행사로 될 수 있으랴!

까닭에 동국세시기에 이러한 사건을 세시기의 행사로 잘못 알고 우리 풍속에 떡을 만들어 먹는 그것과 혼동해서는 큰 잘못을 범하는 것이라 하겠다.

10 월

10월은 율력서에 있어서 돼지〔亥〕로 기록된 12수에 해당하는 달이다.

역수에 12수는 12율을 말하는 것으로서 이것을 율 중에는 땅의 중앙 수 6에 비한 것이다.

까닭에 10월을 천지인(天地人) 3자가 화합하는 상달(上月)이라 한다. 또 10월에는 입동(立冬)과 소설(小雪)이 있다.

입동(立冬)은 홍범 구주의 99산법으로는 88수에 해당하며 이것을 임종의 음(陰)이 왕성한 때라 한다.

도성은 물론 농가에서는 배추와 무를 절여서 김장을 담그는 한편 갖가지 들나물 등을 절여 담그며 또 간장, 된장, 고추장

등을 만들기 위하여 메주쑤기에 부산할 때이다.

고구려의 본기와 후한서에 따르면, 고구려는 사당(祠堂)을 세워 귀신(鬼神), 사직(社稷), 영성(靈星) 등을 위하여 10월에 제천대회(祭天大會)를 열고 이름을 동맹(東盟)이라 하였다. 〈또 북사(北史)에도 이르기를 고구려는 항상 10월에 제사를 지냈다고 하였다.〉

그 밖에 당서(唐書)와 고구려 본기에도 10월에 태조(太祖＝東明王)는 태후(太后)의 신사(神祀)에 제사를 지냈다는 명문이 있다.

또 백제의 경우도 고구려와 같은 부여 민족으로 고구려의 시조 동명왕을 사당(祠堂)에 모신 것으로 보아서 제사의 풍속은 같은 것으로 해석한다. 이상의 문헌을 상고할 때 고구려와 백제는 모두 10월에 제사를 지냈다 했는데 신라의 제사에는 10월에 제사를 하는 행사가 없고 12월 인(寅)일에 거행했다는 기록이 있지만 그 유래는 알 수가 없다.

신라의 건국기(建國記)를 보면 고조선(古朝鮮)의 유민임을 명백하게 했다. 대저 고조선의 판도(版圖)는 고구려, 백제, 신라 등 모두 같은 영역이라고 조선의 유민을 자처한 신라가 제사제도에서 10월의 행사가 왜 빠졌는지는 의문이 아닐 수 없다.

김 부식(金富軾)도 삼국사기의 서문과 소론(所論)에서 말하기를 신라 본기도 좀벌레가 먹거나 유실된 부분이 많아서 이것을 편찬하는데 정확을 기할 수가 없었다고 한 것으로 미루어 볼 때 행사의 일부가 빠지거나 혹은 변질된 우려는 있는 것이다.

이상의 예로 볼 때 신라, 고구려, 백제 등 삼국 중 고구려, 백제 2개국이 10월에 제사를 거행했다면 역시 고구려, 백제의 예에 따름이 당연하다.

까닭에 10월에는 종묘사직(宗廟社稷), 개천절(開天節), 시제

(時祭) 등의 행사를 거행하는 세시행사가 있었던 것이며 또
세시기에 따르는 모든 행사의 기강(紀綱)을 바로잡는 행사가
거행된 것으로 사료된다.

1. 제 사(祭祀)

삼국사기 권 제 32, 잡지(雜志) 제사조(條). 문헌 중 그 일
부를 소개하면 다음과 같다.

천자는 그 선조 중 7묘(七廟)에 제사를 지내고 또 명산대천
에 제사를 지내며 그 밑에 제후(諸侯)는 사직(社稷)과 명산대
천이 있는 곳에서 제자를 지낸다. 또 제후는 감히 천자의 제
사하는 절차와 격식을 지나치지 못하게 하는 것이다. (天子祭
大廟於名山大川, 諸侯祭祀稷 名山大川 其他者 是故敢禮而行之下
略)

이상의 문헌의 내용으로 볼 때 천자의 제(天子祭), 제후의
제(諸侯祭)는 존귀고하에 따라 절차의 격식도 그 작위에 따르
지만 제후의 제사는 감히 절차나 격식에 있어서 천자의 예절
을 범할 수 없다는 것을 엄격히 하였다.

이러한 것은 제사로 발생하는 낭비의 풍조를 방지하려는 세
시행사임을 입증하는 것이다.

만일 제사지내는 것이 숭조사상을 앙양하는 행사라고 그 절
차나 격식을 제한하지 않고 방임하여 두면 결국 무질서와 호
화로운 제사로 혼란을 야기할 뿐만 아니라 낭비로 그 나라는
미구에 패망할 것을 꺼려서 이상과 같은 제사의 격식 등을 왕
의 명령으로 성문화(成文化)한 것이라 볼 수 있다.

대저 고대에는 제사하는 순서절차도 엄격하지만 제사상에
오르는 음식의 가지수까지 제정하는 것이 상례이다.

율력서에 말하기를 10월은 인사(人事)의 기강(紀綱)을 바로
잡는 달이라고 한 것을 보면 정월 중에 사람을 천거하는 일과
는 상반(相反)되는 인사에 관한 행사로 볼 수 있다.

256

즉 정월에 사람을 받든다는 것은 좋은 인물을 기용하는 행사요, 또 10월의 인사는 무능하거나 또는 간악한 자를 제거하는 인사로서 전자의 경우와는 상반되는 행사이다.

따라서 정월의 제사는 각 부족 혹은 제후들이 천거한 인물을 대동하고 종묘와 사직 혹은 명산대천에 이르러 나라를 위하여 충성을 맹세하는 것이다.

이에 반하여 10월의 제사는 무능하고 간악한 무리를 제거한다는 것을 고하는 행사이다.

이러한 형태로 볼 때 전편에서 논한 9월의 행사에서 이미 추상같은 형벌을 가하기 위하여 응징하고 또 포박된 죄인을 대묘와 명산대천에서 제사를 올릴 때 하늘과 땅, 그리고 시조에게 그 죄상을 고한 후 이들을 처형하는 행사가 즉 인사의 기강(人事의 紀綱)이라 할 수 있는 것이다.

2. 천지 제고(天地祭考)

삼국사기를 편찬한 김 부식(金富軾)께는 실례를 범하는 말이나 천지제(天地祭)와 명산대천(名山大川)의 구별을 무엇으로 한 것인저 의심이 가는 것이다.

그 이유는 천제란 문자 그대로 하늘에 대한 제사요, 또 이것을 고대의 학술상 용어로 표시하면 천제 또는 세시기라 할 수 있다.

또 땅에 대한 제사는 명산 대천 등이 모두 땅에 속하는 것이다.

고대의 지리지(地理誌)를 상고하면 그 때에도 영토(領土)는 통치의 필수 요건이라 전답, 평야, 산야는 모두 땅에 속하는 것으로 땅에 대한 제사를 오직 명산대천에서 거행했다는 것인지 문사(文辭)의 내용이 명백하지 않다.

그러나 삼국사기는 송 나라의 역사를 참고로 하였기 때문에 김 부식의 사색(思索)도 결국 중국의 통사(通史)의 범주를 넘지 못하였을 것으로 사료되는 것이다.

그러나 삼국사기 제사편을 상고할 때 천자(天子)란 문자가 있고 또 제후란 명칭이 있음을 보아서 삼국의 건국 때는 동방의 어느 나라이건 천자 칭호를 썼던 것으로 사료된다.

그러나 고려조와 송 나라는 당시 천자국과 왕의 나라로 규정되었기 때문에 본기는 물론 잡지(雜誌) 등에서도 천자의 명칭을 모두 삭제한 것으로 생각되는 것이다.

그러나 제사편에는 천자(天子)란 명사가 두번 기록되어 있음은 괴상하다기보다는 고무적인 사실이라 하겠다.

만일에 신라가 천자에 대한 제사를 올렸다는 것이 천지제로 변조된 것인지도 모르는 것이다.

천지에 대한 제사든, 천자에 대한 제사든 명산대천에서 올렸다면 그 말은 신라 건국의 기록과 합치하는 것이다.

즉 신라는 조선의 유민이요, 또 6부의 촌장은 모두 그 지방에서 살고 있던 촌장이라는 글의 내용과 혁거세가 왕은 되었지만 아직도 천자국에는 이르지 못하였다.

까닭에, 천하를 주관하던 조선의 천자에 대한 제사를 올린다는 것은 당연한 행사로 볼 수 있다.

이런 경우 건국사화(建國史話)와 삼국유사(三國遺史)에 있는 고조선의 건국 사화는 어쩐지 일맥이 서로 통하는 상 싶어서 신라의 천지재(天地祭) 편은 10월 3일 개천절(開天節)과 연관이 있는상 싶다.

물론 고구려의 유기(留記) 등의 역사는 당 나라의 장수 이세적(李世勣)이 탈취하여 갔고 이 후 고구려의 세시행사에 대한 기록은 모두 파기 내지 소멸하고 그 중 통치에 필요한 행사는 자신의 것으로 만들었을 것은 명약관화한 사실이다.

까닭에 고구려 본기에는 제사의 기록이 없지만 당시의 당서(唐書)를 위시하여 북사(北史) 혹은 후한서(後漢書)의 기록에 10월 중의 동맹대회(東盟大會)를 기록해 놓은 것으로 보아서 고구려 세시행사의 중요한 부분을 알 수 있음과 아울러 고구려 세시행사의 윤곽이나마 알 수 있는 사료이다.

3. 동맹대회(東盟大會)

고구려의 동맹대회는 세시행사의 하나이다.

중국의 모든 사서에서 고구려는 매해마다 동맹대회를 개최했다는 것으로 미루어 볼 때 이 동맹대회는 연중 행사의 성격을 가지고 있다.

동맹대회의 규모는 동맹대회란 어휘가 대모임이란 뜻에서 유래된 것으로 볼 때 고구려의 온 부족을 말하는 것이다.

이 대회의 성격은 후한서(後漢書)가 지적한대로 제천대회(祭天大會)라고 하였고 그 행사로서 사당(祠堂), 귀신(鬼神), 사직(社稷), 영성(靈星), 천지(天地)에 제사를 지냈다는 것으로 보아서 동맹대회의 성격은 명백해졌다.

이러한 후한서의 문사(文辭)를 상고하면 귀신(鬼神)이란 말은 신통(神通)하고 나라에 공이 있어서 사당에 안치해 놓은 영령(英靈)을 말하는 것이며, 또 사직(社稷)은 종묘사직을 이르는 것이고, 영성(靈星)은 성신(星辰)을 말하는 것으로 38숙과 5성(星) 등 뭇 성좌(星座)를 말하는 것이다.

이러한 문헌이 후한의 사서에 기록된 것은 당시에도 후한(後漢)과 고구려는 상호 사신의 왕래가 있었던 것으로 볼 수 있고 소상한 내용까지는 모른다고 할지라도 제천행사(祭天行事)의 윤곽만을 듣고 사서를 꾸민 것으로 볼 수 있는 것이다.

대저 당시의 후한서(後漢書)를 꾸며낸 책자로서 유송(劉宋)의 범엽(范曄)이 저작한 1백 20권과 반고(班固)가 저술한 책자 등이 있다.

물론 이들이 저작한 후한서는 후한의 사실(史實)을 저술하는데 역점을 두었을 뿐 동이(東夷)에 대한 내용은 소상하지 못하고 그 밖에도 후한의 역사를 엮은 자가 있다고는 하나 대동

소이한 것으로 동이전(東夷傳)을 간략하게 기술한 것이다.

이러한 경향은 고구려 내정을 사신의 왕래를 통하거나 또 풍문에 의하여 기록한 것으로 사료된다.

돌이켜 생각컨데 한 저술가(著述家)의 능력으로 그 당시에 고구려의 실정을 탐문한 것을 높이 평가를 해야 할지 아니면 당시의 사가들이 대개의 경우는 어용학자들이라 사실을 부곡하거나 또는 격하를 했는지 그것은 오직 저자 자신만이 알고 있을 것이다.

그 이유야 어떻든 후한서의 내용을 보면 귀신(鬼神), 영성(靈星)을 열거하고 하늘에 제사를 지냈다는 것은 결국 천체(天體)를 말하는 것으로 세시기(歲時紀)를 말하는 것이다.

그러나 후한의 학자들은 아직도 세시기의 정확한 형태를 모르는 까닭에 역법을 잘 아는 슬기있는 조상의 영령을 귀신으로 알았고, 또 하늘은 천체의 일월(日月)을 말하는 것이요, 사당(祠堂)은 시조를 받드는 것인데 이것을 음사(淫祠)라는 문자로 표현한 것은 실로 가관(可觀)이라 하겠다.

이상의 경우로 볼 때 제천대회와 더불어 동맹대회가 발생했다는 것은 고구려의 일대 세시행사로 볼 수 있는 것이다.

즉 10월 3일에는 지난 일년 중의 행사에서 잘못된 점을 추상같이 밝혀내 9월 중의 행사에서 처형될 자를 제단 앞에 놓고 이실직고한 후 이를 처단하는 엄숙한 행사인 것이다.

이와 아울러 대부족은 대단합을 위하여 무예대회(武藝大會)를 열고 대부족의 사기를 앙양하는 행사로서 이것이 즉 고구려의 10월 중에 있던 세시행사이다.

4. 시 제(時祭)

10월은 율력상(律曆上) 상달이라는 점도 있어서 임금과 중신은 사직과 종묘에 제사를 올리는 행사가 있는 한편 백성들은 5대조 이상의 시조, 즉 문중(門中)의 제사를 지내는 행사를 하는 달이다.

문중 제사의 의미는 같은 씨족의 문중이 모두 단결하여 화합을 한다는 데 큰 뜻이 있는 것이다.

고대 통치제도에서는 대부족, 부족 등의 횡적(橫的) 조직체로 구성된 것으로 해석되는 조직체이다.

그러나 고려조는 중엽까지도 이러한 조직을 필요로 하지 않고 통치를 시행하여 온 것이다.

그러다가 고려조 말에 이르러 씨족 제도가 성립되고부터는 지방관청의 선초관(選抄官) 등이 향규(鄕規)에 따라서 문중(門中)을 의식하는 제도를 시행하기에 이르렀다.

특히 이조 때는 향약(鄕約)의 조직과 아울러 씨족의 제보가 형성됨에 따라서 문중의 행사를 향교에서 주관하는 일까지 있었다.

그러나 이조의 제도는 부족제도가 아니고 오직 왕도 통치라 문중의 행사는 향교의 행사와 아울러 왕도 통치에 복종하는 행사로 전락하였다.

까닭에 10월의 시제는 문중의 선산에 가서 시조들에게 제사를 올리는 것이다.

시제의 비용은 그 문중에서 거출된 자금으로 담당하며 떡, 과일, 주안을 마련하여 시조들이 묻힌 선산에 가서 문중항열의 서열에 따라서 제관이 제사를 주관하여 시행하는 것이다.

시제(時祭)의 풍속은 고대에 있어서 향당을 영위하는데 횡적으로 필요했고 또 대부족을 통합하는 서장(序章)으로 세워졌던 것이다. 그러나 근대에 이르러서도 씨족을 중심으로한 문중의 행사가 많음을 볼 수 있다.

×씨 ×파의 ×공의 문중회라는 간판을 내걸고 족보(族譜), 친목, 육영사업 등의 행사를 시행함은 그 문중을 위하여 경하할 일이다.

그러나 때에 따라서는 문중을 내세워 권위를 내세우려거나 또는 출세의 방법으로 생각하는 것은 금물이다.

옛 글에도 이르기를 조조위친(祖祖爲親)이면 문중지왕(門中之王)이라고 하였던 것이다.

까닭에 한 가족 나아가서는 한 문중의 발전을 도모하는 행사는 국가에도 큰 도움이 될 것이다.

5. 서낭제

서낭제는 지방에 따라서 일정하지는 않으나 10월 중 산제(山祭＝名山)를 지낼 때는 민가에서도 서낭제를 지낸다.

대저 서낭당 앞에는 돌맹이를 많이 쌓아 두고 이곳을 오가는 사람은 반드시 서낭당 앞에 절을 하고는 돌맹이를 쌓아 두는 풍속이 있다. 이 서낭당의 유래에 대하여는 두 개의 전설이 있다.

첫째로 서낭당은 병쟁기가 되는 돌맹이를 쌓아 두기 위하는 방법이라 한다.

앞에서도 석전에서 설명을 했기에 설명은 생략하지만 대저 서낭당의 위치와 또 행사로 보아서 석기(石器)를 사용하던 때 돌맹이를 숭상하여 석재(石材)를 수집하여 쌓아 두는 풍속은 돌맹이를 병쟁기나, 또는 석기의 재료로 쓰는데 필요한 수집 방법으로 간주된다.

둘째는 밭이나 논에 돌맹이가 있으면 농작에 불편할 뿐 아니라 곡식이 잘 자라지 않는다.

까닭에 춘경기와 추경기 등 한가한 농촌의 일손을 동원하여 서낭제를 지내는 동시에 논밭의 돌맹이를 모아서 서낭당으로 옮기는 행사는 밭의 흙을 고르게 하는 동시에 병쟁기와 석재를 수집하는 행사라 일거양득의 일이다.

셋째는 서낭당이 반드시 마을 어구 또는 산길을 넘는 고개 밑에 있음을 볼 때 서낭당의 위치는 마을 혹은 도성을 방위하는 요충지대에 있다.

이상의 이유로 고찰할 때 서낭당은 반드시 그 마을을 지키는 수호신, 즉 무(武)를 상징하여 이루어진 것으로 해석된다.

둘째의 이유는 서낭당은 주 나라 강 태공의 본처가 안달이 나서 죽은 귀신을 가리키는 것이라는 구전으로 전해 오는 전설이다. 그 유래를 보면 다음과 같다.

태공은 70이 되도록 위수(渭水)가에서 곧은 낚시를 하고 있다가 문왕의 어가를 타고 궁전으로 가서 태사(太師)가 되었고 무도한은 나라를 평정한 후 제 나라 왕에 오른 만고에 유명한 인물이다.

그 태공망이 주 무왕의 명을 받고 제 나라 왕이 되어 제 나라 서울로 행차하는 때의 일이다.

5월의 무더운 햇살을 받으며 밭에서 김을 매던 수많은 농군들도 일손을 멈추고 태공망의 행차를 선망의 눈으로 바라보고들 있다.

농군들의 입에서는 태공망의 이야기로 꽃을 피우고 있었는데 농군 중에서 늙은 노파가 들었던 호미를 내동댕이 치고 미친듯이 행렬 앞으로 달려가서 좌우 팔을 벌리고 행렬을 막아섰다.

노파의 입에서는 거치른 음성으로 뇌까리는 소리가 쉴새없이 메아리 친다. 〈야——이 망(望)아, 너는 본처인 나를 버려두고 혼자서 왕이 되어 가려느냐? 나를 데리고 가라!〉

이 욕설에 가까운 노파의 말이 제왕 태공망을 모시고 있는 문무 제신은 물론 군사와 순라들의 귀까지 따겁게 하였던 것이다.

형세가 이에 이르자 왕의 행차 행렬도 그 위엄을 잃었고 행렬은 행군을 할 수가 없었다.

그것은 태공망의 본처라는 말에 행렬을 경호하던 군이나 순라들도 감히 손을 대서 노파를 거칠게 끌어 낼 수가 없었던 것이다. 까닭에 행렬은 헝크러졌고 부산한 분위기에 싸여 드디어 행렬은 길을 멈추고 말았다.

　이 사실을 들은 태공망은 시종을 시켜서 그 노파를 불러 보
니 그는 과연 수년 전까지 자기의 아내였던 여인이었다.
　태공망은 쓴 입맛을 다시고 노파에게 물었다.
　『그대는 본 남편인 나를 버리고 딴 사람과 결혼하여 재미나
게 잘 사는 줄 아는데 왜 오늘은 소란을 피우느냐?』
　그러나 노파는 그 물음에는 아랑곳 없이 행패라도 하려는듯
기어이 자기를 데려가라고 떼를 쓰고 좀처럼 물러 나지를 않
았다.
　이에 이르자 태공망은 궁리 끝에 시종들을 시켜서 물 한동
이를 걸어 오게 한 후 노파에게 다짐을 받는다.
　『그대는 내가 하라는대로 하면 그대를 꼭 아내로 맞고 데려
가리라!』
　태공망의 이 말이 심술궂은 노파의 마음에는 금새 왕후라도
된 양 마음을 설레이기까지 하였다.
　그 까닭은 오랜 세월 태공망과 같이 살림을 해왔을 때 그는
무능하여 자신의 많은 수모와 구박을 받았고 그것도 부족하여
자신은 태공망을 버리고 딴 사람과 재혼을 하여 살고 있다. 그
런데 그 무능하던 태공망이 어쩌다 왕이 되었기로 무슨 큰 수
야 있겠는가? 평소에 자기 손바닥에서 놀아나던 위인인데,
이런 생각을 한 노파는 자신에 넘치는 말로 대답을 했다.
　『왕께서 나를 데려간다면 나는 어떠한 일도 왕이 하라는 대
로 하겠오.』
　이 말이 떨어지자 태공망은 단장을 들어 물동이를 때렸다.
　귓전을 울리는 쨍그랑 소리와 더불어 동이는 산산조각으로
박살이 났고 한 동이의 물은 길가를 흔건히 적시며 흘러 내렸
다.
　태공망은 큰 목소리로 노파에게 일렀다.
　『그대가 깨진 물동이를 다시 붙이고 쏟아진 물을 줏어 담을
수 있다면 나는 기꺼이 그대를 왕후로 맞으리라!』

하는 말을 남긴 후 왕의 행렬은 길을 재촉하여 떠나가 버렸다.

왕후가 되려던 심술궂은 노파는 조각이 난 동이를 줏어서 원상대로 붙이려 하였으나 그것도 좀처럼 될 일이 아니며, 또 쏟아진 물은 햇볕으로 어느 듯 증발하여 메마른 땅이 되었으니 원상은 커녕 한술의 물도 찾을 길이 없었다.

다만 노파의 귓전에는 "내가 하라는 대로 하면 꼭 왕후로 맞이하마"하던 태공망의 낯익은 목소리만이 노파의 뇌리에 가득차서 노파는 언제까지라도 끝없이 깨어진 물동이 조각을 만지락거리며 그 곳에서 아쉬운 죽음을 하였고 이곳을 지나가는 길손은 그녀의 그릇된 욕심을 미워하여 침을 뱉고 던져서 서낭당이 되었다는 전설이 오랜 세월을 두고 이야기꺼리로 전하여 오는 말이다.

이러한 전설이 어느 때 어디서 누구에 의하여 나온 말인지 그 유래는 가릴 수가 없다.

다만 생각컨데 강태공은 원래가 동이(東夷) 태생으로서 동해변에서 젊은 시절을 보냈고, 노후에 주 무왕에게 기용되어 대공을 세웠다.

까닭에 그가 동해변에서 성장하였기에 태공망의 일 등은 역시 고향인 동이에서 생겨날 수도 있고, 또 전하여 질 수도 있는 것이다.

그러나 돌멩이를 쌓아두는 병쟁기 창고의 역할을 하는 서낭당을 태공에게 배반한 패륜녀의 죽음과 결부시키는 것은 잘못된 것이다.

모름지기 이러한 말은 고대의 우리 세시행사가 너무도 뜻있는 일이라 그 행사를 저해하려는 사대주의(事大主義)자들의 계략일 수도 있는 것이다.

까닭에 필자는 두 전설 중에서 전자의 경우가 타당한 전설이라 믿고 서낭당은 고대전법에서 병쟁기의 창고 구실을 하는 행사로 생각하는 바이다.

동 지(冬至)

동지를 중심으로한 세시행사(歲時行事)에서 유래한 풍속을
살펴보기로 한다.

1. 애동지(兒冬至)와 노동지(老冬至)

동지가 동짓달 상순에 들면 이것을 애동지(兒冬至)라 하고,
또 하순에 들면 이것을 노동지(老冬至)라고 한다.

이에 대하여 우리 풍속에는 애동지가 들면 이 해는 아이들
에게 좋고 또 노동지가 들면 늙은 노인들에게 좋다는 풍속이
있다.

이러한 말은 시초에 음력을 제정한 학자나 또 율력을 잘 아
는 학자들이 꾸며낸 말로 해석될 수는 있으나 미신(迷信)상으
로 취급될 문제가 아니다.

그 이유는 동짓날에는 누구나 한 살썩을 더 먹는데 어린애
는 빨리 크기를 원하니 동지가 며칠간이라도 빨리 들면 좋아
할 것이요, 또 노인은 여생이 얼마 남지 않은 운명이라 동지
가 늦게 들면 몇 날을 더 살아야 한 살을 먹게 되니 노인에게
는 즐거운 현상이 될 것이다.

까닭에 노동지, 애동지 등의 풍속이 생겨난 것이며 결코 일
월(日月)의 운행과 무관한 것으로 해석된다.

2. 동지 팥죽

동짓날에는 팥죽에 참쌀 혹은 수수 뭉치를 넣어서 죽을 쑤
어 먹는 풍속이 있다.

이 풍속은 삼국 때는 물론 이조에 이르는 동안에 계속되어
온 풍속의 하나이다. 물론 동짓날은 세시기(歲時紀)의 행사로

서 당시 나라에서 주도하여 권장한 행사이다.

무릇 나라의 행사란 백성들의 재정 낭비를 막으며 또 획일적으로 미풍양속을 권장하려면 세시기도 필요하고 또 이에 따르는 연중행사도 긴요한 것이다.

이와 같이 세시행사의 입법정신으로 볼 때 동짓날은 팥죽을 쑤어 먹는 것이 가장 적합한 행사로 보았던 것이다.

그 까닭은 동짓날에는 해는 짧고 또 추운 때요, 농한기는 대부분의 농민은 휴식상태에 있는 때이다.

이러한 때 농민들을 옥외로 동원하여 행사를 거행하기 보다는 오히려 집안에서 휴식하며 팥죽을 쑤어서 끼니를 때우게 하면 결국 절미운동은 물론, 부식의 비용까지 절약되는 일거양득의 절약이 될 것이다.

또 이 날에 왕래하는 귀빈에게도 흥허물없이 팥죽 한 그릇을 간략하게 대접하면 끝나는 고로 동짓날의 팥죽을 쑤는 세시행사는 실로 이상적인 방안이라 할 수 있는 것이다.

〈이러한 풍속이 순화되는 과정에서 유래한 것으로 볼 수 있는 것은 상가(喪家)에서도 팥죽을 쑤어서 조객들을 접대하는 풍속이 있다.〉

고대의 농가는 대개의 경우 식량이 결핍하여 팥죽은 커녕 피죽이나 보리 등의 잡곡죽으로 끼니를 때우는 사람이 많았다는 것은 삼국사기는 물론 이조에서도 많이 볼 수가 있다.

까닭에 상가의 어려운 형편을 고려하여 많은 양곡이나 재정을 손실하지 않게 팥죽으로 많은 조객을 접대할 수 있는 세시의 행사는 동짓날의 팥죽을 먹는 습관에 준하여 좋은 풍토라 할 수 있는 것이다.

3. 동지사(冬至使)

삼국 때의 기록을 보면 동짓날에 사절을 상국(上國)에 보내서 조공을 했다는 기록은 없다.

그러나 이조에 이르러서는 당시에 상국이었던 명 나라, 청 나라에 동지사라는 명칭을 붙인 사신을 보내는 한편 예물을 보냈다는 기록이 이조실록에 보인다.

이와 같은 풍조는 결국 조정의 백관은 물론 백성들에까지 파급되어 동짓날이 되면 으레히 관상감(觀象監)에서 만든 책력(冊曆) 등 역세(曆歲)와 더불어 적게는 한지(漢紙), 많으면 비단 필육 등을 예물로 교환하는 폐풍이 유행된 것을 볼 수 있다.

이것은 동짓날의 절약하는 풍토를 거슬리는 낭비 행위로서 권장할 수 없는 세시행사라고 볼 수 있다.

4. 아 세(亞歲)

동짓날을 작은 명절로 지내는 풍속도 있다.

그 이유는 세시기를 기준하여 일년의 행사를 계획할 때 동짓날은 역시 첫번째 날이다. 비록 팥죽을 먹을 망정 명절로 잡았던 것이다.

대체로 고대의 통치라는 형태를 상고할 때 일년지계는 재어춘(一年之計在於春)이요, 일일지계 재어인(一日之計在於寅)이라고 하였다.

까닭에 동짓날이 오면 다음해 농사는 물론 일년 중의 행사를 설계하는 것이 상례로 되었던 것이다.

즉 동짓날을 작은 명절로 삼고 앞으로 다가올 정월 큰 명절의 행사를 계획하고 또 준비를 하는 것이 세시풍속으로 되어 있다.

이러한 풍속의 영향을 받아서 그런지 우리나라 고대풍속에는 큰 명절 이전에 반드시 그 전날을 작은 명절로 꼽는 것이다.

이러한 풍속은 결국 큰 명절을 만족하게 지내려는 준비과정으로 볼 수 있다.

공공씨(共工氏) 아들 죽은 역신설(疫神說)

공공씨는 중국의 상고 때 요순(堯舜) 시절에 사구직을 맡았다는 전설의 인물이다.

이 말은 중국 남북조(南北朝)때 양(梁) 나라 원제(元帝)의 이부판서(吏部判書)를 지낸 종늠(宗懍)의 형초세시기(荊楚歲時紀)의 문헌에서 유래한 것으로 믿을 수가 있다.

대체로 종늠이 이부상서를 지내던 남북조 시대의 중국은 오랜 전화(戰禍)와 5호 16국의 난립으로 국력이 폐허화하여 농산물이 형편 없었던 시대이다.

이러한 때 현명한 종늠은 공공씨의 아들에 역신을 구실삼아 양곡절약을 강구했는지는 모르나 율력에 따르는 세시행사와는 거리가 멀다.

그 까닭은 세시기를 정리한 것이 바로 한 나라 때 일로 사마천(司馬遷)과 맹강(孟康)도 모두 율서에 주해(註解)를 달아 놓았는데 그 이전에 세시기가 있었다는 것은 믿을 수 없는 것이다.

더우기 세시기가 홍범 구주에서 유래하였다는 것은 주서(周書)와 서경(書經) 등에서 고증되는 바 어떻게 주 나라 보다도 1천여년 전에 율력에 따르는 세시행사로서 동짓날 팥죽을 쑤는 풍속이 있었단 말인가?

또 형초세시기(荊楚歲時記)를 집필한 종늠은 당시 세시행사의 풍속을 문헌상으로 기록을 하였지만 세시기(歲時紀)가 연중행사에 있어서 어떠한 연관성을 가지고 있는지를 모르는 까닭에 역신설(疫神說)을 인용하였던 것으로 해석된다.

5. 월 내(月內)

동국세시기에 따르면 계동(季冬)의 11월에는 예기(禮記)의 월령(月令)이란 명부에 의하여 임금은 청어(靑魚)와 유자(柚子)등 각 지방의 특산물을 시식하기 위하여 진상하는 습관이 있다.

이러한 풍속은 삼국 때에도 백성들이 스스로 임금에게 진상을 했다는 기록이 있지만 예전(禮典)이나 그 외의 법령에 의하여 공출형식의 진상을 받은 예는 없었다.

그러나 이조에 와서는 권세 있는 병조(兵曹), 이조(吏曹) 등에서 초관(抄官)을 선출하여 각 지방을 두루 살펴가며 진기한 특산물이 있으면 이것을 진상하게 하는 폐풍이 유행했다.

즉 삼국사기에 흔히 보이는 바 백치(白雉)나 사슴 혹은 진기한 토산물이 있으면 백성들은 진정으로 임금을 받드는 정성으로 진상을 하였고 또 임금은 진상한 물건의 가치 이상의 것을 하사하여 보답하는 것이었다.

물론 한 나라의 임금이라 계동에 나오는 토산물을 시식(時食)하는 것도 좋지만 세시기의 기강을 무시하고 선초관을 보내 백성의 재산을 강제로 상납하게 하는 세초(歲抄)행사는 권장할 수 없는 처사라 할 수 있다.

그 이유는 권세있는 관청에서 파견된 관헌이라 이 선초관이 무리한 상납을 백성에게 강요할 수도 있기 때문이다.

12월

12월은 율력법(律曆法)으로는 둘째번에 해당하는 이른바 축월(丑月)이다.

물론 축(丑)이란 깊은 뜻이 있음이 아니요 다만 역법상으로 10간 12지를 표시하는 것 뿐이며 뜻이 있고 또 생성변화하는 뜻이 있다면 오직 2수(二數)라는 숫자가 될 것이다.

무릇 농경사회에 있어서 겨울 섣달은 오직 농한기로 다음해의 농사를 하기 위해 준비를 서두르는 것이 상례라고 할 수 있다.

앞에서도 말하였지만 1년의 계를 재어춘(在於春)이라 하였고 또 하루의 계획을 아침 인시(寅時＝五時)라 하였다.

이렇게 보면 아직 춥기는 하지만 정월을 봄으로 보았고 또 정월을 아침 인시(寅時)에 해당시켰던 것을 알 수 있는 것이다.

즉 인월(寅月)에 착수할 일들을 모두 12월에는 계획을 세워야 한다는 것이 율력법의 취지로 볼 수 있다.

또 율력서(律曆書)에 따르면 12월은 모든 부족이 단합하여 전진할 태세를 갖추는 달이라 하였다.

〈대저 부족하면 다른 민족을 가르키는 것이 아니라 고대 사회에서 형성되었던 같은 친족이나 또 씨족의 일문(一門)을 말하는 것이다. 〉

우리 삼국 때의 형태를 보면 조정의 문무백관은 물론 지방에서 군왕을 대리하여 통치를 하는 제후 수령 방백도 그 장자(長子)와 일부 가족들은 모두 왕성에 머물게 하는 제도였다.

까닭에 12월이 되면 모든 일족이 모여서 앞으로 시행할 일년행사를 상의하였던 것이라고 할 수 있다.

또 나라에서는 왕이 중신과 같이 종묘(宗廟)에 들어가서 일년간의 행사 주책(籌策)을 세우는 것이다.

이러한 방법은 현대 정치에 있어서 새해의 예산안을 행정부가 세우고 또 그 예산안을 국회에서 통과하는 절차와 흡사하다.

만일 군왕이 중신과 같이 세운 주책을 여러 부족들이 반대를 할 경우 그 주책은 형성될 수 없는 것이다.

까닭에 군왕은 12월이 되면 으례히 나라의 태사(太師)는 물론 각 부족의 스승격인 도사들에게 폐물을 하사하고 또 정사를 상의하는 것이 상례이다.

그것은 고대에도 지혜있는 사람을 으뜸으로 여기던 풍토에서 생겨난 것으로 마치 12월을 스승 찾기에 분망한 달이라고 해석함도 이러한 이유이다.

가정이나 또는 사회는 물론 한 나라를 영위하는데 지혜있는 스승을 제외하면 그것은 무계획한 주먹 구구식이 될 것은 명약관화 한 사실이다.

1. 납 일(臘日)

이조 때의 납일은 동지 후 셋째번 미일(未日)로 정하였다. 그러나 삼국때의 제사기록을 보면 12월 인(寅)일을 택하여 사직과 천지에 대한 제사를 지냈다고 하였으니 이조 때보다는 5일을 앞당겨서 시행한 것으로 볼 수 있다.

동국세시기와 경도잡지(京都雜誌)에서는 채읍(菜邑)의 청제(靑帝)는 미납(未臘), 적제(赤帝)는 술납(戌臘), 백제(白帝)는 축납(丑臘), 흑제(黑帝)는 진납(辰臘)으로 납평을 삼은 것을 모방하여 이조는 미일을 납형일로 정하였다고 하지만 그 설은 음력의 원리와 아무 상관도 없는 이론이다.

대저 납형의 목적은 대한이 지난 후 좀벌레 등 모든 버러지가 몰살된 후 그 해에 쓸 수 있는 기름, 약 등을 준비하는 날이다.

특히 참기름은 음식에도 필요하지만 상처의 소독으로도 많이 쓰여졌다.

까닭에 참기름은 삼국에서 의약으로 사용한 것으로 볼 수 있다.

또 그외에 약(藥)도 납일에 만들면 좀벌레가 쓸지 않는다는 이유로 납일에는 약과 유류(油類)를 만들어 상비해 두는 것은 5행상이기보다는 과학적인 것이라 하겠다.

이와 동시에 12월 납형에는 수렵하는 풍토를 조성한 것이다.

12월은 농한기요 농민들도 한가한 시간을 이용하여 사냥을 하여 군사훈련을 겸하는 일조이석책의 하나다.

또 사실상에 있어서 산야의 동물도 12월이 되고 대한이 지나면 기생충이 적어져서 그것을 졸여서 기름을 내거나 고기를 먹어도 인체에 큰 해가 없을 것으로 믿어진다.

이조에 납형을 미일로 정한 것은 중국 송 나라 이후의 예를 따른 것으로 볼 수 있다.

원래 미일은 6수의 표기라 6수는 태양이 음기를 받아서 만물이 성장하고 강대하여진다는 것을 뜻한다.

또 6은 땅이 통합하는 것으로 임종률(林鍾律)을 길이 6촌(六寸)으로 한 것을 생각하여 6수의 미일로 정하였던 것으로 사료된다.

〈물론 송 나라에 이르러서는 주자(朱子) 등 많은 학자들이 동원되어 율력의 원리를 터득하게 되었던 것이다.〉

또 삼국 때에 인일(寅日)로 정한 것은 인(寅)은 인통(人統)의 기본이다. 즉 사람을 받들어 만사를 이루게 하는 것으로서 인자(人慈)한 마음을 가지게 하며 그 행동에 있어서는 의(義)를 행하여 모든 부족이 통합 단결한다는 뜻을 가지고 있다.

까닭에 삼국 때는 이미 율력을 터득하여 인일(寅日)을 납일로 정하여 종묘에 제사를 지내고 또 약이며 기름 등을 만들어 일년동안에 쓸 것을 준비한 것으로 볼 수 있다.

2. 부족회의(部族會議)

삼국에는 건국 초부터 왕 밑에 5부내지 6부 등의 부가 예속되어 있던 것으로 기록되어 있다.

신라에는 6부요, 또 고구려는 관나부(貫那部) 환나부(桓那部) 주나(朱那) 등 다섯부가 있었고 또 백제도 역시 북부니 또는 동부 등으로 구분된 부족을 형성하고 있었던 것이 건국 초의 실정이다.

이와 같은 부족은 12월이 되면 각기 자기 부의 부족끼리 사직에 제사를 지내는 동시 앞으로 세시행사를 완수할 수 있는 대책이며 또 인선(人選)을 한 것이다.

이렇게 선출된 인원을 부의 장은 국왕에 상신한 것이다.

국왕은 각 부에서 추천된 명단을 가지고 정월 명절에 대표에 들어가서 고하고 임명하는 절차를 취하였던 것으로 볼 수 있는 것이다.

그 이유는 신라 본기는 물론 삼국의 본기를 보면 재상이나 또 중신들의 임명이 정월에 이루어진 예가 많다.

또 율력의 내용으로 보면 삼국은 너무나 뚜렷하게 전체(天體) 즉 세시기를 존중하는 통치의 흔적이 있다.

따라서 율력서에 이른바 인월(寅月)은 사람을 받드는 동시에 인사(人事)의 달로 규정되어 있어서 정월은 각 부족의 사기를 앙양하는 달인 것이다.

이것은 현대의 행정학(行政學)으로 풀이하면 최고의 인사관리(人事管理)라 할 수 있는 것이다.

3. 제 석(除夕)

12월 그믐날은 작은 명절이라고 하며 또 이 그믐날을 제석 혹은 제야로 부르기도 한다.

대저 그믐날은 새해의 세찬(歲饌)을 장만하기에 바쁜 날이다.

그 까닭인지 그믐날은 밤을 세우는 풍속이 있다.

이날 밤은 새해의 복이 찾아 들라는 뜻인지 방은 물론, 뜰, 변소, 광 등 구석구석까지 불을 밝히고 잠을 자지 않는 풍속이 있다.

만일 이날 밤 잠을 자면 눈섭이 희어진다고 한다.

그믐날에도 지방에 따라서 여러가지 행사가 있으나 이러한 것들은 모두 묵은 해를 보내고 새해를 맞이하는 마음에서 생겨진 것이며 율력서에는 새해의 전야제에 지나지 않는다.

설날 세배하러 오는 손님에 대접할 세찬을 장만하는 것이 가장 큰 일이다.

또 세찬으로 준비된 음식 중 이웃의 노인과 빈곤한 사람에게 보내주는 것이 미풍양속의 하나로 되어 있다.

또 그믐날에는 집안의 대청소로부터 신정의 모든 준비를 하는 까닭에 잠을 잘 틈 없이 분주한 날이다.

우리나라 옛풍속에 여인들은 정월 상순까지는 나들이를 금하는 풍속이 있는데 이것은 남존여비의 사상에서 유래한 것으로 생각된다.

음력은 고조선에서 유래된 우리 것이다
—— 우리 역사의 동지와 그 의미

우리나라도 세계의 조류에 따라 양력을 쓰고 있다.

그러나 선조들이 유구한 세월을 두고 이룩한 미풍양속과 역사의식을 드높이기 위해 세시행사(歲時行事)는 음력으로 지내고 있다. 만약 우리의 민속과 풍속이 조상들이 피땀을 흘려 갈고 닦은 문화가 아니었다면 이중과세의 부담을 안고 설날을 음력으로 쇠지는 않았을 것이다.

우리나라에는 고구려 소수림왕 2년(372)에 불교가 처음 도입된 데이어 유교와 도교가 들어왔고 기독교는 근대에 이르러 도입되었다. 그로부터 오늘에 이르기까지 우리는 국가연고정리사업(國家緣故整理事業)을 단 한번도 하지 않은 채 방치하고 있어 우리 민족의 뿌리를 분간할 수가 없는 실정이다. 그 대표적인 예로 동짓날의 행사를 들 수 있다.

동짓날은 이른바 우리 조상들께서 음력을 제정한 세시행사(歲時行事)의 첫날이다. 따라서 첫달, 첫날이 동짓날이다.

그러므로 우리의 선조들은 동짓날을 작은 명절, 혹은 아세(亞歲)로 불렀던 날이기도 하다.

이와 같이 중요하고 경사스러운 동짓날을 중국의 상고시대 이른바 요순(堯舜) 때 사구직을 지냈던 공공씨(共工氏)의 아들이 죽어서 역신(疫神)이 되었고 그 역신은 '팥죽'을 두려워한 까닭에 팥죽을 쑤어먹었다는 역신설을 주장하는 자가 있다.

이 역신설을 주장한 자는 중국의 오호(五胡)로 분열된 이른바 남북조 양(梁)나라 원제(元帝) 때 이조판서를 지냈다는 종름(宗凜)의 형초세시기(荊楚歲時記)의 문헌에서 유래한 것이다. 이와 아울러 조선말 홍석모의 동국세시기(東國歲時記), 유득공(柳得恭)의 열양세기(列養歲記)와 김해순의 경도잡기(京都雜記) 등에도 주로 형초세시기를 인용했다.

물론 그 당시는 유학의 경전이 정치의 핵심이었으므로 감히 정치적 행사의 기본이 단군조의 것이라고 주장할 수 없었을 것이다.

그러나 중국의 죽서기년(竹書紀年=固書)과 서경(書經)에 있는 고조선의 홍범구주에는 분명히 음력제정의 방식이 소상히 기록되어 있다. 동지를 새해의 첫날로 규정한 것은 미신이 아닌 과학성을 띤 천체의 학문이다.

그러므로 동짓날은 일, 월, 성신, 역수(日, 月, 星辰, 曆數) 등 5기(五紀)를 과학적인 수리(數理)에 의하여 10간 12지 등으로 계산하여 구성된 과학적인 숫자이며 추호도 미신이 아니다.

즉 자축인묘(子丑寅卯) 등은 천문체의 많은 수를 정리하는 과정에서 필요한 부호로 인용된 것이며 절대로 음양오행이 내재함이 아니다.

따라서 형초세시기를 저술한 종름(宗凜)의 역신설(疫神說)은 조작된 것이라 할 수 있다.

무릇 상고시대 피로하고, 고달팠던 수렵의 유랑시대를 경험했던 우리 동이족은 신석기 시대를 거치는 동안 농경생활을 할 수 있게 되었다. 또 이 시기의 음력 제정은 능히 국가를 경영할 수 있는 능력을 뒷받침해 주었다.

더욱이 식량 부족으로 초근목피로 굶주림을 면할 수 있었던 시대에 식량의 절약은 가장 중요한 요건일 수 있다.

따라서 첫달, 첫날에 팥죽을 쑤어 온 국민이 나누어 먹고 화합하는 것은 식량도 절약하고 아울러 온 국민이 화합하는 첩경도 되는 것이다.

이와 같이 높은 차원의 행사를 역신설로 조작한 것은 실로 음력을 창안한 우리의 조상들에게 부끄러울 뿐이다.

민속과 풍속 등은 역사적 근거없이 창작되어서는 안된다. 우리의 각급 학교 교과서에 음력이 중국의 은(殷)나라에서 유래했다고 돼 있는데 이것은 잘못된 것이다. 고대 중국에서는 시서경(詩書經) 등 수십만 권의 책이 출간됐지만 음력을 편성할 수 있는 근거가 되는 문헌은 홍범구주뿐이다. 그런데 이 홍범구주는 고조선에서 만들어져 중국 주(周)나라로 전해졌고 중국에서 더욱 발전하여 뒷날 다시 우리나라로 들어왔던 것이다.

물론 음력을 구성할 수 있는 홍범구주의 5기의 문화는 하늘과 땅 그리고 인간이 생성되는 과정에 깊이 관계를 맺고 있어서 그 해석과 체득이 어려운 것이다.

그러므로 후대의 학자들도 홍범구주를 올바로 해득하지 못했다.

홍범문화는 주나라 무왕 13년에 기자(箕子)에 의해 전해졌다.

그로부터 수천년의 세월이 흘렀다.

물론 중국에는 춘추시대를 전후하여 공자를 비롯하여 많은 석학들이 수없이 속출했다.

그런데 홍범구주의 정확하고 올바른 해설을 한 자는 없었다.

더욱이 해괴한 것은 옛날 중국에는 시간을 정확히 가리는 풀이 있었다는 것이다.

명협(蓂莢) 또는 역협(歷莢)이라는 풀이 있었다고 한다.

그 서기로운 풀이 있었던 때는 이른바 요순시대라고 하는데 그 글에 이르기를 초하루에서 15일까지는 날마다 하루에 일협씩 돋아나고, 또 그 달 16일부터 그 달 그믐까지는 하루에 일협씩 떨어짐으로 이것을 근거로 하여 역을 만들었다 했다.

──竹書紀年 陶唐氏 有草來階而生 始初一莫 月半而生 十五莢 16以後 日落一莢 及晦而盡 月小則 焦而不落 名日蓂莢 一日歷莢

이상과 같은 황당무계한 말을 믿을 사람도 없거니와 또 그러한 지시초(知時草)의 이야기로 홍범구주의 5기의 문화를 대치하려는 것은 진정 어불성설이라 하겠다.

그밖에 한무제 때 이른바 태초력(太初曆)이라고 한 역명이 있다. 이 태초력은 기원전 104년에 시행된 역세를 이르는 것이다. 이 역법은 새로운 학술이나 이론을 밝힌 것이 아니요, 오직 윤달과 달의 작고 큰 것을 조절한 것이다.

따라서 한무제의 태초력은 홍범의 5기 문화를 체득하지 못했다. 돌이켜 상고하면 음력은 고조선에서 제정한 그대로 방치해 둔 것이다. 따라서 동지는 연중행사 중에서 값진 유산으로 남아 있는 풍속이라 할 수 있다.

이상과 같이 우리 선조들이 남겨준 귀중한 세시행사를 중국 학자들의 지시초가 상고시대에 음력이 되었다는 터무니없는 조작을 그대로 방치해서는 안된다.

우리는 중화문화의 지배하에 삶을 누렸던 조선시대와는 생각을 달리해야 한다. 선조들이 남겨준 문화 유산 중에서 잘못된 것이 있다면 그런 문화는 연구하여 올바로 이룩하는 것이 곧 우리들의 사명인 것이다.

우리는 식량문제에 있어서 많은 고통을 겪어왔다.

돌이켜 생각하면 근자에는 조상들이 남겨준 세시행사를 수없이 많은 풍속으로 고안하여 연중행사 때마다 시행하고 있다.

오히려 선조들의 미풍양속을 답습한다는 행사가 잘못되어 선조의 진정한 미풍양속도 아닌 행사를 번다스럽게 거행하는 것은 시간 낭비와 아울러 민속을 왜곡하는 것이다.

동짓날은 세시풍속 중에서도 핵을 이루는 행사이다.

후손된 우리들은 이렇듯 고귀한 음력 문화를 연구하여 진가를 알고 있어야 한다.

물론 현대에는 양력을 쓰고 있다. 그러나 동짓날이 공공씨의 아들이 죽어서 역신이 된 것을 달래기 위한 조작극의 미신설로 대치되는 것은 너무나 가소로운 일이다.

특히 현재는 식량도 충분히 생산되어 지난날의 보릿고개가 있던 참혹한 시대는 아니다.

　그러나 선조들의 유산 중에서 미풍양속을 올바로 알고 그 미풍을 후손들에게 알리는 것이야말로 우리의 사명이다.

　행여 부질없는 호사가(好事家)들에 의하여 희귀한 풍속을 풍물놀이화하여 번다스러움을 꾀하는 것은 낭비를 조장하는 일임을 명심해야 할 것이다.

漢文字와 陰曆은 우리의 文化

1989년 2월 1일 초판발행
1993년 8월 25일 재판발행
저 자 / 강무학
발행자 / 김동구
발행처 / 명문당
등록 / 1977년 11월 19일 제1-148호
대체 / 010041-31-0516013
주소 / 서울시 종로구 안국동 17-8
전화 / 733-3039, 734-4798

값 4,500원

＊ 잘못 만들어진 책은 바꾸어 드립니다.
ISBN 89-7270-258-7